MILOSTIVÉ LETO

ĎALŠIE TITULY
MIROSLAVA HALÁSA

Krajina vzdialených čajok
Tichý hlas
Rozhovory v bráne
Architekt
Útek z mesta

Miroslav Halás

Milostivé leto

Panoráma doby

Biblické citáty sú prevzaté z evanjelického prekladu z r. 1991
a z prekladu Jozefa Roháčka podľa 1. revidovaného vydania z r. 1951.

www.rk93.com

www.miroslavhalas.com

Obálka a grafická úprava

Miroslav Halás, Jr.

ISBN-13: 978-1456472054

ISBN-10: 1456472054

„Milostivé leto bolo vyhlásené každý päťdesiaty rok (7x7+1). Je to sobota sobôt (Lv 25,8-16), kedy mala odpočívať aj zem, a sloboda i s otcovským dedičstvom mala byť vrátená každému Izraelitovi, ktorý pre dlhy upadol do otroctva. V tomto roku nemali byť platené ani dane. Milostivé leto bolo počítané od žatvy pri slávnosti stánkov (10.Tisri) a začínalo sa sviatkom očisťovania (Lv 25,2.4.5) a trúbením po celej zemi. Milostivé leto je výrazom pocitu, že slobody a dedičstva nesmie byť žiaden Izraelita trvale zbavený. Ale pomery v dobe kráľovskej viedli ku hromadeniu súkromného vlastníctva a ustanovenie milostivého leta zostalo iba ideálom, ku ktorému sa vracali proroci (Ezechiel 45,8n; 46,17n „slobodné leto").

— Adolf Novotný, Biblický slovník

„Aký problém hýbe tkanivom srdca
každého človeka?"

„Otvor mi oči, Pane, aby som videl..."

Prológ

O naplnenom slove

Žijeme a hovoríme rýchlo, preto žijeme v stave
„nedopovedanej (atomickej) vety"...

Impulzívny život nám trhá vety, slová, vzťahy, život. Naše vety sú nedopovedané, vždy nám v nich niečo zásadné chýba.

„Vzdychanie za Ježišom..."

* * *

Aká je dnešná doba, keby sme ju mali charakterizovať jedným slovom?

Je impulzívna. Preto v nej čoraz viac panujú „obsesie" a „posadnutosť".

Je to možno zarážajúce, ale aj keď sa nachádzame ako civilizácia na „vysokom stupni technického vývoja", v skutočnosti žijeme „impulzívne", nie „uvážene". To je pôsobenie v duchu Aštarty. Ak však chceme prežiť, musíme už dnes začať žiť v pôsobení Ester a v jej duchu (preznačenie mena „Aštarta" je: Ester). Ester znamená: Hviezda. V Babylone vieme o bohyni „Ištar". Novoperzsky: stáreh, latinsky: sterla, stella. Anglicky: star. Nemecky: stern. Staroindicky: strí, „mladá žena". V konsonantnom tvare sa ponúka odvodenie od koreňa „skryť sa, byť skrytý, tj.: „Zostanem skrytá". (Jan Heller: Výkladový slovník biblických jmen).

Dobre si všimnime, čo pôsobí v okruhu Aštarty – práve ten „impulz" ako hnacia sila. (Impulz = 1.náhly, neuvážený, nedomyslený, nepotlačiteľný prejav konania; podnet, popud. 2.fyz. časový účinok sily. 3.elektr. krátka zmena napätia, prúdu alebo výkonu, ktorých hodnota je inak konštantná. Impulzívnosť = prudkosť. Impulzívny= prchký, neuvážený, náhly, prudký. Slovník cudzích slov).

V našom jazyku kedysi dávno nastal jadrový výbuch. Odvtedy sa stal náš jazyk atomickým, roztriešteným, a naša myseľ rozbitou, schizofrenickou.

Nastal čas verejne odkryť a verejne oznámiť, že pád dvojičiek, Adama a Evy, bol pádom ľudstva v dávnom, prehistorickom jadrovom výbuchu. V ich páde sa zrazu objavilo ich telo „ako prach" a ich tváre tiež rovnako: „Ako prach".

To isté sa symptomaticky (príznačne, v dnešnom úkaze, jave) stalo po páde Dvojičiek v Amerike...

Anglický básnik Dylan Thomas napísal: Keď sa kameň po dopade rozbije, vytryskne k nebu „drvina", a tak (takto!) kameň hovorí všetkými jazykmi sveta... V skutočnosti: „Iba mŕtvou, hoci impulzívnou literou". Alebo inak: Aj keď je tá „drvina" impulzívna, v skutočnosti je to iba smrť a zahynutie...

Je potrebné zdôrazniť, že tu ide o „prirodzený príznak pádu", teda o výsledok činnosti prirodzeného tela, ktoré chcelo byť „ako boh", ale úkaz, ktorý nám pád prirodzeného tela ukazuje, v sebe nesie nadprirodzené posolstvo. Božiu správu.

Pokiaľ ide o „impulzívnosť", je nutné zdôrazniť, k čomu môže viesť, ak nebude z povahy človeka odstránená: k „obsesii", ku „chorobne sa vnucujúcim predstavám", k „duševnej chorobe s vtieravými stavmi" – teda k „posadnutosti".

* * *

Impulzy ulice, mesta – kde je naše „Nové Mesto"?

Tvár medzi chodcami... Vtom ju Adam zbadá. Áno, je to ona!

Jeho manželka Eva.

Ona... mu zamáva, usmieva sa. On... jej vykročí v ústrety, a to: pomedzi mnohé iné tváre, oči, ústa a reči...

Je nimi obkľúčený, Eva sa mu na chvíľku stratí.

Kde je?

Eva...

Práve si kupuje časopis v novinovom stánku.

Nedopovedala vetu, zle ju počul.

Zaškrípali dvere, videl doručovateľa pošty.
Chvíľku sa nič nedalo. Potom povedala: „Ahoj…"
Dvihol na pozdrav ruku, krátko ju objal okolo ramena,
viedol ju ku stolíkom záhradnej kaviarne.
Povedala: „Tak som tu!"
Prešiel okolo muž, vyzývavo sa za ňou obzrel. To
nechápala.
Usmiala sa na Adama, okolo sa mihli ďalšie tváre.
„Kto to bol?" spýtal sa.
Nevedela.
Teraz sa im javil každý ako nepriateľ.
Videla budovu blízkej kaviarne, odtiaľ čašníci nosili
kávu a zákusky.
Adam si náhle uvedomil, aké má Eva veľké oči.
Zastavil sa v ich blízkosti ďalší muž, zapaľoval si
cigaretu, teraz to už Evu znepokojilo. Adam pridlho
mlčal…
Vtedy zazvonil Adamov mobil. Chvíľu s kýmsi
hovoril…
Potom chvíľu hľadel Eve do jej veľkých vnímavých
očí…
A potom povedal:
- (…jeho slová sa stratili medzi slovami a krikom
chodcov…).

* * *

Sme rozptýlení, stratili sme pozíciu Kristovej stopy.

„…jej syn vypadol zo skupinky detí…"

Stačí povedať „iba tú vetu"? Možno k nej teraz niečo dodať?

Každý, kto sa okolo nich teraz pri vedľajších stolíkoch zhováral, hovoril niečo plné a prázdne súčasne.

„…stratil sa…"

Sám v plnom zmysle slova nechápal, čo povedal.

Koncentrovala sa teraz na jeho pohľad, koncentrovala sa teraz na ten oznam, ale zrazu ju rušili všetky slová v ich blízkom okolí, pretože ani v jednom-jedinom nebol plný zmysel.

Všetky boli „ateistické, profánne…"

Čo sa o chvíľku stane?

Kým nejde „o stratený život", nejde o nič. Konečne to pochopila.

(…Ich syn sa stratil vo Vysokých horách, zrazu „vypadol zo skupinky detí", zo súvislostí, a … Toto nešťastie sa odohralo náhle a mimo zraku „skupinky detí", strhol ho do seba jednoducho „prudký a nečakaný pohyb…").

… tú správu o synovi až teraz Adam začína „chápať", jemu ju pred chvíľou telefonovali z Vysokých hôr na mobil…

* * *

Potom videla svojho syna v sne, vo vidine: Bol tesne po smrti; pod bielou plachtou.

Raz už spadol: stalo sa to v meste, potom sa z toho dlho spamätával.

O niekoľko dní bol ich syn zrazu doma: spal vo svojej izbe, vo svojej posteli. Dlho na neho hľadela, potom jej vnútorná tvár klesla. Oči sa jej zavreli. Pohladila mu vlasy.

* * *

Neskôr počula o prípade, ktorý sa skončil tragicky, ale jej sa už priamo netýkal:

Bola to...
Zrážka myšlienok, názorov, slov.
Manžel kričal na manželku, šla do vedľajšej miestnosti...
Chcel jej pomôcť?
Zrazil ju pretlak zmätených pocitov.
(Svoju krízu preberali takmer pol dňa. Potom sa zdalo, že všetko je už v poriadku. Ale ona vstala a...).
Zomrela počas dažďa, počas pokojného dňa na betóne pod oknami vily, „v roku svojho vrcholiaceho šťastia".

* * *

Hľadáme SLOVO...

Vetu, ucelenú myšlienku. Vetu, uceleného človeka.

Pretože sa však vyhýbame jedinému pravému Slovu, volíme si nesprávne otázky, zlé odpovede a množstvo iných, zbytočných slov.

Sme ako výbušná skládka slov-falzifikátov.

Z toho nás bolí hlava.

Z toho máme neskôr depresie a úzkosti.

Z toho vzniká napokon pretlak zmätených pocitov, nervozita.

Vraždy, smilstvá, krádeže, z toho vzniká aj - divadlo...

* * *

V divadle sa človek opäť pokúša o ucelené slovo.

(Divadlo – bez Boha v strede, tak ako všetko - je synkretizmus, v ktorom je síce dôraz položený na slovo, ale.... Vo filme je zasa dôraz položený na pohyb, na dynamiku, na rýchlosť, ale...).

Ale čo vlastne z toho všetkého, čo sa tvári tak vznešene a ucelene, vyplýva?

„Prvé signály posunov vo vzájomnom pôsobení slova a obrazu zazneli v kultúre už v dvadsiatych rokoch. Tento problém zaujal mnohých bádateľov. Zaujímavé postrehy na túto tému vyslovil B. Ejchenbaum. „Vynález filmovej kamery," napísal, „umožnil vyradenie základnej dominanty divadelného synkretizmu, hovoreného slova, a jeho náhradu inou dominantou – detailne pozorovateľným pohybom. Takto sa divadelný systém, viažuci sa na hovorené slovo, obrátil naruby. Filmový divák sa ocitá v celkom nových podmienkach vnímania, opačných vzhľadom k procesu čítania: od predmetu, od viditeľného pohybu k jeho ozrejmeniu, k výstavbe vnútornej reči. Úspech filmu súvisí sčasti práve s týmto novým, bežne sa neuplatňujúcim typom myšlienkovej práce. Dá sa povedať, že naša doba je, pokiaľ ide o umenie, najmenej zo všetkých slovesná. Filmová kultúra ako znamenie doby je protikladom kultúry slova, knižnej aj divadelnej, vládnucej v predchádzajúcom storočí." (N.A. Chrenov: Scénické útvary a človek, str.36).

Z pokusu o ucelené slovo vzniká v synkretickom divadle dráma.

Tragédia, komédia, buffonáda...

Mojím prvým zamestnaním bolo divadlo.

Celkom logicky.

Odmalička som totiž hľadal slovo v jeho plnom význame.

V každom slove som sa pokúšal žiť ako v dome, ako v domove.

Boh moju prosbu a túžbu vypočul.

Oslovil ma po mnohých rokoch hľadania textom z 1.Listu Petra 2, 1-9.

V ňom som si podčiarkol v Biblii text: Budujte sa na duchovný dom, sväté kňazstvo...

* * *

K stavu nedopovedanej vety patrí rýchlosť, unáhlenosť. Ale neskôr...:

„Hoci som sťa vrece v dyme, nezabúdam na Tvoje nariadenie..." (Žalm 119,83).

Bez jasného Slova v strede reči je všetko synkretické. Bez jasného Slova v strede piesne, do ktorej má Slovo svietiť iskričkami ďalších zrozumiteľných slov, je všetko opäť iba modlárske. Neexistuje prorocká reč či prorocké spievanie „bez slov": len s pa-slovami výkrikov... To nie je spev v Slove pravdy, v jasnej hviezde rannej, v zorničke svetla. To je iba hora Karmel s falošnými, rýchlymi, extatickými výkrikmi kňazov Baala, „ktorí si režú telá", to je iba obetisko s vervou poskakujúcich entuziastov. („A tak kričali hlasnejšie a podľa svojho zvyku rezali sa mečmi a oštepmi, až sa im liala krv." - 1.Kráľov 18,28). „Mech dymu", to je, pokiaľ ide o pohanstvo, snaha o unáhlené dozrievanie či kysnutie vína vo vreci pod ohňom (Žalm 119,83), to je magický plameň vášne (a vervy), to je iba modlárske svetlo vo vypálenej hline nášho intelektualizmu, či naopak, vo vypálenej hline našej zemskej pudovosti...

Ale „vrece dymu" znamená aj niečo iné:

„Žalmistova túžba po spáse (Žalm 119,81.82 – Gn 49,18, Ž 3,9; Ž, 85,10) a očakávanie BOŽIEHO SLOVA (Žalm 130,5) je zintenzívnená jeho ťažkou situáciou: Jeho dni sú skrátené (Ž 39,6; 90,4; 102,12), je obklopený úkladmi (kopú pre neho jamu, Ž 7,16; 57,7; Pr 26,27; 28,10; Kaz 10,8). Hrozí mu zánik, podobá sa vreci v dyme. Napriek tomu však dúfa v Hospodina a prosí o život, aby i naďalej MOHOL SVOJOU POSLUŠNOSŤOU VYDÁVAŤ SVEDECTVO O BOHU." /komentár k Žalmom, Kalich-Praha, 1975/.

* * *

Zrazu tu opäť máme Karmel a Chóreb...

Je tu predstieraná meditácia so svetlom nadšenia v kultickom speve, v stave eufórie, v stave iskier nálady, ale aj vo víchroch prudkej búrky (melódia, spievaná s vervou a so zápalom!): Niekto zrazu v takom extatickom spievaní bez slov vraj „niečo náboženské a kresťanské vraví"...

Ale kto „tu niečo vraví"? A čo vlastne?

Prehovoril tu človek, ktorý to „dobre myslí: chce totiž Pána"... - velebiť?

Naozaj sa tu najprv (keď sme mohli „vyzliecť svoju starú myseľ") rozveselil jeho duch a potom začala zrozumiteľne, svedecky jasať jeho duša? (Lukáš 2; 1.Samuelova 2).

Ide o také spievanie, akým spievala piesne na Božiu chválu Anna a Mária?

Tie chválospevy boli úplné. Tie chválospevy boli...

Jednoznačné.

Je pekný deň a my počujeme v ostrom speve linku - slova a slov?

Alebo sa medzi nás nepochopiteľne vplietol Isidore Issou so svojimi vystreľovanými pa-slovami šípmi, s pa-slovami pollocovských farieb-machúľ?

Dolieha k nám triezve slovo v prudkom jase (jasná ranná hviezda a zrozumiteľné iskričky slnka spásy) a či iba vervná, zapálená melódia?

A či iba prudká nálada, ktorá má iného človeka okamžite zraziť na kolená?

Baalovi kňazi na svojom obetisku, na vrchu Karmel, extaticky poskakovali a vyrážali zo svojich hrdiel nezrozumiteľné pazvuky, pretože to „všetko je v emóciách a v citoch!"... -

Skutočne je to „presne tak"?

Naozaj je v tom extatickom poskakovaní a v nezrozumiteľných pazvukoch slov absolútne významný počin v „preznačení ticha a meditácie na výkrik piesne"?

Niekto je s tým – tak sa zdá - spokojný...

Kto?

To, že dlho mlčíme, a naša myseľ pritom takmer praská ako „vrece v dyme", neznamená, že „nič nezvažujeme a nehovoríme". Niekedy je potrebné pred každým rýchlym, teda vlastným slovom a každou rýchlou, teda vlastnou vetou dlho mlčať, a dlho vstup do súvislostí Božieho Slova v svetle Božej tváre zvažovať...

Často je dokonca nutné - najmä „v tej vlastnej!" – vete „ako v nevyslovenej" dlho žiť, aby sa napokon ukázalo a vyjavilo, či to bola naozaj veta živá (s jasnou rannou hviezdou uprostred) a čo v nej naozaj prežilo a ako...

Veta totiž nemá vyplynúť z nášho duševného, vervného pohybu (falošná obeť), ale: pohyb a tvorba našej vety sa má pohybovať na krídlach spásy, na jeho iskričkách, teda: má vychádzať zo Slova pravdy!

Tak nám „vyjde zornička v srdci!"

„...Veď nesledovali sme vymyslené báje, keď sme vás oboznamovali s mocou a príchodom nášho Pána Ježiša Krista, ale boli sme očitými svedkami Jeho velebnosti, keď prijal česť a slávu od Boha Otca a z velebnej slávy zaznel Mu takýto hlas: Toto je môj milovaný Syn, v ktorom sa mi zaľúbilo! Tento hlas sme počuli prichádzať z neba my, ktorí sme boli s Ním na svätom vrchu. Tým pevnejšie je aj prorocké slovo, ktoré máme. Dobre robíte, že pozorne hľadíte naň ako na sviecu, ktorá svieti vo tme, dokiaľ nesvitne a nevyjde vám zornička v srdciach.

Uvedomte si predovšetkým, že ani jedno proroctvo Písme nepripúšťa samovoľný výklad; lebo nikdy z ľudskej vôle nepovstalo proroctvo, ale Duchom Svätým vedení hovorili svätí ľudia Boží." (2.Petra 1, 16-21). Preto „velebí moja duša Pána…" (Lukáš 1,46). Ale na to, aby sme mohli v tej vete a v tom posolstve žiť, potrebujeme „Boží čas, ktorý príde", „Pánovu hodinu, ktorá príde" (Ján 2,4). A v nej - po krste Ježiša!, po Jeho dokonanom kríži! - svedectvo samého Boha z nebies: „Toto je môj milovaný Syn, v ktorom sa mi zaľúbilo." (Matúš 3,17; Lukáš 9,35). Na to potrebujeme „všetok čas!" Teda: na to potrebujeme „zastavený čas na Vrchu premenenia" (Lukáš 9, 28-36) a potom „pri Pánových nohách" (Lukáš 10, 38-42), nie čas v našom apriórnom duševnom pohybe, nie čas rozsekaný, nie čas „mimo Hospodina a organizmu cirkvi" (Lukáš 10,41-42), nie čas filmový, nie čas videoklipov, nie „čas clipperov", teda nie čas veľmi rýchlych plachetníc s množstvom plachiet a s malým ponorom, ale skôr… čas divadelný, čas umelecký, dramatický: ale nikdy bez Slova v Kristu, nikdy bez jasného prorockého slova v Jeho strede!

Teda: nepotrebujeme synkretický čas, ale úplne čistý a svätý „čas zrozumiteľného Slova", pred ktorým je potrebné skloniť hlavu a úplne v ňom pred Kristom rozbiť „svoju umeleckú alebo vedeckú" (krásnu a dobrú, grécku) alabastrovú nádobu"… (Lukáš 7,36-50; Matúš 26,6.7; Ján 12,3).

Akú nádobu?

Alabastrovú nádobu výhradne svojich myšlienok, výhradne svojich citov, výhradne svojich predstáv, výhradne svojho spevu. Áno, práve my, Kristovi učeníci, sme povinní v tej alabastrovej nádobe rozbiť najmä vlastný duševný tlak na seba, na Slovo Božie i na celé svoje okolie!

Pretože Slovo Božie môžeme postaviť – aj keď sa to niekomu vidí čudné - aj pod duševný entuziastický tlak, ktorým potom „navonok svätým spôsobom" ničíme všetko, čo okolo nás žije a existuje...

* * *

Spev bez jasnej hviezdy rannej som raz videl. A tiež prejavy, rozhovory, a tiež potlesk múdrych tohto veku. A potom...

A po tom speve bez Slova a bez svetla „jasnej rannej hviezdy" sme čakali... Prezidenta akejsi spoločnosti, a potom: spisovateľa, herca, speváka, atakďalej, skrátka, čakali sme rozumného človeka, ktorý údajne pochopil v intenciách „mohutnej duše starého rozospievaného atomického (rozbitého) Adama" tajomstvá zeme, sveta, vesmíru, a napokon, ktorý údajne (pomocou akýchsi „údajov") pochopil aj tajomstvá ľudstva a každej ľudskej spoločnosti v každej etape jej dejinného pokroku a vývoja...

Teda: pochopil v prvom rade - tajomstvá manželstva? Rodiny? Vzťahov medzi príbuznými? Teda: pochopil v prvom rade hĺbku priateľstva a tiež zmysel spolkov, spoločenstiev, inštitúcií a štátov?

Áno, každý človek potrebuje pochopiť najprv základ duchovných vzťahov vo svojom „celom dome", dodržiavanie základu Slova ako „zorničky svetla" medzi svojimi „domácimi" („...choď domov a hovor, aké veľké veci ti učinil Pán!...“), až potom porozumie, ako „hlboko,

trpezlivo a náročne sa kladú základy Božej zmluvy"
medzi blízkymi i vzdialenými...

Celý svet je o tom. O dôkladných, úplných zmluvách
vo vzťahu k Bohu a k ľuďom a o ich dodržovaní v zmysle
Kristovho kríža...

Dlho som nechápal, že základom vzťahu medzi
Bohom a človekom je práve takáto zmluva: „Prosím vás
teda, bratia, pre milosrdenstvo Božie, vydávajte svoje telá
v živú, svätú, Bohu príjemnú obeť, vašu rozumnú to
službu Bohu. A nepripodobňujte sa tomuto svetu, ale
premeňte sa obnovením mysle, aby ste rozsudzovali, čo
je vôľa Božia, totiž, čo je dobré, milé a dokonalé. Lebo
mocou milosti, ktorá je mi daná, hovorím každému
medzi vami, aby si nemyslel o sebe viac ako treba, ale
aby skromne zmýšľal, ako Boh komu udelil mieru viery."
(Rimanom 12,1-3)

Boh tú zmluvu nepotrebuje – ale človek áno, pretože
stratil jadro svojich viet...

*Dvaja alebo traja hľadáme SLOVO, ktorým by sme „svoje
vety", ktorým by sme tú „svoju vetu" v pravde dopovedali...*

* * *

*„Dym vo vreci" (Žalm 119,83) môže byť aj zneužitý: to
vtedy, keď z neho my sami tvoríme dym urýchlenej obete,
urýchlené dozrievanie a kysnutie, a potom falošnú meditáciu...*

Výsostná meditácia nie je pravá obeť. Častejšie je skôr
fingovaným pokusom vyhnúť sa práve hlbokej obeti
Ježiša Krista na kríži; zmyslu Jeho utrpenia, a v ňom aj
zmyslu utrpenia vlastného tela, srdca, duše a mysle...

Ja sám som žil dlho práve v tomto omámení. V omámení myšlienok, ktoré sa mi iba zdali byť myslením, no pretože moje myslenie v sebe nenieslo riziko rozhodnutia a krvi obete, v skutočnosti nebolo nikdy myslením s centrálnym slovom. S tým, čo môžeme nazvať ako otázku: Ku komu pôjdeme a ako? Kam ideme? Aký je zmysel nášho života?

Asi toto sa pýtali učeníci, keď sa spýtali Ježiša: Rabbi, kde bývaš? Celý život je práve o tom: O hľadaní Božieho domu. A Boh nám odpovedal, ako Jeho dom nájdeme. Tak, že sa budeme budovať na duchovný dom, svätě kňazstvo.

Do toku „rýchlej vety" a do „zrýchleného dymu" zrýchlenej obete" nás poháňa túžba po lacnej, falošnej harmónii... („...v staroveku bolo zvykom urýchľovať kvasenie alebo dozrievanie vína tým, že sa v koženom, vreci zavesilo nad otvorený oheň..." - Kalich, komentár k Žalmom, str.459).

Sú to zväčša náladové obrázky. Insitné krajinky. Jelene pri potoku. Sú to sentimentálne filmy a lacné kalendárové príbehy. Sú to nekonečné televízne seriály a telenovely. Ľudia si pritom neuvedomujú, že falošná harmónia je podobná omamná látka ako akákoľvek iná droga. Satan neusiluje o nič viac, než o odstavenie nášho vedomia. O náš spánok. Ježiš v Getsemane povedal: A vy spíte? A vy iba spíte? Modlite sa, aby ste neupadli do pokušenia. Duch je síce hotový, ale telo mdlé. Nemodlíme sa za uzdravenie, ale za stálu bdelosť mysle. Za jej ustavičnú obnovu.

Je to však riskantné. O ustavičnej obnove chce počuť v realite surového dňa málokto. Ani cirkev, ktorá má obnovu vo svojom názve? Aj tá hľadá iba spánok (nedeľnú reč o obnove) a falošnú harmóniu (reč o obnove, uzavretú medzi sviatočné múry)? Z cirkevnej nedele sa nechá vyrušiť len málo kresťanov... Ako však v takom stave dospejeme k „dopovedanej vete"? K ucelenej výzve Božej a nie k trhaným túžbam vlastného srdca? Ako dospejeme k Božiemu Slovu v celej jeho šírke, výške, hĺbke a dĺžke? Ako začujeme hlas posla? V duchovnom spánku určite nie. V duchovnom spánku sa nám bude zdať neskutočný, bizarný, nenáležitý. Nebude sa nám hodiť do kompozície a usporiadania dňa.

Hlas posla neznesie „umelé spojenie", teda akýsi rýchly kontrapunkt „dvoch hlasov". Spojenie dvoch nesúrodých skutočností, dvoch hlasov, ktoré si protirečia, nie je možné... Môj hlas nechce nikdy „v bunkách môjho prirodzeného tela to", čo chce Duch Boží a hlas Boží. Ja mám totiž vždy aj svoj pohľad na život, ja mám totiž pred sebou vždy aj svoj obraz s výsekom „svojho okna" a ...práve do neho, ako umelec-konceptualista, komponujem neraz aj Slovo Božie...

Ale do toho zaznieva predsa len Božia výzva: „Vstaň a choď na juh, na cestu, čo vedie z Jeruzalema do Gazy a je pustá." (Skutky apoštolov 8,26). Vstaň, choď proti páľave slnka, posielam ťa na pustú cestu. Tak prehovoril anjel k Filipovi.

Kam máme vstať a kvôli čomu? Prečo vlastne? Preto, aby sme v živote iného človeka spečaťovali uzdravenie jeho tela, a či zdravie jeho ducha a duše?

My si to teraz dopovieme: A bude tam muž z Etiópie, dvoran etiópskej kráľovnej Kandáky...a udeje sa veľká vec!

Aká vec? O čo v prvom a v poslednom rade pôjde?

Áno, je to výzva, aby sme sa pohli na cestu ako zvestovatelia a učitelia evanjelia! Toto znamená Božie: „Choď!" Nič dôležitejšie nepotrebujeme počuť a nič podstatnejšie sa tam nemá objaviť!

Nanajvýš povzbudenie: vojdeš do požehnanej krajiny. A ak predsa niečo nad to, tak: Cesta, na ktorú ťa posielam, je pustá. Je plná vrahov, čarodejníkov, zlodejov, cudzoložníkov, ale aj navonok celkom čestných ľudí, ktorí však potrebujú výsostne duchovnú pomoc.

Je to cesta, na ktorej blúdi plno stratených duší, ale práve na takú cestu, nie na inú, sa vydal od Otca Ježiš Kristus, Boží Syn, a práve na takú – nie na inú, povedzme: nie na cestu telesného uzdravovania! – posiela aj teba, Boží posol...

Čo vstupuje do našej „nedopovedanej vety" ako memento? Vstupuje tam jediné určenie: Choď a hovor! Choď a zvestuj! O to sa staraj!

V tomto povolaní a poslaní prežijeme zvláštny charakter cesty, po ktorej všetci túžime. Je to „nebeské povolanie", je to cesta „hore", je to cesta v zasľúbeniach Božích! Tá cesta nepozná hranice, služobník Boží je na nej vždy slobodný!

„Choď!" Choď misijne!

Ak nás niekam posiela Boh, znamená to, že dôjdeme práve do tohto cieľa, do ktorého nás posiela. „Choď a hovor, aké veľké veci ti učinil Pán!"

Zjavené Božie Slovo, ktoré sme v poslušnosti prijali, sa naplní, aj keď my pred ním vidíme neraz len - pustú cestu bez ľudskej perspektívy...

Keď sme teda Božiemu hlasu poslušní, celkom určite aj v sivej krajine žitia dôjdeme do bodu, o ktorom budeme potom svedčiť mnohým. Jeho poznávacou

svätou značkou je práve moc Ducha Božieho, ktorá nás
vedie: „Choď, ja ťa posielam!"

Pretože keď pôjdeš s dôverou, potom aj – ba práveže! -
v smere pustých ciest sa dočkáš veľkých Božích divov!

„A hľa, muž z Etiópie, eunuch, dvoran etiópskej
kráľovnej Kandáky, správca celého jej pokladu, ktorý
prišiel do Jeruzalema, aby vzýval Boha, vracal sa
(domov)." (Skutky apoštolov 8,27-28). Domov sa tu
uvádza v zátvorke...

Bol to ten okamih „šťastia", tej príznačnej „hodiny,
ktorá prišla", toho výrazu „heure", v ktorom je skrytý
význam výnimočnej Božej hodiny.

*A tak už nie sme sťa „vrece v dyme" (urýchlené dozrievanie
pod nadbytočným ohňom), ale sme v tom, čo etymologicky
zaznieva v slove „heure" ako - šťastie i pravá hodina zároveň.
Je to Božie vyslanie na Jeho cesty – v pravý čas! Tu je pre nás
otvorená Brána Božej spravodlivosti...*

Ak si chceme uchovávať v srdci kultický oheň, nie ten
Boží, potom čakáme v prvom rade na čosi uzdravujúce a
vznešené pre prirodzeného človeka a pre jeho telo...

Áno, je tu upozornenie: Ak sa bojíme o alabastrovú
nádobu svojho tela, „ak si chceme uchovať svoj život", ak
sa chceme vyhnúť „znetvoreniu svojho vreca s vínom v
dyme pretvárajúceho ohňa Božieho súdu", potom nad
cenu Božej výchovy staviame falošnú harmóniu tela a
túžbu, aby bolo dokonale fyzicky uzdravené ešte pred
druhým Kristovým príchodom...

Filip sa však dočkal „niečoho úplne iného".

Filip počul, čo mu povedal Duch: Pýtaj sa ľudí, „či aj
rozumejú, čo čítajú?" A ak „budú chcieť vysvetlenie", a
ak „ťa poprosia...aby si si k nim prisadol", potom „otvor

ústa a počnúc od toho Písma (ktoré čítajú), ZVESTUJ IM JEŽIŠA." (Skutky apoštolov 8,26-40). Nikomu nič agresívne nevnucuj, k nikomu sa povýšene netlač, nikoho hašterivo nepoučuj...

Už teda vieme, že v skutočnosti k poslušnému Božiemu služobníkovi nehovorí „iba posol", ale Duch Boží v Slove? A čo povie Duch, to je presné, pravé a záväzné, pretože to sa vždy stane, už či s nami alebo bez nás. Preto náš život nie je gréckym osudom (tragédiou, spevom kozlov), ale voľbou, ktorá má smerovať stále na Božie „pusté cesty", pretože práve tie sa v priebehu nášho času napĺňajú životom spásy, životom pokoja z Boha. Pozrime sa na pokračovanie biblického textu: „I povedal Duch Filipovi: Pristúp a pripoj sa k vozu! Keď Filip pribehol, počul, ako (eunuch) číta proroka Izaiáša, a spýtal sa: Či aj rozumieš, čo čítaš?" (Skutky apoštolov 8, 29-30).

Tu by sme mohli predpokladať, že eunuch, ktorý sa práve vracia z Jeruzalema, zo stredu chrámových bohoslužieb a kultických slávnosti, rozumie. Ale opak je pravdou.

Aj keď bol medzi tisíckami zbožných ľudí, aj keď počul a videl veľkolepú chrámovú bohoslužbu, nič v zmysle naplnenia svojho duchovného života tam nenašiel.

Nebo sa tam nestretlo so zemou v pravde Božieho určenia a dôrazu. Všetko tam bolo priveľmi mŕtve, priveľmi zákonnícke, priveľmi telesné. Chrámové slovo sa v eunuchovom srdci nestalo svetlom, ostalo na jeho suchom dne ležať len ako nalomená trstina, podľa ktorej sa nedalo nič na púštnych cestách merať.

Asi v tomto zmysle sa eunuch vyjadril: „Akože by som rozumel, ak mi len niekto nevysvetlí? Potom prosil

Filipa, aby vyšiel na voz a prisadol k nemu." (Skutky apoštolov 8,31).

Keby sa takto správala dnešná „charizmatická kresťanská spoločnosť" i inštitučná cirkev - keby prijímala Filipov, ktorí sú k nej poslaní podľa Božieho zámeru a poriadku spásy, keby povedala pokorne: Ak ťa Boh k nám poslal, vyjdi hore, do nášho inštitučného dostavníka, a prisadni si k nám a hovor nám o Tom, ktorého „život je odňatý zo zeme", potom by sme prestali hovoriť v prvom rade o tom, čo je ešte stále aj v nás „k zemi pripútané"...

Počujeme však opak...

Načo je nám púštna cesta s evanjelistom Filipom, ak k nám neprichádza v prvom rade preto, aby nám „uchoval náš život" a naše „prirodzené telo"?

Ak chceme počuť „dopovedanie vety" („Dokonané!"), nestačí nám premýšľanie v samote a nestačí ani modlitba v komôrke srdca.

„Dopovedaná veta" je dopovedaná pre dvoch alebo pre troch, nie pre jedného. Ježiš ju povedal zo svojho kríža smerom Otcovi i ľuďom na tvári celej zeme!

Počuj, zem! Je dokonané! Splnil som úlohu, ktorú mi dal môj nebeský Otec!

Áno, zaznelo to z kríža v čase vyliatej Kristovej krvi.

Zaznelo to aj pred vrahmi aj pre vrahov, takže rímsky stotník užasol a zvolal: To bol naozaj Boží Syn! (Marek 15,37-39).

Eunuch bol dlho sám, čítal proroka Izaiáša dlho sám, ale napokon sám neostal!

Boh sa postaral, aby mohol byť v spoločenstve, v obecenstve viery, aj keď v hlbokej púšti, aj keď iba v dvojčlennom zhromaždení, ktorým nepohrdol.

Podľa Písma bolo napokon úplné, pretože kde sa stretnú dvaja alebo traja v mene Ježiša Krista, tam je medzi nimi. Tam je uprostred nich! A kde je stred, tam je aj celok. Tam je už veta dopovedaná, tam sa dokonca to, čo Boh pripravil ústami svojho posla, stane.

„Vtedy Filip otvoril ústa a počnúc týmto miestom Písma, zvestoval mu Ježiša. Ako šli ďalej, prišli k akejsi vode. I prehovoril eunuch: Ajhľa, voda! Čo mi prekáža dať sa pokrstiť? Filip mu povedal: Ak veríš z celého srdca, môže sa stať. A eunuch odpovedal: Verím, že Ježiš Kristus je Syn Boží. Nato kázal zastaviť voz a obaja, Filip a eunuch, zostúpili do vody. I pokrstil ho. Keď vystúpil z vody, Duch Pánov uchopil Filipa, a eunuch ho viac nevidel, ale rozradostený šiel svojou cestou." (Skutky apoštolov 8,35-39).

Eunuch konečne po prvý raz v živote, - a už navždy! - po svojej otázke, čo mu prekáža dať sa pokrstiť, počul dopovedanú vetu, ktorej zmysel sa tak dlho usiloval pochopiť.

„Ako šli cestou ďalej, prišli k akejsi vode. I prehovoril eunuch: Ajhľa, voda! Čo mi prekáža dať sa pokrstiť? Filip mu povedal: Ak veríš z celého srdca, môže sa stať. A eunuch odpovedal: Verím, že Ježiš Kristus je Syn Boží." (Skutky apoštolov 8, 36-37).

A len čo ju počul, celé jeho srdce ňou bolo bezo zvyšku naplnené.

Leto

prvé

Pohyb človeka, dnešný deň, rýchlosť.
Autá, svetlá, signály.
Muž za volantom.
Rýchlosť, ulica, mesto.
Semafory, značky.
Okolie je trhané, strieda sa v ňom všetko a to okamžite, hneď.
Muž to vidí z okna auta: billboard, obzor, panoráma budov, strechy.
Vizualizácia, op-art, optická kultúra „optického klamu", optické umenie.
Vidí to z auta, vidí to „hneď".
Dnešný kresťan chce všetko „hneď".
Denne to prežívam počas mnohých návštev.

Na billboarde je žena s nádhernými vlasmi.
Muž za volantom si to všimne. *Je to ikona.*
Toto tvrdili o Brigite Bardotovej. *Ikona Francúzska.*
A Marilyn Monroe? *Ikona Ameriky.*
Muž za volantom sa pousmeje.
Zrazu zabrzdí! Jeho známa! Čaká autobus?
Muž autom cúva, ukáže jej na voľné sedadlo vedľa seba.
Známa k nemu beží, nastupuje. Ťažko dýcha, vysvetľuje mu, kam ide. Zachránil ju v poslednej chvíli!
Mužovi sa jeho pozícia „záchrancu" páči, v predstave vidí ich „spoločnú minulosť". Kedysi ju zneužil, ale je to už dávno...
Žena sa volá Adriana.
Hovorí a hovorí, má toho veľa na srdci.
Muž nie je na jej slová sústredený, zrazu ľutuje, že jej zastavil.
Teraz by ju rád z auta opäť vyhodil!
Žena povie, „koho si vzala".
Muž je sklamaný, prežíva dokonca krátku zlosť. Práve toho človeka zo srdca neznášal!
Nič ma do nej nie je, pomyslí si.
A húta, ako by ju z toho auta mohol naozaj vyhodiť, ako to čo najskôr zrealizovať.

2
Televízia vznikla na základe pohybu auta, vlaku, na základe nášho pohľadu z okna idúceho autobusu.
Ľudia sa dívajú na striedanie predmetov, dejov, akcií, a všetko pritom vidia len v útržkoch.

Čím rýchlejší je autobus, tým sa obrazy, ktoré vidíme oknom, striedajú rýchlejšie, preto autobusy – práveže tie najmodernejšie - v poslednom období havarujú. Autobusy sú „televízory v pohybe".

Máme milióny áut a autobusov, máme tisícky vlakov, lietadiel a vrtuľníkov.

Namiesto putovania za Kristom cestujeme za svojimi víziami.

V autobuse sedí starý muž. Spí, je smrteľne unavený. Bol u dcéry, dva dni sa naplno venoval vnučke, uťahala ho na smrť. Zistil, že generácia budúcnosti je totálne rozmaznaná. Urobili si z neho otroka!

Posielali ho na drobné nákupy, na poštu, prípadne sa mal postaviť do fronty, kam potom jeho dcéra z banky, kde pracuje, v určený čas dobehla a získala tak okamžite poradie.

Večer sa s nimi chcel pozhovárať, veď má aj zaťa, ale nepočuli ho.

Pozerali správy a potom televíznu show.

Starý muž si obliekol pyžamu, sadol si v izbe, ktorú mu oddelili ako spálňu, na posteľ a modlil sa.

Ožil až ráno, keď si šiel zafajčiť na balkón.

Tam na vzduchu bol opäť sám sebou, tam bol opäť človekom s ľudskou tvárou.

3

Medzi nami a v nás vznikol silný prvok kubizmu, dvojrozmernosť, binárne relácie, v ktorých sa rýchle slová - rýchle „áno" a rýchle „nie" – okamžite menia na „rôzne čísla".

Číselnosť a kvantifikácia tak vzniká z rýchleho a neuváženého striedania dvoch slov „áno-nie", „súhlas-nesúhlas".

Plocha, striedavé „áno-nie": ako pri trhaní lupienkov kvetu.

Človek má tak množstvo hláv, predstáv, vízií.

Tvoria sa však z toho len tragédie.

Ľudia sú bez vnútorných tvárí, nemajú vnútorný tvar (chýba nám polyfiguratívny človek).

Ľudia sú dnes v podstate „bezhlaví".

Ulica, mesto, to je len rýchle striedanie tvárí bez ustálenia pohľadu na jednu tvár, bez ustálenia pohľadu na Boha.

„Moment," povedala manželka manželovi a ďalej s kýmsi telefonovala. V tom životnom tempe si nemala kedy ani skontrolovať, či niektoré veci vybavila alebo nie. Známa jej kládla otázky a ona hovorila: Áno...nie! Áno...nie! Áno...nie!

A potom niekoľkokrát „áno" a niekoľkokrát „nie", až sa z toho jej manželovi, ktorý strácal trpezlivosť, rozkrútila hlava.

„Zabudla si urobiť raňajky," povedal manžel, keď dotelefonovala.

„Naješ sa v bufete," povedala vážne a potom sa neprítomne usmiala.

Manžel, hoci už mali málo času, dopíjal rannú kávu.

Manželka ho súrila.

Stála pri dverách, v ruke mala kľúče.

Manžel k nej podišiel, napriamil na stred jej tváre ukazovák a vážne povedal: „Ja sa s tebou rozvediem!"

Manželka sa hystericky, na plné hrdlo rozosmiala.

Potom riadila auto, mlčali...

4

Mojžiš bol štyridsať rokov na púšti, aby si mohol ustáliť tvár na Boha, Ježiš šiel vždy do samoty, aby si mohol ustáliť tvár na svojho nebeského Otca. Ježiš bol po krste štyridsať dní na púšti.

Mnohí z nás však chcú žiť opäť v období „kubizmu". Kubizmus, stokrát lomený človek, a potom: spojenie plôch rozbitého človeka; mozaika, množstvo úlomkov, medzi ktorými existujú stále iba svojvoľné trhliny a iba umelé spoje.

Rozhádzaná posteľ.

Bolo niečo po pol siedmej večer.

Muž si na ňu pomaly ľahol, pravou rukou hladil miesto, ktoré bolo vedľa neho prázdne... Začul hlasy. Manželka priviedla do bytu hostí, všetci sa smiali. Návšteva?

Muž šiel do kuchyne, chcel si s manželkou „niečo ticho vybaviť", ich šepot však nadobúdal kontúry ostrých, sekaných slov.

Žena povedala: „Daj mi pokoj!"

Muž vošiel do obývačky, kde hostia strnulo sedeli, usmial sa. Nalial všetkým víno, ale jedna z rúk zakryla vrch pohára: Ja nebudem, mám tu auto...

Potom sa domáceho pána iní opýtali, ako sa mu darí, čo nového, a medzitým ktosi povedal: „Počul som, že..."

„To je obyčajná klebeta!" povedal domáci pán a tvár mu stvrdla.

Z tejto debaty sa však už nevyšmykol.

„Tak čo si počul?" naliehala na hosťa manželka domáceho pána.

„Aj ja hovorím, to sú klebety," súhlasil hosť.

Keď všetci odišli, manželka v kuchyni na svojho manžela dlho hľadela.

Potom ticho povedala:

„Musíme sa pozhovárať..."

5

Mnohofarebné spasenie, symfónia, to je zasa zmysluplný celok s Pánom v strede a súčasne v centre zodpovednosti, ktorá je služobná, s ustanoveným dirigentom. Ten zodpovedá za zjednotenie melódie.

Áno, áno, povedal muž, ktorý vyzeral ako šľachtic. Ako aristokrat. Ako veľmi jemný a múdry umelec. „Musíme si uvážiť, čo hovoríme. Čo tvrdíme. Za čím ideme a s kým," pokračoval šľachtic vo vestibule hotela, kde sedel v hlbokom koženom kresle.

„Nechcem vám vstupovať do súkromia," povedala novinárka, „ale vy ste nikdy neurobili v živote nijakú totálnu či malichernú hlúposť?"

„Áno," prikývol šľachtic. „Cestoval som raz do jedného mestečka, a netušil som, že smerujem na nesprávne miesto."

„No a potom?" opýtala sa novinárka.

„No a potom som to pochopil," usmial sa šľachtic.

6

V inštitučnej cirkvi a vo formálnej kresťanskej rodine chceme mať svoj vlastný stred bez Hlavy a bez Kristovho tela, teda bez usporiadania duchovných darov a bez rozčlenenia ich miery a ich pôsobnosti. V duchovnom tele sa však neporiadok nesmie uplatniť, tam má vždy platiť jediná výzva: Pozdvihnem „kalich spasenia!"

A čo ním je?

Obecenstvo celého Pánovho stola s ustanoveným stredom: s Kristom uprostred a s rozdelenými duchovnými darmi s ich rôznou pôsobnosťou, uplatňovanou v zbore podľa Pánovho poriadku, nie neporiadku.

(Jozef Smolík: Obsahovú sústredenosť a organickú spätosť dodáva téme „slnka spásy" a téme „pokoja a lásky" len viazanosť na život kresťanského zboru v jeho jadre, samozrejme, bez inštitučného a liturgického obmedzenia.")

Vidíme perfektnú hru. Smejeme sa.

Sme v divadle, autor náš súčasný spôsob života veľmi presne vystihol.

Ján ma pomkol, ukázal na starého pána s plešinou – ten decentne viedol „blondínku Ikonu" k šatni, tam jej pomáhal do kabáta.

„Oženil sa s ňou," povedal mi Ján v aute. „Je to môj šéf..."

„A jeho manželka?" opýtal som sa.

„To je kapitola sama osebe," povedal.

„To sme všetci..." povedal som.

Ján mlčal.

7

Aj v Kristovej cirkvi, ktorá musí mať „jadro", jeden stred, chce neraz každý úlomok zostať úlomkom „s vlastným stredom" – také ohrozenie sme prežili a prežívame aj my, a to v symptómoch Kórachovej vzbury...

„Vtedy Kórach, syn Jischára, syna Kehátovho, syna Léviho pribral Dátána a Abíráma, synov Elíábových, i Óna, syna Peletovho, synov Rúbenových, a povstali proti Mojžišovi i s dvestopäťdesiat mužmi z Izraelcov, kniežatmi to zboru, vyvolenými zboru, mužmi zvučného mena. Keď sa zhromaždili proti Mojžišovi a proti Áronovi, povedali: Zašli ste priďaleko! Veď celý zbor, všetci sú svätí a uprostred nich je Hospodin! Prečo sa teda povyšujete nad zbor Hospodinov? Keď to Mojžiš počul, padol na tvár a povedal Kórachovi i celej jeho skupine: Ráno ukáže Hospodin, kto je Jeho, kto je svätý a komu dovolí priblížiť sa k Nemu" (4 M 16, 1-5).

Také chceme mať – v určitých nárazoch - Spoločenstvo viery: Melódiu s jadrom bez ustanoveného a zodpovedného dirigenta...

Chceme mať Jákobových synov bez Jákoba a Jozefa, Izrael bez Mojžiša a Józuu či Káleba a cirkev bez Pavla či Timotea...

Muž stál pod stromom, pred sebou mal balvan ako tribúnu.

Kázal!

Počúvali ho stvorení vtáci a počúvala ho stvorená zver.

Tá úprimne stíchla.

Tak sa ukázal pred tvárou sveta raj.

Muž pomenoval vtákov i zver, a potom volal všetkých, ktorí v prírode žili, k Bohu, ktorého hlásal.

Alebo *v rodiacej sa pýche* začal po čase volať všetkých iba k sebe a ku svojmu menu?

8

Objavili sa tu prvky „vlnivej abstrakcie": v nej je „zdanlivo plynulý prechod od jedného k druhému", v nej sú „mexické vlny nadšenia, kde sú si všetci falošne rovní", v nej je napokon najmä op-art, obraz, zložený zo stoviek „rovnakých častí", ktoré tvoria „obraz štvorčekov, obdĺžnikov, bodov" - len to všetko nie je v konečnom dôsledku nikdy skutočnou duchovnou jednotou podľa ustanoveného Božieho poriadku.

Opakujem: Ilúzia pohybu, ilúzia harmónie „nezrozumiteľných slov" (barbarstvo je nezrozumiteľnosť), život čísel v zdanlivom tvare, to nie je „vnútorný", iba vonkajší tvar. Je to iba tvar, zložený z kvantifikácie konkrétnych, a pritom anonymných, totiž uniformných tvarov.

Všetko môžeme!

Môžeme používať aj falošné slová, tak hlása „trend", a pretože o komkoľvek hovoríme čokoľvek, naše úsudky sa stali plochými.

Televízne debaty nič neznamenajú.

V rádiu je inflácia rýchlych výkrikov zbytočného nadšenia, ktoré nemá základy tela, pretaveného ohňom Božieho súdu.

Ako sa z toho trendu dostať?

Stačí, ak pochopíme, že svet nám nepatrí.

Patrí Bohu?

„Áno, patrí Bohu," povedal jeden z oslovených.

A bol to Samaritán.

9

V obrazoch Andy Warhola je množina mnohých červených „áno" a mnohých zelených „nie" – a my už nevieme, ktoré „áno" je áno a ktoré „nie" je nie, pretože červené i zelené obrazy tvorí „tá istá tvár", a predsa: „áno" sa zrazu stotožňuje aj s „nie" a „nie" s „áno", a to všetko sa dostáva v nenáležitej rýchlosti do „momentu falošného splynutia". Červené „áno" tu zrazu znamená po uplynutí sekundy života aj zelené „nie" a zelené „nie" zase po uplynutí ďalšej sekundy života zasa znamená aj červené „áno"... Prepadáva nás op-art, umenie, založené na „optickom klame". Prepadáva nás „sila zdania": prepadáva nás rýchlosť, a my v jej opojení vidíme aj rozbité telo ako jednotné a súmerné, dokonca ako „telo v plavnom a v spevnom pohybe". Op-art, „umenie optického klamu".

Veci, predmety, reklamy, vynikajúce výrobky.
Skúsený agitátor predvádza ich kvalitu.
„Dnes sú lacnejšie, ako boli včera, a pritom – hľa, aké sú výkonné!"
„O čom si to hovoril?" opýtal sa televízneho agitátora priateľ.
„Ak chceš prachy, hovoríš o tom, čo ti ich prinesie."
„Počkaj!" priateľ chytil televízneho agitátora na ulici za rameno plášťa.
„Ešte rok a dosť," vysvetlil mu televízny agitátor v kaviarni svoj problém. „Musím totiž dokončiť dom. Potom – *finito!"*
O niekoľko mesiacov zomrel televízny agitátor v aute na parkovisku.
„Naše rozhovory mám stále pred očami," vravel priateľ okruhu priateľov v kaviarni.

10

Aká je naša „harmonická skutočnosť"?

Ak ju spomalíme, zistíme to...

Ak ju spomalíme, zrazu v svetle Božej tváre zbadáme jej rozbité, deštruované, deštruktívne telo, ktoré sa trhá.

Ak chce kriminalista či detektív nájsť koreň zločinu, musí všetko totálne spomaliť.

Musí začať hľadať „detail zrady"...

Rozbité telo, falošné spojenie, patetické konštrukcie.

Skrutky.

Nepravé súvislosti.

Pomýlené telo, rýchly pohyb.

Mnohokrát extaticky opakované „áno".

Mnohokrát extaticky opakované „nie".

A výsledok?

Falošné postoje.

Spoločnosť je vo víre „rôznych zjavení", spoločnosť je pod tlakom extatických slov.

Vidíme ju v extáze, vidíme ju deň čo deň v extatických, dramatických, tragických pohyboch.

Sme v nebezpečnom zvírení doby, ktorá už má svojich Baalových kňazov.

Pred nami je Eliášov zápas na vrchu Karmel.

Ten nesmieme minúť.

Elektrické kreslo pre extatikov. Elektrické pódium, elektrická cesta, elektrická dráha na zemi i vo vzduchu.

Aká absurdita – život v elektrických okruhoch!

Stále chceme, aby sa dialo to, čo nie je reálne.

11

Nie, to sa nedá, to je ťažké, neúmerné, to je bláznivé, chaotické, to je nábalovské. To sa nedá zniesť. To je, ako raz napísal jeden esejista: „haraburdizmus".

Nemožnosť, absurdita, všetko je obrátené dolu hlavou a hore nohami, v meste totiž panuje Netopierí muž Batman, hrdina doby s čiernymi krídlami.

Zrazu sa znesie nad úrady a sem-tam vletí nejakým oknom dovnútra, tam sa zavesí na úradnú lampu a visí nad tvárami úradníkov dolu hlavou.

A všetko číta dolu hlavou a hore nohami, a všetci to tak po ňom vo všetkých úradoch opakujú a rýchlo vpisujú do úradných dokumentov, papierov, fasciklov, počítačov... Áno je Nie, Nie je Áno, Čierne je Biele, Biele je Čierne!

A Netopierí muž Batman pokojne odlieta do svojich krajov.

Potom: Čierny vrak auta.

Kto v ňom skončil a ako?

Zopár okolostojacich divákov prežilo drobné uspokojenie.

Naša vina bola potrestaná na živote iného človeka.

12

Rada, porada, schôdza, komisia, stretnutie, úradný výkon, polícia, prokurátor, Stavebný úrad, Magistrát Mesta, Odbor životného prostredia, právnici, Pamiatkový úrad, hasiči, hygienici, riaditeľ Bytového podniku, riaditeľ Bytového hospodárstva, ďalší právnici, ďalšie komisie, poslanci, asistenti poslancov, primátori,

starostovia, hlavný kontrolór Mesta, priestupkové konanie, súdy...
Áno je Nie, Čierne je Biele.
„Máte to?"
„Áno, máme..."

Obžalovaný a sudca.
Vykonávateľ zločinu versus Pravda.
Ale zločinec sa smeje.
Pravda s ľudskou tvárou na svete neexistuje, obžalovaným je teda sudca?

13
Pravidelnosť falošnej kvapky - a balvan praská.
Trhané kmity, pohyb od úradného človeka k úradnému človeku.
Novodobé väzenie.
Sme uväznení do úradne vydaného dokumentu:
„Áno je Nie, Čierne je Biele"...
List vlastníctva tejto doby, List majetníctva tejto doby, List arogancie tejto doby, List podlosti, List lži, List krivého charakteru, List skresľovania skutočností, List podvrhu, List špinavých rečí – s úradnou pečiatkou.

Zabíjali ste už?
I keď len raz, jediný raz – hoci len v predstave?

14
Balkónová kultúra stáda so sklonenými hlavami.
Kultúra komerčnej perspektívy.
Kultúra ekonomiky nového veku.

Kubizmus je v kŕči, v tvári má úškľabok.

Človek má tisíc tvárí, tisíc ramien, tisíc chrbtov, tisíc očí, tisíc úst, tisíc sŕdc, tisíc rúk „chápadiel". Plochý obraz, človek, prevalcovaný na „papier", na mŕtvu literu, na pokrútené paragrafy, na...

Skrútený kubizmus v kŕči.

Lomené tváre, lomené oči, lomené ruky, lomené svetlo.

Dvojrozmernosť života...

Čierne je biele a biele je čierne.

Zlomený človek.

Mužov vzťah k žene sa lomí.

Muž má iné, dôležitejšie záujmy, tie ho vytrhli z manželského vzťahu.

Žena sedí na pohovke - schúlená, sklonená.

Plače.

Muž váha.

Deň za oknom má však neúprosnú váhu vábenia.

Tam sa už mužovi otvára iný svet.

A pritom aj on sám vie: iný svet bez jadra najhlbšej skutočnosti tohto sveta neexistuje.

15

Netopierí muž stojí s vesmírnou cigaretou v ruke pri vlastnom vesmírnom aute, čierne krídla sa mu vo vetre divoko vzdúvajú ako rozbúrené vlny mora.

Mám nejaké videnie?

Alebo: Netopierí muž má nejaké videnie, nejaký nápad?

Objektívne súvislosti, subjektívne nálady.

Uväznite ho!

Netopierí muž ukáže rukou na okno Eliáša...

Nenávisť.

Muž, ktorý by mohol zabiť, nezabíja.

Jestvuje väčšie utrpenie, než aké je v rýchlej vražde.

Pomalá bolesť, ktorú pozorujú, ale rozdielne vnímajú dvaja – trápiaci a trápený.

Agresívny muž sa jej chce nabažiť, prežiť ju v tvári iného.

Dôvod?

Koho zaujíma skutočný dôvod, ktorý sa týka každého človeka – teda aj mňa?

16

Uväznili ma do subjektívnych nálad, do zlosti, hnevu, do úpadku, pádu, do alkoholizmu, choroby, do provinčnosti, do nedôstojnosti, do absolútnej nedôveryhodnosti.

Uväznili Eliáša?

Uväznili ho jaskynné tiene?

Plač.

Ľudia na pohrebe.

Ani bohatý človek sa so situáciou plaču nevie vyrovnať.

Aj on má city.

Veľmi veľa kvetov. Stovky tvárí. Zomrela populárna, alebo hodnoverná osobnosť?

V malom parku stojí nablýskaná limuzína.

Stojí pri nej boháč a jeho supermladá manželka.

Hľadia na vilu človeka, ktorý už nežije.

Okolo nôh im pobieha malý psík.

Parkom sa pomocou barlí sunie akýsi žobrák.

Pospevuje si veselú pesničku.

Boháčovi a jeho supermladej manželke tá priveľmi jednoduchá radosť obyčajného človeka celkom zničila deň.

17

Netopierí muž s vesmírnou cigaretou v ruke ukáže na okno Eliáša a čierne krídla sa mu znovu divoko vzdúvajú.

„Eliáš do vášho mesta vnáša to, čo si dovolili vniesť do svojich miest niektorí Američania!"
A čo si tí Američania dovolili?

„Zvláštne miesto v boji so zločinom a najrôznejším spoločenským neporiadkom, chaosom a svojvôľou a s priestupkami má v Amerike jednoduchá občianska aktivita. Vyše 30 miliónov Američanov sa takto aktivizuje vo svojom susedstve, aby v ich štvrti fungovalo všetko ako má, a sú pripravení sami zasiahnuť, ak sa deje nejaká neprávosť. Sophia Body-Gendrot, ktorá vypracovala rozsiahlu štúdiu o nebezpečných mestách, to pripisuje americkej religiozite a s ľútosťou konštatuje, že vo Francúzsku čakáme so založenými rukami, čo urobí štát. Stále hovoríme o povinnosti či o svedomí občana (citoyenneté), ale nepraktizujeme ho; a tí, ktorí by to chceli, odrádza ťažká byrokracia, ktorá takejto iniciatíve prekáža. Sophia Body-Gendrot je presvedčená, že v 21. storočí bude na miestnom stupni spoločenské laboratórium, uskutočňujúce inováciu: čo najbližšie v teréne, schopní a motivovaní ľudia, nespútaní striktnými predpismi, schopní vcítiť sa do situácie druhých, budú môcť vypracovať funkčné riešenie a ukázať tak na cnosť občianskej spoločnosti." (Česká metanoia, 19/20/1998).

18

Videl som obraz Giacoma Ballu: Dievča, bežiace balkónom. Avantgardný maliar, futurista. Rozfázovaný pohyb, filmové sekvencie. Jednotlivé fázy behu sú však radené vedľa seba, nie chronologicky za sebou. Čo to znamená? Nejakú mimoriadnu avantgardnú hĺbku? Alebo „iba absurditu"? Iba to, čo Ján Števček v Sliačskych meditáciách nazval - „iracionalitou"?

Ak postavíme vedľa seba vojakov, verných svojmu povereniu až na smrť, budú sa nám z určitého pohľadu vidieť „ako jeden muž"? Všetci za jedného, jeden za všetkých? Alebo je to „gang"?

„V Chicagu sú od ostatného sveta celkom izolované štvrte farebných, kde žije štvrť milióna aj viac ľudí bez akýchkoľvek verejných zariadení alebo súkromných podnikov, kde jediná ešte existujúca správa je gang, od ktorého si treba vyžiadať povolenie zasadiť strom alebo ísť s deťmi do múzea." (Česká metanoia 19/(20/1998)..

19

Aký zmysel má obraz Giacoma Ballu, obraz „Bežiaceho dievčaťa", ktoré nebeží chronologicky?

Ktoré nebeží *ani v nijakom inom zmysluplnom celku smerom k nejakej perspektíve,* keďže jej jedinou perspektívou je vlastne iba možnosť vybrať si „čokoľvek z mnohého" a povýšiť to jednoducho na „stred posolstva"?

Jeden útržok z celku: účelový zisk „mimo kontext prípadu"...

„Spomenul som si," píše Ján Števček v eseji IRACIONALITA, „že ma na ceste na Sliač prekvapil čudný nápis na bočnici nákladného vagóna. Neviem prečo, odpísal som si tých pár slov na opak cestovného lístka, ktorý je teraz dosť veľký. Nápis znie: „Otvorené výsypné klapky zasahujú do prechodového priestoru." Nesnažil som sa tejto vete porozumieť, len som sa potešil z jej zdanlivej a či skutočnej absurdnosti. V poetike sa takýto výrok zvyčajne nazýva nonsens, o čom je dnes už hŕba literatúry. Ale čo to znamená, kto je pôvodcom a s akým úmyslom bola urobená táto veta?

Možno je to výrok nejakého byrokrata na bývalom federálnom ministerstve dopravy v Prahe, človeka so zmyslom pre humor a pre zamotanosť vecí. Možno je to zámerná provokácia človeka, ktorý tento nápis chcel odovzdať Slovenským železniciam ako danajský dar. Možno je to tajná inštrukcia pre tvorov ufo, ktorí sa majú podľa nej správať.

Ani jedna z týchto indícií, pochopiteľne, nesedí, ale neviem si vymyslieť nejakú inú, racionálnejšiu. Áno, veta na mňa pôsobí ako iracionálne posolstvo."

Ďalej však Števček uvedený prípad vysvetľuje:

„Je to hra rozumu na nepochopiteľné, oddych v myslení, potreba vniesť do poriadku sveta chaos, aby bol prijateľnejší.

Čo tu chýba? Kontext, vraví úvaha. Keby kontext bol jasný, mnoho vecí tohto sveta, aj tých veľmi zapletených, by sa možno hneď, možno trošku neskoršie vyjasnilo." (Sliačské meditácie).

20
Je jedno dievča a je tisíc dievčat, a každé má inú tvár.
Ktorá z tých tvárí sa vám práve hodí?
Podľa situácie, podľa okolností, podľa momentálnej ideológie, skrátka - podľa utilitárnej politiky úradu a

podľa utilitárneho cirkevníctva nejakého pozemsky tkaného rúcha?

Česť je špinavosť a špinavosť je česť.

Láska je nenávisť a nenávisť je láska.

Podvod je spravodlivosť a spravodlivosť je podvod.

„Máte to?"

„Áno, máme to..."

Úder úradnej pečiatky je silný ako železné srdce zvona.

Môže raz ten zvon získať inú etiku?

Môže raz nájsť „svoj kontext"?

Bolesť hlavy.

Tabletky, pohár s vodou. Ruka na čele.

Do domu vojde matka.

„Prečo ťa bolí hlava?"

Dievča dvihne tvár a povie: „Môžeš trikrát hádať..."

Ale matka to *neuhádla* a v tom bol problém.

21

„Musíme prijať skutočnosť, že kresťanstvo žije vo svete, ktorý nielenže má sám nanajvýš plurálne názory na dobro a zlo, na dovolené a nedovolené, ale je navyše postavený pred existenčné problémy – povedzme problém preľudnenia - , pri ktorých sa musí dať prednosť obecnému, verejnému blahu pred všetkými súkromnými etickými hľadiskami. Nebezpečenstvá rozhodovania tohto druhu pre etiku sú evidentné a prijatie takýchto predpokladov môže znamenať pre učiteľský úrad cirkvi ťažký boj vo svedomí. V rovnakej súvislosti sa nachádza koexistencia veľkého množstva kresťanov, ktorí sa prakticky len „čiastočne identifikujú„ s cirkvou, a tiež ich

okolie, ktoré myslí a koná v rozpore s kresťanskou etikou; cirkev nebude môcť takým kresťanom len tak predkladať cieľovú normu, platnú pre „totálne identifikovaných", ktorí môžu usilovať o jej naplnenie iba v živej viere. Prenechá ich teda ich vlastnému svedomiu ako poslednej norme, prípadne im dá so sebou na cestu ešte všeobecne ľudsky chápanú myšlienku lásky alebo ľudskosti, ale ušetrí ich od špecifických kresťanských noriem a prikázaní? Kadiaľ však povedú hranice medzi týmito etikami pre „naplno" a pre „čiastočne angažovaných", zvlášť keď sociologické rozhodnutia ľudstva a všeobecná morálna klíma je dôležitá pre všetkých kresťanov?"
(Hans Urs von Balthasar: Pravda je symfonická)

22
Skrýval som sa. Bál som sa. Žil som v strachu z vlastnej slabosti. Žil som v obavách, pretože som zhrešil a pretože som ten ťažký, nepriznaný hriech zamlčal.
O svojom hriechu som mlčal, a tak mi trúchniveli kosti..

Robí všetko inak, ako robiť má, ale je neuveriteľne príťažlivá.
„Zatiaľ ju potrebujem," povedal muž s úsmevom, ktorý bol v hĺbke trpký.

23
Cítil som sa ako prvý z hriešnikov, ale nikomu by som to nepriznal. Bol som pripravený hádať sa. Bol som ochotný viesť s každým spory. Môj hriech ma úplne

vyviedol z miery. Bol som napálený, bol som zlý... Preto som začal vo svojej mysli zabíjať všetkých Ábelov. Nemohol som zniesť ani jedného svätuškára! Kto sa len trochu podobal na Krista, ten ma privádzal do šialenstva.

Bol som schopný rozbíjať výklady, váľať stoly, bol som schopný udrieť nevinného človeka... Práve o to mi šlo! Udrieť nevinného a vyprovokovať ho k vine. K hriechu.

Chcel som, aby sa stal rovnako čiernou vranou, akou som bol ja.

24

Odchádzal som z najťažších situácií. Práve tam, kde som sa mal pokoriť.

Nedávno som počul o rapovom spevákovi, ktorý z ťažkej situácie neodišiel.

Americký moderátor Leno sa ho priamo opýtal, bol to Kanye West, čo by na jeho nedávne výčiny povedala jeho nebohá matka, ktorú si veľmi vážil.

V tvári rapového speváka sa náhle objavila bolesť, neistota, hanba, pokorenie, ale aj – priznanie.

Áno, som vinný. Tým, že som počas odovzdávania hudobných cien vnikol na pódium a verejne som odmietol prezentované výsledky aj víťazku hlasovania divákov i odbornej hudobnej poroty...tým som spáchal nehanebný čin. Nebolo to fér. Nie som sudca ľudí a ich myslenia. Nie som preverovateľ ich práv a čistoty ich zámerov. Bola to hanba.

Asi toto povedal, v podstate bez mnohých slov, rapový spevák v priamom prenose CNN.

On zrazu neuhol.

Z Kaina sa stával Ábel, ktorý prinášal Bohu pravú obeť. Pravý stav svojho srdca..."

25

Každý človek potrebuje uzdravenie pod iskričkami spásy. Znamená to: mať svoj celý život zakotvený v stálej, živej nádeji do Kristovho víťazstva nad mocnosťami temnosti. Znamená to: mať prilbu nádeje na spasenie celého človeka.

Tieto iskričky spásy sú pre nás v duchovne vzkriesenom človeku prítomné ako celé Slnko spásy.

Nie je však nimi zatiaľ premenené (úplne uzdravené) naše prirodzené telo, lebo v ňom ešte do druhého Kristovho príchodu pôsobí hriech.

My však už teraz máme iné telo, totiž: Telo Kristovo, obecnú cirkev „v obecenstve stola", ktorú veríme: ktorej príbeh spásy žijeme v tomto čase, v týchto pozemských dejinách s prítomným vzkrieseným Kristom ako Hlavou.

Gestá, rytmus chôdze, mimika, intonácia – všetko mu pripomínalo ženu, ktorú pred rokmi opustil.

Tá divadelná hra bola neuveriteľne presnou interpretáciou režisérovho života.

Niet sa kam skryť.

Na jeho pulte s textom ostala nedopitá káva a nedofajčená cigareta.

Odišiel.

Kto mu vysvetlí jeho život?

26

Raz dávno na jednom veľkom cirkevnom zasadaní povedal ktorýsi teológ (M. Hájek), aby „Boh pokoja a lásky" ... „dával svetu pokoj a pomáhal najmä zodpovedným predstaviteľom štátu nájsť cesty k novým počiatkom života bez atómovej hrozby v spolupráci všetkých národov na základe spravodlivosti."

My len dodajme, že atómovou hrozbou je pre nás v prvom rade „atomický", rozbitý, schizofrenický človek a že všetky národy a „rôzne etiky" môžeme preznačiť do správneho spolužitia len v „obecenstve stola Pánovho" – nijako inak.

To je tá pravá „antifóna", spojená so skutočným „vstupom" do vzťahov a potvrdená pravým „graduálom": životom z Hlavy, životom zo zjaveného, prítomného Slova Ježiša Krista.

Obecná cirkev je teda „obecenstvo Pánovho stola" a súčasne je to Príbeh dejín spásy, udalosť Ježiša Krista ukrižovaného a vzkrieseného. Do tejto udalosti dnes ľudia potrebujú vstúpiť – to je náš introit, to je naša antifóna i náš graduál.

Žena, s ktorou sa objímal, mu nepatrila.

Po troch rozvodoch začal žiť vo voľných, neviazaných vzťahoch – až kým žena, ktorá mu nepatrila, tragicky nezahynula.

Teraz sú už jeho objatia čisté?

27

Rozhovor s Písmom, to je prechádzka s Pánom medzi stĺpmi viery. V galérii viery. V oblaku svedkov viery. Je to pohyb v Šalamúnovej sieni – ale vždy s Pánom v strede! Je to napokon pobyt na vinici Pánovej, s novou piesňou v srdci.

Zároveň však platí pre každého kresťana veľké memento, ktoré spomenul v jednej zo svojich kázní Amedeo Molnár: „Boha nikto nikdy nevidel!" – „Blahoslavení, ktorí nevideli."

Inými slovami: všetko, čo môže a má evanjelista hovoriť a po ňom teológ slabikovať o sile zraku, o významnosti videní, o názornosti zjavení, o bohosloveckých veciach azda naozaj evidentných, platí iba a nanajvýš, ak je to umiestnené medzi dva pripomenuté póly, medzi obidva výstražné znamenia."

Ak je to umiestnené medzi stĺpy, ku ktorým nás priviedol sám Pán.

„Nikde sa výraznejšie ako v Jánovom evanjeliu neprejavuje Ježišova kritičnosť, než práve vo vzťahu ku zbožným ľuďom, ktorí sa domnievajú Boha vidieť, prípadne priamo zviditeľňovať svojou určitou životnou praxou", napísal Amedeo Molnár. „Súd, kvôli ktorému Ježiš prišiel na tento svet, rozlišuje a rozdeľuje práve tu (Ján 9,39)."

„Oklamal ma," povedala s cigaretou v ruke.

Chcela sa mu pomstiť, potom však našla cestu k odpusteniu.

Teraz je šťastná.

28
Neraz som skúsil, že nie ten je múdry, ktorý hovorí, ale ten, ktorý sa mení.

Je to ako s chémiou, s tou zdravou chémiou: v našom tele, v našej duši a v našej mysli sú určité látky v procese premeny, sú určité bloky poznania aj citov, ale aj „kódy rozhodnutia". Tie látky majú určité vlastnosti, ale do našej mysle sa vtierajú stále silnejšie obsesie, predstavy, impulzy, podľa ktorých by sme mali konať, a tie nás chcú seriálovo rozkrútiť do jednej frázy. Takú vlastnosť má dnes myseľ postmoderného človeka. Padá dolu, z vrcholného bodu „poznania a múdrosti", ako blesk z neba – a krúti sa v cyklických pohyboch pádu.

Tak sme to videli v pádoch ľudí z budovy WTC, akoby nejaký moderný Pilát náhle a nečakane zmiešal ich krv s ich obeťami...

Výbuch mysle, výbuch najmodernejšieho lietadla súčasnej superkomunikácie, linky, ktorá sa zdá byť bezpečná nad najbezpečnejšou krajinou sveta, ale potom dochádza k „náhlemu pádu".

A ten pád vyzerá ako „blesk z jasného neba".

Každú drobnosť v jej živote musel ovládať.

Zrútila sa.

Vtedy sa k nej sklonil a lepšie sa jej prizrel.

29

Je tu čas, keď máme začať bdieť špecifickým spôsobom: asi takým, akým bdela so svojimi sluhami múdra Abigajil.

Elíhu „v knihe Jób" hľadal podobne múdrych medzi kňazmi, pastiermi, filozofmi, vedcami, a takto im povedal: „Počujte, múdri, moje slová; a vy, ktorí viete voľačo, pozorujte ma ušima!" (Jób 34,1).

Čo im chcel povedať?

Aby neboli priveľmi časoví, aby nežili vo svojich uzavretých „chronotopoch", ale aby našli vo svojom divadle (vo svete svojich vedeckých a finančných zázrakov) naozaj rozhodujúci „bod pohľadu", tú správnu optiku (nie op-art!), ktorá dnes už nemôže byť časová ani roztočená na frázovanej platni pádu – nie, dnes nepotrebujeme kybernetickú reč a kybernetické pohyby samovrážd, dnes nepotrebujeme znásilnenú myseľ a ohnuté telo, aké mal hrdina Kurosawovho filmu „Žiť!" Dnes potrebujeme: Prebudenie z virtuálneho sna! Ten čas práve nastal!

Hostia na pohrebnej hostine.
Rozhovor viazne.
Slová majú zmysel.

30
Počujme, čo vraví v knihe Jób Elíhu múdrym, ktorí nikdy netrpeli, čo vraví funkcionárom mesta, riaditeľom rôznych pamiatok, čo hovorí starostom, primátorom a ochrancom životného prostredia...

Radí im, aby pochopili, že „ucho" má „slová posudzovať (trpezlivo zvažovať)", nie prijímať ich ako syntetizátor a potom ich iba synteticky odovzdávať jazyku ako kombináciu zvukov (i keď spievaných zvukov!), a to dokonca „chemicky", totiž: racionálne-alchymisticky! A rovnako „ďasno" – to má zase ochutnávať „pokrm", ktorým sa naše ústa, naša duša a náš duch sýti...

Smial sa bez šťavy, na krku mal retiazku z falošného zlata.

31

Jób povedal: Som spravodlivý, ale silný Boh odmietol môj súd.

Lenže...

„Job nehovorí v pravej známosti, a jeho slová nie sú povedané v rozumnosti. Oj, aby bol Job zkúšaný donekonečna pre odpovedanie podľa spôsobu ľudí neprávosti! Lebo pridáva k svojmu hriechu spúru; medzi nami tlieska rukami a množí svoje reči proti silnému Bohu." (Jób 34, 4-7. 12. 35-37).

Nenachádza sa dnes počas svojho „náhleho utrpenia" práve aktívna a na svoje elitné skutky bohatá, akčná cirkev v rovnakej situácii? Nehrá sa na Ábela predčasne? Totiž: v čase, keď je ešte stále zviazaná so syndrómom Kaina a bezbožného sveta, ktorý vzdoruje Božím súdom, aby namiesto nich tvrdohlavo presadzoval svoje? Nebola „cirkev pozemského tela" prichytená ako „cirkev neverná" práve vo svojom najužšom vnútri, vo vlastnom kruhu, v skutkoch závisti, žiarlivosti a akéhosi duchovného trhového súperenia?

„Čo je bránou k porozumeniu?"
Muž dvihol obočie.
Žena sa na neho pokojne pozerala.
Boli dvaja.
Boli dvaja?

32

Keď písal Sartre o priepasti, a to zo skúseností z detských čias, písal o nej ako o „ústach tieňa". Lenže smrť mal vykreslenú aj inak: „Skonať, to nebolo zomrieť, premena onej stareny na náhrobný kameň mi nebola proti mysli; obsahovalo to transsubstanciáciu, dosiahnutie bytia..." (Slova, str.81).

A tak si predstavujú smrť mnohí: počas života nanajvýš ako túto „premenu", ako „dosiahnutie bytia" v tvare budovy, auta, majetku, v tvare bankoviek. Zvláštna transsubstanciácia!

Keď však Sartre píše o skutočnej smrti, vie, že je to „hrozba": „ústa tieňa sa mohli kedykoľvek, počas bieleho dňa a pri najjasnejšom slnečnom svite otvoriť a pohltiť ma."

„Existoval strašný rub vecí," píše Sartre, „keď človek prišiel o rozum, tak ho videl, zomrieť znamenalo hnať šialenstvo až po najkrajnejšiu hranicu a nechať sa pohltiť."

„Žil som v hrôze," priznáva Sartre v Slovách, „bola to skutočná neuróza." Veľavravné sú jeho ďalšie pozorovania: „Bol som jalový kvet v trvalom stave odmietania. Inými slovami, bol som odsúdený a v každom okamihu mohol byť rozsudok vykonaný. Ja som ho však zo všetkých síl odmietal, ale nie preto, že som si cenil svoju existenciu, ale naopak preto, že som na nej nevisel: čím absurdnejší je život, tým neznesiteľnejšia je smrť."

Bol tu strach, striedaný s laxnosťou a ľahostajnosťou, chýbala tu však „Hospodinova bázeň"...

Sartre, ktorý napísal „Slová", úvod ku svojej autobiografii, nepochopil – Slovo života...

„Je to formálne," povedal muž, vstal zo stoličky a obliekal si sako.

„Ale je to pravda!" povedal iný.

„Formálna pravda nie je pravda," ozval sa tretí.

Rečník mlčal.

Význam jeho slov sa stratil.

33

Uvedomil som si, že *balkón* hrá v živote ľudí a spoločenstiev dôležité miesto. Je to vysunutá kazateľnica. Odborne sa nazýva vysunutou plošinou medzi stropom a podlahou, povedzme divadla či sály, ale inak je to plošina na konzolách, na nosičoch, ktorá je vysunutá na líci múru.

Na balkónoch človek nielen odpočíva, ale balkón je tým vrcholným momentom osobného času i histórie ľudstva, z ktorého možno vidieť do budúcnosti.

Má profetický charakter.

Balkón je teda „vrcholným bodom", je „pointou", je to „rozhodujúci ťah všetkých kombinácií", povedzme v šachu."

Spomínam si na reč Václava Havla na balkóne – tuším Melantrichu – v Prahe, na spev Karla Gotta a Karla Kryla i Marty Kubišovej na balkóne počas Nežnej revolúcie, ale aj na reč mnohých predstaviteľov *Verejnosti proti násiliu* v Košiciach na balkóne Vedeckej knižnice, ktorú moderoval Peter Rašev.

Akokoľvek, balkón je pointa, ktorá – spája nebo a zem?

Minulosť a budúcnosť?

Je to naozaj rozhodujúci medzník čias, na ktorom stoja rečníci typu Antifóna a vedú „reč obhajoby či žaloby"?

Antifón bol popravený pre vzburu. Nepomohla mu ani reč, ktorú si dôsledne zostavil.

Bol to prvý filozof, ktorý vybudoval reč na metodike úvodu, prednesení faktov, na dôkazoch a na závere reči.

Alebo inak povedané: v reči je dôležitý úvod, žaloba, reč žaloby, obhajoba, reč obhajoby a záver.

Ale ako skončil Antifón? Popravili ho pre vzburu...

Hrdzavá brána s ornamentom.

Fotograf fotografoval opustené domy.

Chcel sa niečo podstatné a rozhodujúce dozvedieť o významných ľuďoch, ktorí v nich zomreli a žili.

Alebo o ľuďoch, ktorí v nich žili a zomreli?

34

Balkón, *pointa a reč*... To je náš problém, to je naša téma?

Napokon...

Našou témou je – naozaj pohyb srdca?

S akým srdcom na tom balkóne stojím a čo sa v ňom odohráva, keď balkón chápem ako „vrcholný moment", ako plošinu medzi nebom a zemou, medzi podlahou a stropom?

Na akých konzolách, na akých nosičoch stojím?

Na akej reči, na akom slove?

Z čoho tá reč vychádza a k čomu smeruje?

Aká je jej pointa?

A kým na tom balkóne som?

Rebelom? Buričom, štváčom, ozbrojeným podnecovateľom nejakého odboja, ktorý chce zničiť „daný cisársky alebo iný stav"?

Alebo som – signatárom nejakej Charty? Nejakej „novej zvesti"?

Je pre mňa balkón politickou, ekonomickou či vedeckou tribúnou, alebo... Alebo kazateľnicou?

Je to môj „graduál", je to vrchol Hory premenenia, je to bod, ktorý môžem vnútorne nazvať – Kázňou na Hore?

Je pre mňa „Programom tisícročného kráľovstva"?

Je to Ústava milénia, porovnateľná s Desatorom na vrchu Sinaj?

Od nadšenia k prázdnote.

Športovcovi ešte doznievali v mysli ošiale štadiónov. A teraz kam?

35

Aký bol môj „introit" tam, kde dnes žijem?

Aký bol môj vstup do domu, v ktorom bývam?

Aká bola moja „antifóna", s kým som začal spievať svoju novú pieseň, pieseň duchovného domu?

A s kým našla aj v ťažkej reči súzvuk?

Aký je môj dnešný „graduál"?

Pán ma svojho času upozornil na ľalie.

Povedal mi: „Pasiem vás medzi ľaliami..."

Povedal nám, cirkvi ako Jeho telu: Oprite sa o mňa, o svoju Hlavu!

Položte svoju hlavu pritom na moju hruď a počúvajte reč môjho srdca.

Buďte ako učeník Ján, ktorého vidíme „v obraze lásky a pokoja", ale súčasne: staňte sa aj Jánom Teológom!

Nikto z vás sa totiž na tejto zemi nevyhne ani apokalypse.

Dajte teda pozor, ako žijete. S kým sedávate. Čo hovoríte. Aká je vaša reč.

Bývajte v 1. Žalme.

Žite v ňom, učte sa v ňom dýchať...

Pretože: rozhovory v lesku, v prítmí a v centre barovej hudby sa raz zmenia na sadzu a dym.

36
Napokon som zistil, že dom, v ktorom žijem, nemôže byť „domom balkónovým", nepriechodným, iba s „konštrukciou pointy", iba dom s velikášskym gestom a ľudskou suverenitou, ale naopak, ten dom musí byť vždy „domom pavlačovým", priechodným.

Musí to byť dom, ktorý dýcha, ktorý má otvorené srdce, ktorého pľúca nezviaže nijaký násilník, nijaká temnosť tmy v povetrí, pretože...

Pretože máte Božieho Ducha a plnú Božiu zbroj na duchovný boj, na uhájenie všetkých pozícií duchovného domu, do ktorého ste boli pozvaní ako na svadbu kráľovskú, ako na svadbu Baránka.

Tomu som porozumel až po rokoch.

37
Danilo Kiš (Encyklopédia mŕtvych) píše v historickej poviedke „Kto za vlasť mrie, hoden je slávy" o poprave mladého grófa, ktorý sa zúčastnil na sedliackej rebélii.

Cisárskym dekrétom bol odsúdený na popravu obesením. Keďže sa práve v cele modlil, strážcovia a cisárski vojaci na neho okamžite nepoložili svoje ruky, ale naopak, prerušili svoj železný zákonný postup, pretože...

„...Grófov rozhovor s Bohom považovali za dostatočný dôvod zabudnúť pre tento okamih na prísne predpisy španielskeho rituálu."

Boh je viac ako zákon – aj v cisárskom väzení, hoci „iba pre tento okamih".

Bola tu viditeľná *zvláštna nebeská usporiadanosť*. *Nový poriadok sveta*.

Teda – nový poriadok sveta sa neobjavil v sedliackej rebélii, ale práve *v tomto modlitebnom rozhovore s Bohom: v cele!*

38
Jeden z obrazov prózy Danilo Kiša: Matka na balkóne v žiarivo bielych ľaliových šatách...

Bol však „spasený pohľadom na čistú matku", ktorú zahliadol v poslednom okamihu života na balkóne „ako v nejakej divadelnej scéne"?

Nie je tu napokon nevhodná alúzia (neúplné prirovnanie) na kríž Ježiša Krista a na Jeho matku Máriu?

39
Vyvýšenosť kríža ako nástroja, na ktorom zomierali zločinci – ale tiež vyvýšenosť „Hory premenenia", na ktorej sa skvelo akési žiarivé rúcho?

S týmto odkazom sa však nemožno zahrávať.

Cirkev nie je Ježiš a cirkev nie je Veľká Matka. Ale cirkev nie je ani Veľký človek...

Cirkev rastie totiž z Hlavy a iba takým telom sa môže chváliť. Iba telom, ktoré sa zrodilo zo semena Slova Božieho.

Hlavou cirkvi, z ktorej rastie telo cirkvi na základe darov Ducha Božieho, je iba Ježiš Kristus.

40
Otázka, ktorú si kladieme: Je rozhovor s Bohom v prvom rade históriou – je to „tradícia"?
Je vedou – musíme v ňom byť múdri?
Je filozofiou – máme my prekonať tmu mytológie?
Alebo je recitačným farizejským umením, je divadlom?
Či je azda „liturgickou formou"?
Nič z toho.
Rozhovor s Bohom je vstupom do novej usporiadanosti myšlienok, citov, predstáv, rozhovor s Bohom je vstupom do sveta Jeho kráľovstva – v moci Božieho Ducha, v moci Slova života...
V Božom majestáte.

Rakovina?
Áno, ale muž sa s ňou už vyrovnal.
Noviny číta cez prizmu *Slova s večnou platnosťou.*

41
Často hovorím o svojej hriešnosti, o rebélii kresťanov, ale aj o zrade farárskeho stavu, ale tiež o „balkóne s matkou v ľaliových šatách".
Ale o akú matku tu ide – v mojom prípade?
O akú skúsenosť s Pánom?
O skúsenosť z Vrchu premenenia!
A potom: o skúsenosť vrcholného momentu svojej záchrany - príbeh o praktickom posvätení srdca.

42

Ide nám teda práve o to: o pohyb nášho srdca medzi stavom znovuzrodenia a posvätenia? O vrcholný bod nášho života?

Ako som k nemu dospel?

Tu sa musím opäť vrátiť ku konzolám, k ploche medzi nebom a zemou, k balkónu či ku pavlačiam...

A napokon k vyznaniu, že vyvýšeným bodom našich životov je niečo úplne iné, než sú samostatné súkromné balkóny či spoločné pavlače, pretože dom, ktorý si Pán zvolil na pravú bohoslužbu, má dýchať „spoločenstvom pokoja", ktoré sa tvorí jediným spôsobom: konkrétnou poslušnosťou voči Hlave spoločenstva viery, pravdivým vyznaním Ježiša Krista ako Kráľa kráľov a Pána pánov.

43

Rozhovor človeka s Bohom sa teda odohráva na jasnej hranici medzi nebom a zemou.

Tak sa tvorí aj dom: na horizonte, v obzore krajiny.

Taký obrázok kreslí aj srdce dieťaťa.

Čo je však tou hranicou? Tribúna? Balkón? Pavlač?

Naša ľudská nosná konštrukcia medzi podlahou a stropom?

Alebo „prach ciest"?

Moja trojročná dcéra kreslila kedysi obrázok ženy v dlhých šatách, ktorá smeruje po prašnej ceste k „živým kameňom". K budove, ktorú nám postaví Pán. K nebeským súradniciam a k nebeskej pointe.

Už vtedy jej Pán pomohol načrtnúť „vrcholiaci moment" nášho života, našej existencie, nášho spoločenstva.

44

Ale je tu aj kolízia s „plochou medzi nebom a zemou",
s jej „nosnou konštrukciou", s jej konzolami, s naším
vychádzaním a vchádzaním, s našimi antifónami, s
naším graduálom.

Niekto sa rozhodol, že priechodnosť domu,
priechodnosť pľúc, zmení svojou deštruktívnou silou na
„atomickosť a rozpad".

Bytový pavlačový dom (tak sa domnieva ľudský
gigant) možno zmeniť na súkromný balkónový, na
podnikateľský, a pľúca organizmu na železné pľúca
organizácie, akejsi „neznámej spoločnosti", Veľkej Matky
Gaie, bohyne tohto času, ktorá môže kormidlovať
(kyberneticky riadiť, pretože kybernetika vychádza z
pojmu „kormidlo") každého a všetko, dokonca aj cirkev
Ježiša Krista.

45

O kritickom „momente života" píše aj Selma
Lagerlofová v románe Jeruzalem.

Na jednej strane sú „úbohí bedári", na druhej strane je
akási tajomná Spoločnosť s papuľou draka, s papuľou
Rahab.

Spomenutý „moment" je „momentom" dražby „o
pôdu zasľúbenej zeme".

Je to zápas medzi kniežaťom perzského kráľovstvá a
Mícháélom, jedným „z prvých kniežat Božích".

46

Čo som „v takom prípade" videl a počul?

„...vtedy som zdvihol oči, obzrel som sa a videl som človeka oblečeného do ľanového rúcha; okolo bedier mal opasok z ofírskeho zlata; jeho telo bolo ako drahokam, jeho tvár vyzerala ako blesk, jeho oči boli ako ohnivé fakle, jeho ramená a lýtka ako bronzové zrkadlo a zvuk jeho slov bol ako hluk davu. Ja, Daniel, som videl zjav; mužovia, ktorí boli pri mne, nevideli zjav; ale prepadol ich veľký údes, takže ušli a skryli sa. Tak som ostal sám, keď som videl tento veľký zjav. Ale neostalo vo mne sily, skvelý výzor mojej tváre sa strašidelne zmenil a sila ma opustila." (Daniel 10, 5-8).

47

„Vtedy som počul zvuk jeho slov. Ale keď som počul zvuk jeho slov, omráčený padol som na tvár, a to tvárou na zem. Vtedy sa ma dotkla ruka a pomohla mi oprieť sa na kolená a na dlane. Potom mi povedal: Daniel, milovaný muž, daj pozor na slová, ktoré ti hovorím. Postav sa na svoje miesto, lebo teraz som poslaný k tebe. Keď mi hovoril tieto slová, s chvením som sa postavil. Potom mi povedal: Neboj sa, Daniel, lebo od prvého dňa, keď si si v srdci zaumienil chápať a pokoriť sa pred svojím Bohom, tvoje slová boli vyslyšané a ja som prišiel práve k tvojim slovám. Ale knieža perzského kráľovstva stálo naproti mne dvadsaťjeden dní a ajhľa, Mícháél, jedno z prvých kniežat, prišiel mi na pomoc. Nechal som ho tam pri perzských kráľoch, a prišiel som, aby som ti dal vedieť, čo sa prihodí tvojmu ľudu v budúcich dňoch. Lebo videnie sa vzťahuje na budúce dni.

Keď mi hovoril tieto slová, sklonil som tvár k zemi a onemel som. A tu hľa, dotkol sa ľudskou rukou mojich perí. I otvoril som ústa a hovoril som. Povedal som tomu, čo stál predo mnou: Pane môj, pri zjavení prepadli ma kŕče a neudržal som silu. Ako by mohol sluha môjho pána hovoriť tu s mojím pánom! Odvtedy nebolo vo mne sily a neostalo vo mne dychu. Vtedy sa ma znovu dotkol ten, čo vyzeral ako človek, a posilňoval ma. Potom povedal: „Neboj sa, milovaný muž! Pokoj s tebou! Buď pevný, buď pevný! Keď takto hovoril so mnou, cítil som sa posilnený a povedal som: Hovor, Pane môj, lebo si ma posilnil. Vtedy povedal: Vieš, prečo som k tebe prišiel? Teraz sa vrátim bojovať s perzským kniežaťom. Ja odchádzam a práve prichádza grécke knieža. Ale oznamujem ti, čo je napísané v knihe pravdy. Nikto ma neposilňuje proti nim, iba vaše knieža Mícháél." (Daniel 10, 9-21).

48
Nebo, zem! Čo sa prihodí v budúcich dňoch?

Musím priznať: v mojom živote bol „okamih", keď som vypadol z prvotnej cirkvi (z neba) ako Onezim a plazil som sa pomedzi koľajnice železnej cesty ako štvaný otrok tmy.

Ako zlodej, podvodník, ako ten, kto „utiekol od svojho pána činom neprávosti".

Potom, asi o dve desaťročia, som sa však začal srdcervúco modliť (v prameni živej vody, ktorou bol vzdych za Ježišom) a našiel som „novú reč".

Stalo sa to v krajine Gerazénov, keď ma Pán vyvolal z hrobu tmy i z „ústia tieňov" do svetla života ako „poviazaného Lazara", a hneď prikázal svojim služobníkom: Rozviažte ho!

Taký rozhovor s Bohom som prežil, keď mi zlyhával krvný obeh „v čase rozpoltenia zeme, ale tiež v čase otvoreného neba".

Bolo to po trojmesačných bizarnostiach, v ktorých sa ako v hlbokom mori utopili všetky moje trúfalé myšlienky. Moja myseľ, predtým hriešne nahá ako samovražedný meč (Danilo Kiš), bola zrazu čistá – a ja som videl, ako sa úbočím ženie do mora črieda veľkého množstva nečistôt, démonov, špinavého pohybu „v tvare svíň".

Bolo to divé tempo života, ktoré napokon skončilo vo vodách zahynutia...

Muž meča, poznačeného nečistou krvou, už v mojom Duchovnom dome nemá miesto.

Tu je totiž v strede stôl Pánov, stôl, pri ktorom sa začne odohrávať rozhodujúca udalosť môjho života. „Udalosť viery".

V tej chvíli som zatúžil opäť po čistom Božom dome a po poslušnosti. Poslušné myšlienky sú usporiadané myšlienky srdca.

Je to praktické „posvätenie duše" do služby Pánovi.

49
Strhával ma prúd vášne a ja som sa ocitol v priepasti medzi dravou zverou.

Bol som vydaný napospas vlastnej náruživosti...

Ja som, si však v tej priepasti, v páde do prachu, už nežiadal slávu a česť, a netúžil som už ani po poctách, ktoré by mi mal vzdať nejaký človek za moju niekdajšiu cynickú odvahu a heroickú dôstojnosť. Ľudská sláva sa totiž vždy končí na šibenici. Akokoľvek sa na ňu dívame, vždy je šibeničná.

Zrazu...

„...ľudia zamrú strachom v očakávaní vecí, ktoré prídu na celý svet. Lebo nebeské moci budú sa pohybovať." (Lukáš 21,26).

Tu sa už niet čoho chytiť. Tento stav je „mrazivý".

„Prežil som stav, kedy duša človeka nie je usporiadaná ani jedinú sekundu. Dokonalý chaos, blesky a skraty v mysli, smrť ako zahynutie, zahynutie ako smrť. Odlúčenie od Boha! Hriech!

Vtedy som výrazne túžil po Božom Duchu.

Nie po ľaliových šatách matky na vzdialenom balkóne, ale po ruži šáronskej v jej ruke. Bol to úsek života medzi Joppou a Karmelom. Medzi prístavným mestom a vrchom rozhodujúceho zápasu s kňazmi Baala...

Leto

druhé

Náš príbeh býva spočiatku ťažko čitateľný.

Náš dom je pri všetkom bohatstve najprv dlho neusporiadaný, lebo také sú v ňom vzťahy.

Nemôžeme dokonca povedať, že by to „bol dom Jákobov", že by to bol „kresťanský dom".

To bolo kedysi!

Teraz vymiera aj táto tradícia!

Zvoní telefón.

Muž sa pozrie na ženu. Nedvíhajú.

Matka sa prišuchce z vedľajšej izby, stojí vo dverách.

„Nedvíhate?" opýta sa.

„Telefonicky dnes nevybavíte nič, mama," povie muž zmätene.

„Nedvíhate," prikývne matka smutne a opäť sa šuchoce do svojej izby.

Ten dom je smutný.

2

Aký kresťanský dom máme dnes? Mladí ľudia šli za prácou do Anglicka a niektorí starí sa tiež modernizujú.

Alebo: je to tá bláznivá postmoderna, odraz od plafónu k zemi?

Odraz od koša našich túžob na betón hriechu?

Pád z WTC, ktorý napokon nikoho nedojal?

„To je môj ženích, babka!" vraví dievča veselo a ukáže babke zvláštnu fotografiu.

„Číta Bibliu?" opýta sa babka pokojne.

„Zatiaľ nie," povie dievča a premýšľa, kde sa jej stratil úsmev.

3

Do tohto „domu Jákobovho", ktorý už nie je Jákobov, treba niečom zásadné a podstatné oznámiť.

„Nože, počujte toto, bláznivý ľude..." (Jeremiáš 5,21).

Bláznivý ľud?

Ale prečo sa ľud uráža, keď on chce byť vo svete naozaj bláznivý? Bizarný, postmoderný, s odlišným svetlom v každej izbe?

Svetiel je predsa mnoho, však že?

Prečo by sme teda nemohli mať srdce ako tkanivo tureckého koberca?

Ako orientálnu, bohato zdobenú vázu, v ktorej dominujú všetky okrajové veci?

„Nepoznám ho," povedal muž na letisku v spleti tvárí svojmu spoločníkovi v podnikaní. „Ty áno?"

„Má zlomený nos. Kedysi boxoval. Privyrábal si ako kaskadér," povie spoločník.

„Sedel?"

„Je to fajn chlapík," usmeje sa spoločník.

„Tá tvár sa mi nepáči," povie muž a vráti spoločníkovi fotografiu.

„Nuž ale..." spoločník si fotografiu rozpačito vsúva do vnútorného vrecka plášťa.

Odchádzajú.

Napriek tomu ich ktosi na konci haly fotografuje.

Bezpečnostné zložky majú všetko pod kontrolou.

4

„Ste ľud, ktorý nemá srdca, aby rozumel!" (Jeremiáš 5,21).

Ako to myslíte? urazia sa mnohí.

„Máte oči, ale nevidíte. Máte uši, ale nepočujete."

A opäť je tu dôraz, ktorý v posledných rokoch tak často opakujeme: Ľudu chýba Hospodinova bázeň! Nikto sa už Boha nebojí.

Katastrofy zatiaľ nikoho v strede jeho srdca nezastavili.

Ešte to „nikoho nebodlo v srdci" tak, aby sa s úľakom spýtal: Čo robiť, mužovia, bratia?

Situácie vzdoru a odporu sa pri slove „pokánie" opäť a opäť opakujú.

Etika? Vzťah k Bohu? Zákony? Dievča na predvádzacom móle má dobre nacvičený úsmev, blesky fotoaparátov jej šľahajú do tváre zvláštne výkričníky. „Dievča pre každého a pre všetko. Nemá na štúdiá, a chce ich za každú cenu dokončiť," zašepcú ústa dôležitému uchu. Ruky tlieskajú.

5

Otázka sa teda opakuje, teraz už poslednýkrát: „Či azda mňa sa nebudete báť? hovorí Hospodin. Či pred mojou tvárou sa nebudete triasť? Ktorý som položil moru piesok za hranicu večným ustanovením, a neprekročí ho!" (Jeremiáš 5,22).

Keď teraz urobí niekto z pohanov prešľap a udrie Božieho služobníka opakovane na ľavé i pravé líce, okamžite sa to odrazí na jeho „nedovolenej stope v piesku".

Prekročil si, hriešny človek, posledný dar milosti. Pošliapal si ho, zničil, zneužil.

Svojvoľne rušíš moje hranice, moju ochrannú hradbu, vraví Pán.

Vnikáš do domov mojich svätých, mojich služobníkov, mojich detí...

Muž stál na hotelovej terase.
Žena ležala v hotelovej izbe, listovala v časopise. Nudila sa.
Muž sa opýtal, či pôjdu na pláž.
Žena neodpovedala.
Muž k nej podišiel, zopakoval otázku.

Vážne sa mu pozrela do tváre, ďalej vyzývavo mlčala.

Začal ju škrtiť.

„Prepáč," povedal potom, „som v kríze..."

Sedel bezmocne v kresielku.

„Ty si v kríze stále, „ povedala. „Ale dovolenkou to nevyriešiš..."

„Chceš auto?" opýtal sa, a hneď sa rozhodol. „Kúpim ti auto!"

„Ale nech je jasno," povedala. „Iba autom si ma nezískaš!"

„Mám taký pocit, že potrebuješ príučku," povedal a zrazu jej strelil prudkú facku.

„Odchádzam," povedala a pudrovala si pred zrkadlom tvár.

„Si ako moja matka," povedal unavene. „Zničila môjho otca skôr, než sa zničil sám..."

6

„Či azda mňa sa nebudete báť?"

Mňa, „ktorý som položil moru piesok za hranicu večným ustanovením, a neprekročí ho! Síce sa dmú, ale nezvládzu a hučia jeho vlny, ale ho neprekročia." (Jeremiáš 5, 22).

A ak tú hranicu únosnosti človek predsa len prekročí? Čo sa stane potom?

Ak neprijme „bodnutie v strede srdca", ktoré lieči, nuž potom prežije iba také bodnutie, ktoré z neho urobí „ľud bláznivý."

A Boh nás vydá našim nečistotám a „bizarným svetlám", ktoré však budú svedčiť o tme našej duše, nie o jej čitateľnosti a priezračnosti.

„Je v nás syndróm zla," povedal bývalý obchodný cestujúci bývalému vojakovi z povolania. Obaja už boli na dôchodku.

„Hovor," povedal dôstojník. „Čo si navystrájal?"

Pili whisky.

„Nechaj to tak!" dvihol ruku obchodník. „Ostalo po mne veľa ľudského žiaľu..."

„Musíš sa vyhovoriť," naliehal dôstojník. „Tak povedz: čo si urobil?"

„Bol som jemným človekom! Opatrným! Úslužným!"

„Zničila ťa baba," povedal dôstojník.

„Teraz hovor ty," prikývol obchodník.

„Zbytočne," povedal dôstojník.

Obchodník vstal, podišiel ku knižnici, vrátil sa s knihou.

„Básne," povedal. „Ale ona zabila moje dieťa! Už sa nenarodilo..."

Potom sa obchodník spýtavo pozrel dôstojníkovi do tváre.

„Chápeš, čo je to báseň?"

Dôstojník dvihol ruku, oznámil: „Hneď sa vrátim!"

Pod obchodníkovou hruškou vytiahol zbraň a namieril si ju na vlastnú hlavu.

„Chcel som sa zo žiaľu zastreliť," oznámil o niekoľko minút.

„Si môj priateľ," prikývol obchodník.

Potom poklopal po knihe básní a povedal. „Pre mňa sa už navždy zavreli..."

Dôstojník chcel knihu otvoriť, ale obchodník mu prudko zovrel ruku.

V tvári mal náhle šialenstvo.

7

V minulých dňoch jazdila po Prahe na koni mladá žena. S krížikom v ruke kričala akési modlitby a súčasne antikomunistické heslá.

Marxizmus a postmoderna – a bohyňa Aštarta, ktorá chce zostať „hviezdou", „celebritou" (celebrovať znamená „oslavovať, velebiť"), a odmieta sa vydať na cestu skromnej Ester...

V nedávnych mesiacoch som sa k tomu na Boží pokyn vrátil a premýšľal som o tom zmätku, ktorý zasiahol mnohé krajiny práve týmto kombinovaným chaosom. A pokiaľ ide o tú mladú ženu...

Polícia neskôr zistila, že šlo o súčasnú finalistku Miss Českej republiky, ktorá sa rozišla s priateľom a prežila zrejme nezvládnuteľnú traumu. Neurón, ohrozený tlakom nezvládnuteľnej situácie.

8

Žalmista vedel, čo píše, keď sa nám z jeho vyznania zachovalo, o čom chce „naveky spievať". – „O Hospodinovej milosti chcem spievať naveky, ústami ohlasovať Tvoju vernosť z rodu na rod." (Žalm 89,2). Z rodu na rod!

Aké dôležité je, aby náš dom bol stále rovnako priezračne čitateľný – ako dom Jákobov, ako Boží dom, ako „duchovný dom", a nie ako dom moderny či postmoderny, kombinovanej s marxizmom, ktorý vychádzal z gréckej filozofie.

Kým sa inšpiroval Marx?

Gréckym filozofom, ktorého upravil na svoju mieru.

9

Bohyne, božstvá, celebrity a „korunovácie kráľovien"...

Je to výsmech: ktosi pred nami cvála Prahou v 21. storočí na koni ako božstvo, pričom v jednej ruke zviera „kresťanský krížik" a v druhej...bič času, ktorému otrocky sám podľahol a pod ktorým sa os jeho myslenia už celkom zrútila, aj keď ešte včera bolo práve toto myslenie, práve táto hlava korunovaná „krásou Aštarty".

A tak teba sa dnes Pán pýta: Kto vládne v tvojom dome a aký je to dom?

Je to dom Aštarty, dom gréckych bohýň, a či je tvoj dom pravým „domom Jákobovým"?

Je to „usporiadaný dom"?

Aby sa ním stal, musíš v prípade nutnosti riskovať aj jeho rozdelenie.

Lebo dvaja budú proti trom a traja proti dvom...

10

Nový majiteľ: „Spoločnosť ako nový útvar trhu", podnikatelia...

To sú dnešné časy.

V románe „Jeruzalem" je popísaná takáto situácia:

„Počul som, ako ľudia vraveli, že by si mohol prevziať gazdovstvo," povedal starý sedliak Ingmarovi... „Počul som, ako ľudia vraveli, že by si mohol prevziať gazdovstvo, keby si chcel. Urobil by si tým celej farnosti veľkú službu. Na Ingmarsgarde bolo zopár starcov a starien, ktorí tu po celý život slúžili a na starobu tu bývali. A tí teraz žili vo väčšom strachu než všetci ostatní. Báli sa, že keď gazdovstvo prevezme nový majiteľ, vyhodia ich zo starého domova a oni ostanú na žobráckej palici... Títo starí ľudia blúdili celý deň po dvore, nepokoj im nedoprial ani chvíľu odpočinku.

Ľútosť chytala ľudí, keď ich videli takto sa tmoliť po dvore, krehkých a ustrašených, s bojazlivým pohľadom v slabých, zapálených očiach." (Selma Lagerlofová: Jeruzalem).

Je to...iba dezilúzia?

„Títo ľudia blúdili celý deň po dvore, nepokoj im nedoprial ani chvíľu odpočinku."

V 107. žalme čítame: „Blúdili púšťou, po samote, nenašli cestu k obývateľnému mestu; hladní a smädní bol, duša im chradla v tele. Vo svojom súžení volali k Hospodinu a On ich vytrhol z ich úzkostí, viedol ich rovnou cestou, aby prišli k obývateľnému mestu." (Žalm 107, 4-7).

K mestu pokoja, lásky, k Novému Jeruzalemu. K mestu, ktoré je usporiadané.

Smerujeme k poriadku, k čistej reči, k primeranosti, a to práve v čase, keď všetko okolo nás stráca svoju rovnováhu a je „neprimerané"...

11
Pozrime sa teraz na zvláštnu mikroplochu nášho života, na jeho ďalší moment.

Zrazu je tu opäť sila „nonsensu", jej impulz, moc, útok, tlak, návod na schizofréniu a rozpoltenosť.

Priestor: chvíľa úplnej dezilúzie.

Toto prežila protagonistka Bergmanovej Persony po hre Elektra, keď dlho mlčala a potom sa absurdne smiala?

Koho v tom divadle videla?

Batmana, obklopeného vážnymi tvárami činiteľov neprávosti, byrokratických a podvodných činiteľov Mesta?

12

Cynik v úrade, oči a oči a oči, a tvár pred tvárou a tvárou, a plno stolov, zapratých zbytočnými papiermi, a potom...

Tieň Lévinasa a jeho hľadanie tváre, ktorá je nahá a volá o pomoc.

A neskôr: tieň Jákoba na mieste (Peniel) Penuel, a potom zasa: „Ústa tieňa", ktorých sa bál Sartre!

Preto napísal: „ S vylúčením verejnosti"?

Dĺžka slov, trstina, odmeriavanie viet, chrámových nádvorí, odmeriavanie brán.

Ovčia brána, Betezda.

„Nemám človeka, Pane..."

Ak nemáme človeka, lebo všade sú dvojtvární byrokrati – budeme si zúfať?

13

Neskôr...

Rozhovor na tému: pseudoodbornosť, pseudoodbor, pseudoodbory, pseudokomisie, pseudosemináre – vlastne: „semeništia".

Semeništia hrôzy, diery šakalov, v jednej z nich sa narodil: Netopierí muž.

Videl som tie riadky v novinách SME:

„Temný rytier Batman má svoje hračky. – Batmobil, lietadlo Batplane, bumerang Batarang, jaskyňa Batcave. Netopier je popkultúrna legenda. – Komiksový superhrdina... – Pred sedemdesiatimi rokmi jeho postavu vytvorili Bob Kane a spisovateľ Bill Finger. – „Netopierí muž...používa množstvo tajných armádnych vynálezov. - V roku 1954 Batmana obvinili z homosexuality. – Nezáleží na ničom, len na poslaní," hovorí Batman."

14

Aké mal Batman poslanie? Čítal som o tom v novinách SME. „Len odhodlanie pomsty..." „Komiksový Bruce Wayne sa rozhodol bojovať proti zločinu v meste Gotham. Učil sa, trénoval fyzické schopnosti a boj."

Jeho tvorcovia mu dali „okolo pásu pôvodne žltý opasok, do ktorého si ukladal rôzne technické vynálezy a vymoženosti."

„Nejednoznačný Batman je jedným z najväčších hrdinov popkultúry, nielen komiksov. Akoby stelesňoval dobré ciele dosahované kontroverznými prostriedkami." (SME, 30.apríla 2009).

A v tom je celý vtip každého, kto sa predstavuje ako anjel svetla, i keď má krídla tmy...

Biele je čierne a čierne je biele.

„Máte to?"

„Áno, máme..."

15

Mnohé vyjadrenia, tlačovky, diskusie, debaty o vine, hriechu, o zločine, podvode, ale aj o spravodlivosti, pokoji, pravde, jednoducho: zrazu sú pred nami skutky tela a zrazu je pred nami ovocie Ducha.

Potom vidíme služobné auto, potom podnikové auto, potom zástavu, erb, pečiatku, kožený gauč...a čierne rukavice Batmana, ktorý v skutočnosti nikde nechce po sebe zanechať svoje odtlačky, svoju identitu.

16
Bola cynická aj Liv Ulmanová voči Bibi Andersonovej v Persone na ostrove, kde sa v závetrí liečila zo svojich neuróz? Alebo bola iba pozorovateľkou?
Je to správne, nechať v procese pokánia iného človeka, a sám byť iba vznešeným kňazom? Učí sa taký kňaz správne počúvať? Naozaj ucho takého človeka „ohmatáva slová"?

17
Dobrá vec, dobrá vôľa.
Bergman napísal autobiografiu práve s týmto názvom: „Dobrá vôľa."
Príprava srdca na stretnutie s iným človekom, totiž: S cudzincom. Príprava na Egypt? Na Mojžišovský zásah?
Na exodus s tými, ktorí si naozaj chcú sadnúť spoločne za stôl s horkými bylinami, pripravení opustiť všetko, čo sa „nedá uniesť"?

18
Zrazu...
Tragická vízia.
Život je ťažký, svet je ťažký, svet je bremeno hriechu.
Svet je vo vzdore voči Bohu, svet má svoju vlastnú flexibilnú spravodlivosť.

Má Netopierieho muža.
Obráťme preto všetko dolu hlavou a hore nohami a bude to dobré!
Biele je čierne a čierne je biele.
Biele je sivé a čierne je tiež sivé: To je naša skúška správnosti.

19
Nepokoj, úzkosť: Kto ma z nej vytrhne a ako sa to môže stať?
Nervozita, ochrnutie pohybového aparátu.
Úder na Jákobovo bedro?
Nie...
To prvé je baalizmus, to druhé je „znak kríža". Tav.

20
V kuželi svetla: Netopierí muž nad mestom Gotham...
Život, rozpad, atomický človek.
Situácia: Musím napnúť všetky sily!
Musím to zvládnuť, som silný, dokážem to, „ naozaj to musím zvládnuť sám"!
Nie, takto nie!
To nie je jednoduché, to nie je číra jednoduchosť, to je ploché, to je tieň v izbe, to je iba reč môjho vlastného tieňa.

21
Človek je iba kvet trávy, ktorý vädne a usychá.
Transsubstanciácia?

Smrť je starena, starena je náhrobok, náhrobok je strom?

Na niektorých talianskych cintorínoch vyzerajú náhrobky ako stromy, a tak smrť nie je zlá, smrti sa netreba báť. Hriech neexistuje. Život po smrti je výmysel. Kto to vraví?

Ten, kto „napodobuje" skutky spravodlivosti – kontroverzným spôsobom...

22

Myšlienka, otázka, svedomie: „Písal som na úkor pravdy?"

Možno pri takej otázke vznikol Bergmanov film Persona.

„Chcete sa zredukovať do pravdivých postojov a rečí, ale nejde to," povedala protagonistke Persony (Liv Ulmanová) psychiatrička. To jednoducho nie je možné... Asi viem, po čom Ingmar Bergman túžil. Po reči, ktorá je ako tichý dážď. Po reči, ktorá človeka zvlaží.

To je z Piesne Mojžišovej, ktorá je v Písme zachytená v 5. Mojžišovej v 32. kapitole.

Po jednoznačnej, čitateľnej reči...

23

Naším nešťastím v tejto dobe sú sofistikované i náboženské digresie. Odbočky. Človek sa v nich ľahko stáva cynikom.

Pôvodný význam vecí, slov, pojmov sa stratil.

Stratila sa naša tvár.

Lévinas preto znovu volá - totiž z púšte! - , aby sme sa vrátili k tvári, ktorá prosí o „srdce spravodlivosti".

Ale televízia vraví, totiž z kybernetického mesta, z novodobého Sin City: Nie! Všetko musí byť rozsekané, po siedmej sekunde musí ľudská tvár z obrazovky zmiznúť!

Napriek trojrozmernému, či takmer holografickému princípu televízie sa v skutočnosti práve toto médium vnútorne vracia ku kubizmu. Dokonca k totálne zredukovanej štruktúre človeka, k jeho zašifrovanej technickej bunke.

24

Takže, ako som už spomenul, protagonistka v Bergmanovom filme Persona zrazu prestala hrať v divadle rolu.

Otázka znie: Neprestala hrať rolu aj v živote?

V úvode filmu „vidíme" navonok nepochopiteľné, rozsekané rýchle obrazy, ktorých zmysel je tajomný, pretože nechápeme celok, ktorý reprezentujú. Nie sú čitateľné, nevieme, o čom vypovedajú.

Je tam však v sekundovej sekvencii kríž, klinec, dieťa, poloha v prázdnej izbe ako v hrobe, je tam smrť, strom, starena, je tam...asi dvanásťročný chlapec, ktorý číta, potom je tam obeť zvieraťa, takže: Je tam zrazu celá Stará i Nová zmluva. Až po týchto obrazoch sa začína...

Čitateľný príbeh?

Skôr iba mlčanie a monológ.

Človek sa učí počúvať i hovoriť.

25

Končí sa skákanie do reči.

Človek sa musí „vyhovoriť".

Ten druhý sa musí „vypočúvať", aby vôbec mohol zložiť masku.

To je film Persona.

To je autobiografia Bergmanovej duše.

26

Byť na ceste – a či iba v uzavretom divadle?

Ján Krstiteľ volal ľud ku skutočnému pokániu a ku skutočnému krstu, on naozaj krstil, pretože Izrael predtým prešiel cez Červené more a cez Jordán „ako ľud Boží a ako svätý Boží národ", ktorý mal na Božie povolanie a vyvolenie odpovedať „osobnou zodpovednosťou" každého jednotlivca – pravdaže, v rámci daného poriadku.

Teda v akom zmysle bol a má byť Izrael ako národ svätý?

V zmysle konkrétnej svätej služby, ktorej podstatou je osobná výpoveď a svedectvo samého živého Boha: Ja som.

Ja som Hospodin, tvoj Boh, nebudeš mať iných bohov predo mnou. Vedľa mňa. Nebudeš mať okolo seba panteón božstiev ani v kongresovej sále, ani na ulici v meste.

27

„Introit, antifóna, graduál...

Aký je v tomto poriadku náš hlas?

Je čistý, vyrovnaný, pevný vo vyznaní Pána?

Ešte nie?

Ešte stále nie je čistý?

Na vine je... zmena funkcie našich hlasiviek, nášho jazyka, a zmena funkcie oka a ucha? (Existujú hlasoví pedagógovia, ktorí vyučujú „hlasovú gymnastiku", venujú sa „hlasovému fitness...").

Všetko je už zmedializované, všetko je spojené so syntetizérom a so syntetizovaním? S chémiou a s fonetizáciou slov, s alchýmiou myslenia? Aký je náš hlas a aká je naša reč? Náš hlas nie je čistý, ak nepomáha biednym na púšti, iba v kongresovej hale."

28

Ak niečo občas medzi nami visí dolu hlavou – je to ako netopier. Všetko sa nám vtedy nepríjemne vplieta do vlasov a myšlienok - ako netopier.

A mnohým sa to dokonca páči ako akcie Batmana, Netopierieho muža...

29

„Tým, ktorí sedeli vo tme a temnote, zvieraní biedou, železom, lebo sa rečiam Božím priečili, pohrdli radou Najvyššieho, útrapou pokoril srdce, padli a pomocníka nebolo. Vo svojom súžení volali k Hospodinu a on ich vytrhol z ich úzkosti, vyviedol ich z tmy a temnoty a roztrhol im putá. Nech ďakujú Hospodinu za milosť, za Jeho divné skutky na ľuďoch, že rozlámal kovové dvere, posekal železné závory. Blázni, pre svoje hriešne cesty, pre svoje viny trpeli. Zošklivil sa im všetok pokrm, dotkli sa až brán smrti. Vo svojom súžení volali k Hospodinu a On ich vytrhol z ich úzkosti. On poslal svoje slovo a uzdravil ich a z ich hrobových jám ich vyslobodil. Nech ďakujú Hospodinu za milosť, za Jeho divné skutky na ľuďoch; nech obetujú obete vďaky a rozhlasujú Jeho skutky s plesaním." (Žalm 107, 10-22).

30

Na všetko existuje manuál, ktorý treba zvládnuť.

Všetko je stroj, prístroj, mechanizmus, binárne číslo a človek, ktorý je ním obkľúčený z dvoch strán, sa musí vžiť do jeho mŕtveho myslenia.

Do jeho strojového pohybu, do jeho kybernetickej reči.

Zapnem počítač, píšem, potom si všimnem najnovšie správy, neskôr zablúdim na webovú stránku, ktorú som nemal v úmysle čítať, ale už som sa do nej ponoril. Pomaly sa zabáram aj do jej bahna.

Učím sa jazyk doby, vnikám do technokratických pojmov, sú to železné ruky, objali ma ako chrústa.

Železná maska sa zo mňa smeje technokratickým čiernym smiechom, má nepríjemný hororový podtón čiernych krídel.

Žijem v ťažkej atmosfére, dusí ma, zviera mi pľúca a srdce.

V takej chvíli nečakane zatúžim po prudkej erotike, po niečom slizkom, živom, po niečom veľmi teplom, po nejakom pulzovaní totálneho tela, miazgy, po teplej hmote, po horúcom mäse, po „neznámej žene", ktorá by ma chápala celým telom, totiž: totálne telesne.

Túžim niekomu otvoriť svoju nezmyselnú dušu, ktorá by vravela, čo by sa jej zapáčilo.

Tak som zrazu niekoľko minút – sám z tých túžob zaskočený - žil...

31

Som rozsekaný, ale oddávam sa Božej ruke, aby ma opäť „spojila do celku".

Vstávam. Počul som totiž jasne: Vstaň a choď!

Počul som to pri rybníku Betezda.

Počul to aj katolícky kňaz Sova, počuli to v mojej blízkosti mnohí...

Človek 21. storočia leží bezmocný v najmodernejšej nemocnici sveta.

A je tam sám.

Zotročenie pod rukou trénera bolo neúprosné.

Zo športu sa stala drezúra, zo zápasiacich ľudí agresívne zvieratá.

Prečo by to malo niekomu prekážať?

Zmysel tých istých slov sa mení, treba to chápať.

A kto to nepochopí?

Ten žije v minulom storočí.

32

Žijeme v čase, keď sa už „zvečerilo" (Marek 4, 35) a my musíme prejsť „na druhú stranu".

Každý, kto patrí Kristovi!

Všetci potrebujeme prežiť „prvé vzkriesenie".

V Zjavení Jána o tom čítame jasne. Kto prežil „prvé vzkriesenie", nad tým už druhá smrť nepanuje.

Je to duchovné vzkriesenie – človek, ktorý v ňom žije, je v pozícii „duchovného domu, kráľovského kňazstva".

33

Samozrejme, kresťania majú aj v tomto smere ešte jeden výklad: „Prvé vzkriesenie" vzťahujú na druhý príchod Ježiša Krista, kedy budeme všetci premenení a uvedení do nesmrteľnosti. Vtedy bude satan zviazaný na tisíc rokov a my budeme ako Kristovi ministri žiť „milénium" – tisíc rokov na zemi v novej vláde, vo vláde pravého Kráľa kráľov a Pána pánov.

Tí, ktorí Krista neprijali a zomreli, v tom čase zostanú naďalej v hroboch. Tí „prvé vzkriesenie" nezažijú, iba druhé, keď po uplynutí tisíc rokov predstúpia pred Boží súd a budú odsúdení na druhú smrť. Vtedy budú navždy a definitívne oddelení od večnej Božej prítomnosti.

34

To mocné: „Prejdime na druhú stranu!" však môže vysloviť len Ježiš Kristus. On o tom rozhodol, On tú cestu morom (Genezaretským jazerom) otvára, On ide pred nami prvý – a každá mocnosť temnosti sa pred nami už v tomto čase – a to práve dnes, v tento „nový deň!" - rozostupuje.

On ide cez more a nie je možné poznať Jeho šľapaje inak ako duchovne, ako vzkrieseným pohľadom.

Tou cestou iný neprejde.

A na tej ceste nás už od tejto chvíle nemôže zastaviť nijaký posadnutý človek z krajiny Gerazénov.

To je naša prilba nádeje na spasenie a súčasne: to je naša prilba spasenia...

35
„Hospodin je kráľom!
on priodel sa velebou,
Hospodin priodel
a opásal sa silou;
upevnil svet, aby sa neklátil.
prepevný je trón tvoj od počiatku;
ty si od večnosti.
pozdvihli rieky, Hospodine,
pozdvihli rieky hlas svoj,
pozdvihli rieky hukot svoj.
mocnejší než zvuk mnohých vôd,
mocnejší ako príboj mora,
vznešený je Hospodin na výsosti.
spoľahlivé sú tvoje svedectvá;
posvätná úcta patrí tvojmu domu
na večné časy, Hospodine.“
— Žalm 93

36
Navždy sa mi raz v nedeľu zapísala do mysle otázka, ktorú mi daroval Pán Ježiš Kristus. Našiel som ju v Písme svätom a zaznela v situácii, ktorú si máme zapamätať: „Čo chceš, aby som ti učinil? A Bartimeus povedal: Pane, aby som videl.“ (Lukáš 18,41).

Túto otázku som počul ako kazateľ Slova Božieho a ako zvestovateľ jeho radostnej zvesti, Dobrej správy-evanjelia, ako zvestovateľ kráľovstva Božieho v čase, keď sa moja matka vracala z Ameriky.

Počul ju potom celý cirkevný zbor, v ktorom pracujem.

Odvtedy som na tú otázku nikdy nezabudol...

37

Dnešným Bartimeom je človek, pokrytý prachom Dvojičiek v New Yorku.

Je ním milionár.

Je ním boháč s aktovkou vedľa svojej zaprášenej postavy, ktorá vyzerá ako socha, pokrytá bronzom ľudskej slávy v stave úpadku. Ako rozsypaná socha Nabuchodonozora. Ako rozsypaná socha všetkých ríši sveta.

Kde sa ten pád hradieb ľudskej slávy a pýchy stal? V Jerichu...

V Jerichu, kde práve vzniká prorocká škola proroka Elízea.

V Jerichu, ktoré malo zostať prekliate.

Božia milosť je však väčšia – a prekliate Jericho má ešte šancu na obnovu...

V Jerichu, a dnes je ním každé mesto a každá dedina, preto zaznieva prosba jediného slepého, ktorú Pán počuje: „Otvor mi oči, aby som videl zázraky Tvojho zákona..."

38

Náš svet a život totiž ovládli „choré city".

Písal o tom taliansky režisér Michelangelo Antonioni, ktorý v nich videl peklo nášho industriálneho života.

Stratený človek v rozľahlej krajine Šineár. Bábel!

Na jednej strane je stuhnutý človek, ktorý nemôže svojmu kŕču uniknúť – a na druhej strane otázka, či *miesto, kam by sa dnes uniknúť dalo, vôbec existuje.*

Uvažoval o tom už Friedrich Dürrenmatt v hre Fyzici (i v ďalších), uvažoval o tom Ingmar Begman v Mlčaní, premýšľal o tom, a veľmi intenzívne, aj spomenutý Antonioni.

Jeho filmy Dobrodružstvo, Noc, Červená pustatina či Zväčšenina sú práve takýmto volaním: Pane, daruj mi miesto, kde by som opäť videl! Dovoľ, aby som bol ešte dnes s Tebou v raji! Pomôž, aby sa mi opäť otvorili oči pri *Strome života, pretože oči, ktoré sa mi otvorili pri Strome poznania dobrého a zlého, navždy oslepli...*

Niečo tu nehrá, niekto tu klamal.

Niečo tu nehrá, niekto tu stále klame...

39

Človek bez vnútornej jednoty je údajne zakliaty v kŕči, je stuhnutý, preto sa „musí sexuálne pozbierať".

Freud definuje sex ako silu, ktorá náš život i naše telo udržiava v celku *a súčasne v ňom tvorí nové jednotky!*

Freud vraví, že *tak sa naše telo ustavične týmito aktuálnymi silami, týmto pudom a jeho správne využitou energiou, zbiera a stáva súdržným...*

Ako by ich však nazval *v konečnom dôsledku,* pokiaľ ide o to, *ako sa sexuálne sily prejavujú v realite života celých spoločenstiev?*

Nenazval by ich „dcérou čaty" v zmysle zajatia?

A vojensky – v oblasti tela a telesných možností – „zlomenou dcérou"?

Keď navždy odišla, zistil, že ju vlastne miloval.

Keď navždy odišla, zistil, že ju vlastne nemiloval tak, ako ju milovať mal.

40

„Teraz si však narob krvavé zárezy, dcéra porobená, súžili nás obliehaním. Palicou budú biť do tvári sudcu Izraela." (Micheáš 4, 14, evanj.preklad).

A tak je zrazu každý z nás pomenovaný ako výslednica bojovej energie, a to najprv ako výslednica sexuálnej a psychickej energie a sily, ako otvorené libido, ako chuť, ktorá sa stala v našom živote Molochom.

Je to pec, ktorá sa v nás rozpálila, je to pec ako božstvo...

Je to pec, do ktorej padáme a hynieme v nej na popol a prach...

Je to pec WTC?

Je tým Molochom industriálna, technologická pýcha, ktorá vo svojich najvyšších stavbách symbolicky znázorňuje potenciou sily muža? Gréckeho bájneho hrdinu? Achilea? Hektora? Priama?

Vidíme tu novodobú Tróju?

Alebo Samsona, ktorý zničí palác Filištíncov, a to tak, že svojou silou, skrytou vo vlasoch nazireja, zlomí jej dva oporné body, mohutné stĺpy filištínskej existencie?

Máme tu Filištínsko, máme tu Grécko, máme tu...

Jericho a pád jeho hradieb.

Máme tu New York...

41

Čo však v „Meste miest" urobí ľud so Sudcom, ktorý ho upriami na biblickú pravdu?

Chce ľud počuť, čo nám všetkým chýba?

Chýba nám prorocká škola Elízea a jeho jednoduchá rada: Podajte mi novú šálku a vsypte do nej soľ. A vsypte do nej výsledok svojich sĺz, svojej pokory...

Ak by sme takú novú šálku s novou soľou Elízeovi podali, on by tú soľ vsypal do všetkých našich rečí i všetkých argumentov celého sveta a svet by prežil premenu, obnovu v Duchu svätom.

42
Nie, my nepotrebujeme zmenu, založenú na sexuálnej sile človeka a na sile jeho technológií, ale nevyhnutne potrebujeme duchovnú premenu, vyvierajúcu z prameňa pokory.

Potrebujeme obrátenie podľa proroka Izaiáša (30,15)... „Teraz sa zober v čatu, dcéro čaty!" píše teda prorok Micheáš (5,1).

Teraz sa skúmaj v peci biedy, dcéra porobená, teraz pozorne skúmaj svoj spôsob života a vydaj svedectvo, či chceš opustiť cesty sveta, alebo naďalej v nich mieniš s ešte väčšou psychickou a sexuálnou energiou zotrvať.

43
Čo teda prijímaš? Šálku soli, a či šálku pozemského apetítu?

Naša reč, naše oči, naše ústa, naše srdce, áno, celý náš život má byť prečistený zmluvou soli...

Ak si sa však rozhodol žiť vojensky, tak potom tak ži – ale aj so všetkými represáliami a represiami, ktoré s tým súvisia.

Kto dvíha meč, mečom zahynie.

Tak je to napísané v Písme : Národ povstane proti národu a kráľovstvo proti kráľovstvu.

Preto budú existovať represálie, represie – vo svete bude zrazu represívne prítomná moc jedného štátu, ktorá vojenskou silou obmedzí moc iného štátu, ak ten nedodržiava medzinárodné právo. V takom prípade sú donucovacie prostriedky povolené tak v polícii, ako aj v oblasti, v ktorej pôsobí armáda.

44

Represie sú v rámci štátov, národov a medzinárodného práva zákonnou poistkou proti tým, ktorí odmietajú princípy zmluvného spolužitia, ustanoveného na základe medzinárodných zmlúv.

A tak sa sila, ktorá by bola sama o sebe neprípustná, stáva v rámci donucovacích prostriedkov silou zákona a ochrany tých štátov, ktorých bezpečnosť a celistvosť je napadnutá a ohrozená, právne relevantnou a zákonne platnou.

Písmo je v tomto smere, pokiaľ ide o vykonávanie štátnej moci na ochranu vnútorného i medzinárodného práva, jednoznačné.

„Lebo vladári nie sú postrachom dobrému skutku, ale zlému. A chceš sa nebáť vrchnosti? Rob to, čo je dobré, a budeš mať pochvalu od nej, lebo je služobníkom Božím tebe na dobré. Ale ak robíš to, čo je zlé, boj sa! Lebo nie nadarmo nosí meč, lebo je služobníkom Božím, pomstiteľom, na hnev tomu, kto pácha zlé. Preto je nevyhnutne potrebné podriaďovať sa, nie len pre hnev, ale aj pre svedomie. Lebo preto platíme aj dane, lebo sú svätoslužobníkmi Božími, práve nato zotrvávajúci v správe." (List Rimanom 13, 3-6).

Premýšľajte o tom v súvislosti s ďalšou časťou textu v prorokovi Micheášovi (5.kapitola), a tiež v Liste Rimanom (13, 7-14)...

45

Ešte nikdy nebolo toľko nevery v manželstvách politikov, spisovateľov, vedcov a umelcov ako dnes. Ešte nikdy sa medzinárodné zmluvy medzi národmi a krajinami nerušili tak ľahko a bezstarostne ako v súčasnosti. Ešte nikdy nebolo roztrhnuté puto medzi heterosexuálnymi dvojicami tak sebavedomo ako v týchto rokoch...

Alebo je to čas, ktorý na svete v tejto bezcharakternosti a bezbožnosti už bol prítomný a dokonca jasne biblicky zaznamenaný?

Áno, situácia totálneho úpadku ľudskej civilizovanej spoločnosti i inštitučnej cirkvi sa opakuje, a tak pravda Božieho súdu postihne v plnej miere všetkých, ktorý ponuku Božieho času milosti v Kristu s posmechom zavrhli a stále zavrhujú.

Platí tu biblická pravda: Kto bol očistený od zlého a potom si nenechá umyté srdce naplniť Duchom svätým, k tomu sa vráti sedem horších duchov a jeho pád bude veľký.

Žijeme dobu „chorých citov".

Mnohí z nás sa vydali na cestu Kainovu, mnohí na cestu Balámovu, a súčasne - mnohí z nás sa nechali vtiahnuť do vzbury Kórachovej.

Vidíme medzi sebou bratovražedné boje, úpadok manželských vzťahov, boje o cirkevné funkcie a cirkevnú moc.

Jej bezmocnosť ho dojala, chcel sa jej dotknúť. Neublíži jej?

46

„Aj mužovia zo starších Izraelových" vedia, v čom žijeme. Aj cirkev. Aj poprední činitelia v oblasti kultúry, vedy, politiky...

Ale všetci o tom iba diskutujú a navonok dobiehajú zameškané.

Všetko je to o odchodoch správnych autobusov, správnych vlakov a správnych lietadiel, do ktorých sme mali nastúpiť a z neznámeho dôvodu sme nenastúpili...

Na jednej strane je tu nostalgia za starými časmi, keď hriech ešte nemal výrazné kontúry a zdal sa neškodný, na druhej strane je tu nový pokus o prekričanie čistého slova a čistej myšlienky.

Zapálil si cigaretu. „Musíme sa ešte raz pozhovárať!"

A zhovárali sa dovtedy, kým „novému začiatku nového príbehu" nedal opäť starý akcent a význam.

47

Ľudia už neznesú pravdu. Ľudia už nechcú počuť čisté a zdravé učenie.

Kto sa však dal vytrhnúť z moci tmy, ten vie: „Lebo dosť nám bolo predošlého času života páchať ľúbosť pohanov, keď sme chodili v nestudatostiach, v zlých žiadostiach, v zbytočnom pití vína, v hodovaniach, v pijatykách a vo všelijakom ohyzdnom modlárstve. A keď už s nimi nebeháte, aby ste tak prostopašili jako oni, divia sa tomu a rúhajú sa, ktorí vydajú počet tomu, ktorý je hotový súdiť živých i mŕtvych." (1.Petra 4, 3-5; preložil Jozef Roháček. Podľa 1.revidovaného vydania z roku 1951).

Zvláštnym spôsobom popísal nostalgiu v jednej zo svojich básní Dylan Thomas.

„Ležíme na morskom piesku, pozorujeme žlté..."

Čo je tým žltým? Žltá židovská hviezda? Alebo slnko, ktoré je už inak žlté, ako bolo kedysi?

Všetko stratilo svoju farbu, svoju šťavu, svoj prízvuk.

Aj keď starší Izraela teda prišli a posadili sa pred Ezechiela „pýtať sa Hospodina", nebola to z ich strany pravá otázka... Nebolo v nej rozhodnutie na život a na smrť žiť pre svojho Pána. Oni nevydávali svoje telá v živú, svätú obeť, rozumnú to službu Bohu (Rimanom 12, 1-2), a tak je to dnes aj v cirkvi.

Otázka už nie je skutočnou otázkou, ktorá by vyvierala zo živého prameňa živých vôd, všetko sa už totiž stáva len špekuláciou a diskusiou.

48

Je tu žltačka citov.

Je tu choroba očí a pečene.

Je tu žltá choroba mozgu a mysle, pretože...

„Takto hovorí (mužom zo starších Izraelových) Pán Hospodin: Či ste sa vy prišli mňa pýtať? Ako že ja žijem, nedám, aby ste sa ma pýtali, ani vám nedám odpovede, hovorí Pán Hospodin." (Ezechiel 20, 3).

Prečo? Pretože na falošnú, neúprimnú otázku, do ktorej nebolo položené celé triezve srdce v stave poslušnosti a vernosti voči Božej zmluve a prísahe nepríde žiadna odpoveď z hĺbky zdravých koreňov Pravdy.

49

„...a napodobňujeme tých, čo za posmievania Sledujú
červené rieky, duté Besiedky slov z cikádového tieňa..."
píše ďalej Dylan Thomas.

Červené more nám už nič nehovorí, dravý Jordán
nevnímame ako rieku, cez ktorú bolo treba prejsť s
vyvýšenou Truhlou zmluvy v rukách kňazov, Gilgál zo
svedeckých kameňov pre nás neexistuje.

Z akej dravej rieky svojho života sme vyniesli svoje
svedecké kamene a kde sú teraz?

Kto z nás hovorí večer čo večer pri domácom ohni
rodinne založeného srdca o veľkých činoch Božích?
Máme už iba „duté besiedky slov".

Preto Hospodin varoval mužov zo starších Izraela.

„A riekol som im: Odvrhnite každý hnusoby svojich
očí a nepoškvrňujte sa ukydanými bohmi Egypťanov; ja
som Hospodin, váš Boh! Ale oni sa spurne staväli proti
mne a nechceli počúvať na mňa; neodvrhli, niktorý,
hnusôb svojich očí ani nezanechali ukydaných bohov
Egypťanov. Preto som povedal, že vylejem na nich svoju
prchlivosť, že vykonám na nich svoj hnev prostred
Egyptskej zeme." (Ezechiel 20, 7.8; preložil Jozef
Roháček. Podľa 1.revidovaného vydania z roku 1951).

Tam, na púšti...

„Ale i ja som im prisahajúc pozdvihnul svoju ruku na
púšti, že ich nevovediem do zeme, ktorú som bol dal,
tečúcu mliekom a medom, okrasu to všetkých zemí,
pretože zavrhli moje súdy a v mojich ustanoveniach
nechodili a znesvätili aj moje soboty, lebo ich srdce išlo za
ich ukydanými bohmi." (Ezechiel 20, 15-16).

„Veď v tomto žltom hrobe piesku a mora Vzývanie
farieb vyvoláva s vetrom, Vážnym a čulým ako hrom a
more, Ten spiaci po jednej, to zase po druhej ruke," píše

Dylan Thomas. Tak sa mnohí pýtajú: Prečo spíš a neozývaš sa, Bože?

A takmer pri tom citujú Kristovu modlitbu z kríža: „Môj Bože, volám vodne, a neodpovedáš; volám v noci, a niet mi utíšenia." (Žalm 22,3). Nikdy však už v pravde nedodajú: „Ale ty si svätý, ktorý tróniš na chválach Izraelových." (Žalm 22,4). Ako sa teda môžu ich choré city stať opäť zdravými? Ako, keď zavrhujú soboty?

Ako, keď odmietajú „mlčanie Jóba", ktoré mu prikázal v čase a v stave jeho chorých citov sám Boh?

Ako, keď zrazu existujú na svete namiesto prorokov Božích psychoanalytici, ktorí tvrdia, že „libidinózna energia sa viaže na prenos, a každá iná možnosť uvoľnenia než slovný prejav sa odmieta?"

Čo sú to za čudné reči?

Počúvajme ďalej! „Množstvo libida, uvoľneného prostredníctvom liečby, sa nesmie preniesť na objekty. Má sa preniesť do analytickej situácie."

Chápeme, čo tu ktosi neviditeľný spoza ľudských očí a úst vraví?

Naša niekdajšia túžba po pravde Písma, po myšlienke, ktorá by bola s ňou v zhode, sa zvrhla na chorý apetít.

Na energiu nemiestnej, poškvrnenej túžby, ktorá v nás horí ako peklo.

To je „libido" a to je „libidinózna energia".

A tá sa „viaže na prenos", na tok prázdnych, nezáväzných slov, postavených mimo zmluvu s Bohom.

Mimo vážnosť základu reči a Slova, ktoré sa stalo telom.

Naše slová sa musia stať iným telom – telom inštitúcií a mŕtvych zmlúv.

Tu sú tie „duté Besiedky slov z cikádového tieňa..."

Leto

tretie

Naša libidinózna energia, náš chorý apetít, žiadosti nášho tela sa majú naviazať na prenos dutých slov, ktoré nás zbavia „plnosti rozumu" a privedú nás do „analytickej situácie". Tá má pre nás prvý smrteľne pôsobiaci odkaz: ani na okamih sa v slovnom prejave nezastavte.

Len nezačnite nad sebou premýšľať pri živom prameni pravdy, pri Studni Lachaj roj, pri Studni Živého, ktorý vidí.

Naopak! Hovorte, spievajte, skáčte, denne sa udržiavajte v „libidióznej energii" na ceste slov, len hovorte, hovorte, vyhovorte sa, a potom, keď už budete zo svojej reči a zo všetkých svojich názorov úplne vyčerpaní, nechajte sa preniesť do „analytickej situácie".

V najnovšom plášti sa šiel prejsť do poľných ciest. Vracal sa k prírode, v ktorej sa ako dieťa navždy stratil, tam sa šiel „nezmyselne vyhovoriť". Studňa Lachaj roj? O tej nikdy nepočul! A tak ho v meste opäť čakal starý známy pán – mrzutý, nervózny, neúprosný. On sám.

2

„Množstvo libida, uvoľneného prostredníctvom liečby, sa nesmie preniesť na objekty. Má sa preniesť do analytickej situácie."

Tá vás uvedie do „náhradného správania".

„Mesačné tichá", o ktorých píše Dylan Thomas? „Príliv mlčanlivý"?

„Príliv mlčanlivý, Chľastajúci z tichých prielivov, žízniaci Pán prílivu, rebrovaný medzi púšťou a vodnou smrťou, mali by vyliečiť naše vodou vyvolané nemoci Jednofarebnou tíšou"?

Nuž teda: čo by sa malo stať tou „novou šálkou soli", ktorú by sme mohli vsypať do „chorého toku chorých slov a citov"?

Aké to slová vlastne máme?

Slová „piesky" alebo slová „zrná"?

Dylan píše: „Nebeská hudba nad pieskami Zrnami znie..."

Áno, Dylan Thomas, sám kedysi ťažko chorý alkoholik, polemizuje s každým psychoanalytikom: Človeku nepomôže uvoľnenie „libidinóznej energie do prenosu slov", tam sa piesok našich myšlienok na zrná výdatnej potravy nezmení.

A nepomôže nám ani vplávanie do prístavu „analytickej situácie", totiž do „utrpenia, spôsobeného frustráciou, ktoré sa zmierňuje podľa toho, ako symptómy utrpenia prenechávajú miesto náhradnému správaniu".

Psychoanalytik nám v „analytickej situácii" zrazu vo vhodnom okamihu ponúkne "náhradné správanie".

Už nie závislosť na sexe, na drogách, na alkohole, už nie závislosť na „ukydaných bohoch", o ktorých píše Ezechiel, ale...

Závislosť na práci.

Mal jedinečnú šancu uplatniť sa!

Lenže...musel sa zrieknuť súkromia.

Podmienky v porovnaní s tým, čo dosiaľ videl a prežil, boli úchvatné.

Povedal teda „áno!" a potriasol si s manažérom pravicu.

3

„Chcem nastoliť pravidlo," napísal Sigmund Freud, „že u chorých treba udržať potreby a túžby ako sily, ktoré ich nútia k práci a zmene, takže sa vyvarujú toho, aby ich nahradili mlčaním."

Z analytickej situácie tak nastupujeme priamo do otrockej práce, ktorá je nám prezentovaná ako jediné blaho nášho života. Závislosť na drogách akéhokoľvek typu musí vystriedať závislosť na práci v prospech kolektívu.

Medzitým sa však zakazuje akákoľvek pauza, nieto ešte pauza v zmysle „sela", s ktorým sa stretávame v žalmoch.

„Nebeská hudba nad pieskami Zrnami?"
V nijakom prípade!

4

V nijakom prípade tu nesmie nastať situácia, ktorú popisuje Žalm 22,4-6: „Ale ty si svätý, ktorý tróniš na chválach Izraelových. V teba dúfali naši otcovia; dúfali, a vyslobodzoval si ich. Na teba kričali a boli vytrhnutí; v teba dúfali a nehanbili sa."

„Nepriživujme však priania, veď nemôžeme ani Odraziť skaly prichádzajúce, Ležme a pozorujme žlť, až zlaté počasie sa zmení, Ó, srdca môjho krv, tak ako pahorok a srdce," napísal v závere svojej básne Dylan Thomas.

A tu si všimnime: „žlté" zo začiatku básne LEŽÍME NA MORSKOM PIESKU sa mení na samotnú „žlť" v jej závere...

Zrazu má náš život opäť plnú farbu, plnú vôňu, plný rozum svojho pôvodu.

Pretože Dylan Thomas vedel: On nepotrebuje „zlaté počasie", ale – paradoxne! - zmenu „zlatého počasia", a tá je prítomná iba v premene srdca, pretože iba v tej sú zase zmenené výšiny našich závislostí a chorých túžob na pravý Vrch premenenia s Kristom uprostred.

5

„Analytické interpretácie" však majú iný „naliehavý charakter": Je obsiahnutý v prísnom „rozkaze analytika" a tiež v jeho „prísnom zákaze".

V tomto prípade alkohol, drogy, neviazaný sex NIE, pretože musíš povedať ÁNO iba zmysluplnej práci, ale medzitým NESMIEŠ premýšľať v mlčaní...

„Aby sme sa však vyhli stagnácii liečby," vraví ďalej analytik, „bude potrebné udržať alebo nastoliť frustráciu."

Len nijaké stíšenie na modlitbu.

Len nijaký prechod k mlčaniu, ktoré by sa mohlo stať rečou Slova a otvoreným srdcom pre poznanie Božieho diela a Božích skutkov.

Tak znesvätil človek Božiu sobotu a nedeľu...

6

A tak na miesto soboty a nedele nastúpila Práca, totiž: „Energia"...

Presnejšie povedané: „Energia ako kvantitatívna veličina tých pudov, ktoré majú čo do činenia so všetkým, čo môžeme zahrnúť pod názov LÁSKA."

K tomuto poznaniu o libide (o charaktere chuti, túžby človeka) dospela Teória citovosti a psychoanalytik Sigmund Freud...

Spievame a hovoríme „v zmysle a podľa poriadku firmy".

Chodíme „v jej úbore".

Na srdci máme jej odznak.

Stotožňujeme sa s firmou.

Tí, ktorí firmu zrádzajú, *nemilujú trend, nemilujú život.*

7

Čo však vraví Písmo?

„Ja som Hospodin, váš Bôh; choďte v mojich ustanoveniach a ostríhajte moje súdy a čiňte ich a sväťte moje soboty, a budú znamením medzi mnou a vami, aby ste vedeli, že ja som Hospodin, váš Bôh." (Ezechiel 20, 19-20).

Potrebujeme sa rozpamätať na svoje cesty a na všetky svoje činy, ktorými sme sa poškvrňovali, áno, my sa pre ne musíme sami sebe načas zošklviť pre všetky svoje nešľachetnosti, ktoré sme páchali (Ezechiel 20, 43), ale nie preto, aby sme vstúpili do „analytickej situácie" ako do očisty a do spásonosnej transformácie nášho života, v ktorej by sme sa potom nechali dobrovoľne zviazať do „energie práce", ale preto, aby sme poznali Hospodina...

8

Ak však necháme pôsobiť vo svojich telách oheň vášne v transformovanej podobe novej Energie, „Energie práce", Pán nám ukáže jej prekliatie najprv v prírode, ktorú nebudeme môcť spravovať.

Počujme záver 20. kapitoly proroka Ezechiela:

„A stalo sa slovo Hospodinovo ku mne povediac: Synu človeka, obráť svoju tvár na juh a kvapkaj slovo proti poludniu a prorokuj proti lesu poľa na juhu. A povieš lesu na juhu: Počuj slovo Hospodinovo! Takto hovorí Pán Hospodin: Hľa, zanietim v tebe oheň, ktorý strávi v tebe každý zelený strom a každý suchý strom; nezhasne plameň, prudký preveľmi, a budú ním opálené všetky tváre od juhu až na sever. A uvidia, každé telo, že ja Hospodin som ho zapálil; nezhasne." (Ezechiel 20, 45-48).

9

Biblická Teória citovosti, ak to tak smiem nazvať, je niekde inde. Skutočne je pri studni Lachaj roj, pri „Studni živého, ktorý ma vidí". (1 Mojžišova 24,62).

Len tam sa naše city čistia, len tam sa naše rozorvané a zlomené srdce ustáli, iba tam, je schopné prijať vlahu z Božej dlane. Z Božieho srdca.

A čo tam Izák robil, kým čakal na návrat otcovho služobníka, ktorý mu šiel vybrať manželku z „Abrahámovej zeme" (1 M 24,4)?

Izák tam „šiel premýšľať".

„A Izák bol vyšiel premýšľať na poli, keď sa chýlilo k večeru. A keď pozdvihol svoje oči, videl a hľa, veľblúdi prichádzali. A Rebeka tiež pozdvihla svoje oči a videla Izáka a sosadla rýchle s veľblúda. A povedala služobníkovi: Kto je to tamten muž, ktorý nám ide po poli oproti. A služobník riekol: To je môj pán. Vtedy vzala závoj a zakryla sa." (1.Mojžišova 24, 63-65; preložil Jozef Roháček. Podľa 1.revidovaného vydania z roku 1951).

To je pravá Teória citovosti.

Libido tu nie je „energia ani kvantitatívna veličina...pudov, ktoré majú čo do činenia so všetkým, čo môžeme zahrnúť pod názov láska", ale...

Je tu otvorené Božie srdce, ktoré nám dáva vzťahy podľa svojho poriadku. Libido ako pravá túžba...

10

Najprv je tu vážený otec, „požehnaný vo všetkom", Abrahám.

Potom je tu niekto, kto sa volá „starším v dome"; ten Abrahámov dom spravuje – v tomto zmysle v ňom vládne nad všetkým, čo patrí Abrahámovi.

Ďalej, je tu poslušnosť, „zviazaná v prísahe na Hospodina, Boha nebies a Boha zeme..."

V dome tak v skutočnosti nevládne ani Abrahám, pretože on zase v skutočnosti žije v Božej zmluve, ktorá je prísahou.

To bola čiastočne aj téma filmu PRÍSAHA, v ktorej pracovník kriminály v deň odchodu do dôchodku ešte prevezme jeden prípad, a to životný, a pracuje v ňom na základe prísahy, teda odovzdanosti pre väčší cieľ, než je iba ten časový.

Protagonista filmu (Jack Nicholson) pracuje už nadčas, ponad čas...

Úlohou, ktorú prijal ako vrcholnú, prijíma poslanie vyššieho princípu, vyššej morálky...

11
Ako znela Abrahámova prísaha v mene Hospodinovom?

„Zaviažem ťa prísahou na Hospodina, Boha nebies a Boha zeme, že nevezmeš môjmu synovi ženy z dcér Kananeja, v ktorého strede bývam . Ale pojdeš do mojej zeme a k mojej rodine a odtiaľ vezmeš môjmu synovi Izákovi ženu. „ (1 Mojžišova 24, 3-4).

Už tu sa začína Teória biblickej citovosti. V dome pravdy, ktorý má správny uholný kameň. V súradniciach udalosti a príbehu, ktorý môžeme nazvať príbehom vyslobodenia z mesta Ur, alebo príbehom vyslobodenia z Egypta, prípadne príbehom vyslobodenia z Babylonu či z moci Asýrie.

Iba otec, ktorý túto udalosť prežil vo vyslobodení Božom, môže hovoriť svojmu synovi počas noci poslednej z egyptských rán, aké cesty sú pred nami otvorené a ktorú z nich si máme zvoliť.

Veľké prekvapenie! Prichádza dôstojný človek. Kedysi zachránil vaše deti pred dravcami, teraz by ich opäť rád videl. Po toľkých rokoch! Jeho meno má pôvab ďalekého kraja, v ktorom panuje trvalý mier.

12

Neskôr o tom čítame aj v prorokovi Jeremiášovi.

„Takto hovorí Hospodin: Postojte na cestách a vidzte a pýtajte sa po chodníkoch veku, ktorá je tá dobrá cesta, a iďte po nej a tak najdite pokoj svojej duši! Ale oni povedali: Nepojdeme! A postavil som nad vami pozorujúcich strážnych povediac: Pozorujte na zvuk trúby, a oni riekli: Nebudeme pozorovať! Preto počujte, národy, a poznaj, shromaždenie, čo sa chystá proti nim! Počuj, ó, zem: Hľa, ja uvediem zlé na tento ľud, ovocie ich myšlienok; pretože nepozorovali na moje slová svojimi ušami a čo do môjho zákona, ten zavrhli. Načože mi je toď kadivo, ktoré prichádza zo Šeby alebo výborná trstina voňavá z ďalekej zeme? Vaše zápalné obeti nie sú na záľubu, a vaše bitné obeti nie sú mi príjemné. Preto takto hovorí Hospodin : Hľa, dám pred tento ľud závady, o ktoré zavadia a klesnú, otcovia i synovia spolu, sused i jeho blížny, a zahynú." (Jeremiáš 6, 16-21).

Boh nepotrebuje náš kostolný pokoj, ale našu dynamiku poslušnosti na ceste, ktorú nám otvára.

Pán nepotrebuje naše mechanické modlitby, ale naše otázky, totiž našu túžbu poznávať, čo je dobré v Jeho očiach!

Pán nám nedáva psychoanalytikov, ktorým sa už dlhé desaťročia korí Amerika, krajina niekdajšieho blahobytu, ale dáva nám prorokov, strážcov na hradbách.

Chór spieva rozhodujúcu pieseň.

Potom sa pred neho postaví dôstojný človek, hovorca Pravdy.

Recituje ďakovné Dávidove modlitby, vysielané k Božej tvári.

Stvor mi srdce čisté, ó, Bože!

13

Pán nám nehovorí v prvom rade o analytikovom rozkaze a zákaze, ale o Božích signáloch, o „zvuku trúby", o hlase volajúceho na púšti.

Pán nám chce darovať ovocie Ducha svätého, nie ovocie našich myšlienok, ktoré je napokon vždy ovocím smrti...

Pán prikázal, aby sme boli poslušní otcom, ktorí prežili exodus, vyslobodenie zo svojho Egypta, a ktorí nám o tom denne hovoria v novom jazyku Ducha, nie v mŕtvom jazyku litery.

Pán chce, aby sme sa v dome, v ktorom s takým otcom žijeme, podriaďovali starším, totiž správcom domu.

Kde je hlavou domu otec, ktorý žije v prísahe Hospodinovej, v zmluve krvi, v zmluve Božej, spečatenej samým živým Bohom, tam pôsobia aj skutoční starší domu – a tam prežíva syn Izák, ktorým má byť každý z nás, aj život v pozícii na čiare Božích úmyslov: život v tom, v čom má záľubu Boží zrak.

Chápem to na základe Písma tak, že tu sa začína pravá Teória citovosti - v stavbe rodinného duchovného domu. V stavbe duchovného manželstva. V stavbe, v ktorej je každý plod života chránený Božím príkazom.

„Prečo ma to postihlo? Prečo môj syn odišiel tam, kde niet života?" pýta sa dcéra otca, patriarchu rodiny.

„Máš muža! Toho sa pýtaj!"

„Tak mi to povedz..." obráti sa žena k mužovi.

„Je tramp, čo ti mám povedať? Je raper, čo ti mám povedať? Chce sa túlať, tak sa túla!"

„To je odpoveď?" žena zvážnie.

„Nezaťažuj ma," muž sčervenie. „Je to jeho život, nech si žije ako chce!"

„S ničím mi nepomohol," vraví žena otcovi, už je teda opäť dcérou.

„Je to jeho a tvoj syn! Je to vaša rodina!" uzavrie otec ticho.

„Počuj! Buď za ním pôjdeš a privedieš ho späť, alebo..."

„Alebo?" usmeje sa muž nervózne a vyzývavo.

„Alebo si začnem žiť svoj vlastný život!"

Dcéra sa opäť stáva ženou!

Stáva sa ženou?

Otec si nasadí na hlavu klobúk, odchádza.

14
Cit je prežívanie vzťahu k predmetom, k veciam a javom. Tak to vraví psychologický slovník.

Každý má pritom iný register vecí a javov, ktoré sú pre neho dôležité, a podľa toho vidíme, kto je na čo naviazaný a aký má rebríček hodnôt.

Existujú však aj emotívne situácie, a v tých sa naše pocity prejavujú podľa momentálnych okolností okolo nás a ich špecifického pôsobenia.

City sa kryštalizujú práve z týchto emotívnych situácií...

Časom totiž zisťujeme, že niečo v nás iba vzblklo a zhaslo a nemalo to dlhé trvanie, kým na druhej strane iné veci sa v nás zasa dlho a priebežne ustaľujú a dozrievajú.

Aj my sami v priebehu svojho osobnostného rastu zisťujeme, čo je stále a čo iba podenkové, chvíľkové...

Jedného dňa nám preto už nestačia emotívne situácie a nálady, ale potrebujeme hlboké spojenie s pravdou, ktorá v búrke doby nestráca svoju tvár a nezaniká, aj keď je utláčaná a bitá, ponižovaná a vyčlenená na perifériu diania. Práve tam sa ukáže jej trvácnosť a na druhej strane zasa slabý, ba nijaký základ toho, čo bolo iba pieskom v presýpacích hodinách pozemského času.

15

Pri citoch sa ďalej uvádza aj akési triedenie – existujú city v oblasti morálky, mravnosti, v oblasti poznania, umenia, kultúry, atď.

Pokiaľ ide o ontogenézu citov, najprv existovali podľa psychológov emotívne situácie a emotívne palety našich vnútorných stavov a postojov, až neskôr city, viazané na prežívanie stabilných hodnôt života.

Čo je však pre nás stabilné?

Čo sme ako stabilné, ako dom, postavený na skale, uznali a uznávame dnes?

Vráťme sa na okamih do minulosti. Egypt uznával kolektívne telo, Grécko individuálne telo, neskoršie spoločenské formácie zasa rôzne kombinácie kolektívneho a individuálneho.

Šport, boj, zápasy, a na druhej strane preteky v dramatickom umení, v produkcii divadelných hier, kde panoval chór, zbor, a až neskôr jednotliví herci, ktorí sa z neho dramaticky a tragicky vyčleňovali.

Tak to bolo aj v rámci veľkých spartakiád a masových vojenských akcií, z ktorých sa postupne vyčleňovali jednotlivci ako hrdinovia tela a ducha – treba však zdôrazniť, že hrdinovia ľudského tela a ľudského ducha, kalokagatie, ich vzájomnej harmónie.

Každý hrdina sa pritom určitým rituálnym spôsobom a ceremóniou spájal s božstvom, aby mu bolo naklonené, a tak bol boj človeka proti človeku či kolektívu proti inému kolektívu aj bojom božstiev...

16
A dnes?

Akým ceremoniálnym spôsobom sa s božstvami spája človek či určitá formácia tvárí dnes?

Akým určité hnutie či strana, a akým zasa určitý národ či štát?

A napokon: akým ceremoniálnym spôsobom sa obracajú ku svojim božstvám v dnešnom svete celé ríše?

Pripomeňme si to cez sen a obraz babylonského kráľa Nabuchodonozora.

Bol to panovník mnohých ríši, ktorý si uzurpoval právo ovládnuť a zviazať do jedného celku celý okruh viditeľného i ľudsky mysliteľného sveta.

Kde je však svet, ktorý existuje na úplne iných princípoch, než sú tie mysliteľné a na prvý pohľad viditeľné?

Ak nie je v prepracovanom biologizme a jeho zvláštnej renesancii, v znovuzrodení telesného človeka, je v ezoterike a teda v inej forme renesancie ľudstva? Je v znovuzrodení duševného človeka, ktorý sa predstavuje ako duchovný?

Skutočne: aké duchovné učenie prospieva telu a duši človeka tak, aby žiaden človek pritom nestratil tvár svojho prapôvodného určenia?

Je to otázka, na ktorú kresťania práve v dnešnom čase postmoderny, opätovnej moderny a zvláštneho holizmu či globalizmu musia hľadať odpovede tam, kde sú pre nich vždy v každom čase a vzhľadom na každú dobu pripravené.

V Písme svätom.

17
Vráťme sa však k Abrahámovi, a tiež k správcovi jeho domu, ktorý poslušne putoval do krajiny Abrahámových príbuzných, do Aramnaharaima, do mesta Náchorovho.

Tam sa napokon udialo to, čo Písmo zaznamenalo ako stretnutie Abrahámovho vyslanca s Rebekou, plné pravého a vznešeného citu.

O aký cit v tej situácii šlo?

Výsostne o putovanie podľa Božej vôle, o poslušný, nie emotívny a nacvičený pohyb kolektívneho alebo kalokagatického tela, čiže o putovanie k určenému cieľu, k miestu, na ktorom už vopred spočinul v zasľúbenom Božom slove Boží pohľad a Božie svetlo.

Tam Abrahámov služobník šiel.

S tým miestom bol spojený v tom čase hlavný motív jeho srdca, a rovnako hlavný motív srdca Abrahámovho a Izákovho, ale aj motív srdca mladej Rebeky.

„A keď ta došiel, dal veľbľúdom pokľakať vonku pred mestom pri studni vody v čas večera, o takom čase, keď vychodia ženy brať vodu. A riekol: Hospodine, Bože môjho pána Abraháma, prosím, daj, žeby sa mi dnes pošťastilo, a učiň milosť s mojím pánom Abrahámom. Hľa, stojím tu pri studni vody, a dcéry mužov mesta vyjdú sem von brať vodu. Nech stane sa tak, aby deva, ktorej poviem: Nachýľ, prosím, svoje vedro, aby som sa napil! A povie: Napi sa, a napojím aj tvojich veľbľúdov, aby bola tá, prosím, ktorú si prisúdil svojmu služobníkovi Izákovi, a potom poznám, že si učinil milosť s mojím pánom." (1.Mojžišova 24, 11-14; preložil Jozef Roháček. Podľa 1.revidovaného vydania z roku 1951).

Je tu obraz triezvych, ustálených citov, veľkého Božieho poriadku.

Je tu scenéria, v ktorej sú všetky postavy vo veľkej súhre, hoci o sebe psychicky, ba ani fyzicky ešte nevedia.

Je tu spojenie všetkých tepien krajiny do jedného Božieho zámeru, do jednej Božej cesty: vidíme na nej sviatok a tichú oslavu Božej milosti, ktorá je činná.

18
Cit je teda činná Božia milosť, ktorá je nám darovaná a my ju môžeme v plnosti žiť, pretože v pravom cite prežívame vždy vzťah s Bohom v spojení svojho života s Jeho aktuálnym, a pritom nadčasovým skutkom (Efežanom 2,10).

V cite, ktorý nám dáva Boh, nejde nikdy o prchavú náladu, o nekontrolované vzrušenie krvi, či o náhlu situačnú emotívnosť, ale vždy o cit, ktorý sa otvára a rozvíja v Božom čase milosti.

Tam – i na ceste k nemu - Boh koná.

Na to miesto On hľadí.

V tomto zmysle máme putovať vždy k Studni živého, ktorý vidí.

K studni Lachaj Roj.

19

V úvahe o diele Michelangela Antonioniho som čítal, že „cez ženské postavy sa Antonioni dostáva k tej diagnóze buržoáznej spoločnosti, ktorú nazýva chorobou citov."

V dnešnom svete existuje vážny rozpor.

Na jednej strane veda, plne zameraná na budúcnosť a ochotná dnes poprieť to, čo ešte včera platilo, ak jej to pomôže dobyť aspoň zlomok onej budúcnosti.

A na druhej strane strnulá morálka, ktorej pochybenosť si človek uvedomuje, ale ktorá napriek tomu stále platí...

Hneď pri narodení je človek obťažený bremenom citov, ktoré ho zväzujú, namiesto toho, aby mu pomáhali, ktoré ho brzdia, namiesto toho, aby mu ukazovali východisko.

Človeku sa dosiaľ nepodarilo zbaviť toho dedičstva.

Koná, miluje, nenávidí, trpí, je poháňaný silami a morálnymi mýtmi patriacimi do doby Homéra, čo je za našich dní, v dobe kozmických letov, absurdné...

20

Choré city vznikajú v posunutom podtexte našich slov i celých rozhovorov, v ktorých vedieme permanentný útok na zneužitie ľudského tela.

Čo konkrétne však v tom posunutom podtexte našich slov pôsobí?

Freud uvádza ako základný princíp pudov života EROS.

Zdá sa, že „eros" je tá sila, ktorá nás zvádza, pokúša a ničí - skryto či otvorene totiž pôsobí v každej oblasti nášho života a vedie nás vždy na scestie...

„Kto vás nútil, aby ste sa k nej po celý život správali tak, ako ste sa správali?"

Sklonil hlavu.

Nevedel, odkiaľ tie vplyvy prichádzali, a prečo s nimi nemohol nikdy zviesť tvrdý zápas.

21

V prorokovi Izaiášovi (3, 16-26) čítame: „A Hospodin riekol: Pretože sa povyšujú dcéry Siona a chodia s vytiahnutým krkom, mihajú očami a chodia sem-ta drobným krokom a lákajúc poštrngávajú svojimi nohami, preto okydá Pán temeno dcér Siona prašinou, a Hospodin obnaží ich hanbu..."

To sú dcéry cirkvi a mnohých kresťanských zhromaždení.

Na inom mieste v Písme zase čítame: „A Izrael býval v Šittíme. Tu začal ľud smilniť odchádzajúc za dcérami Moábovými, ktoré pozvaly ľud k obetiam svojich bohov. A ľud jedol, a klaňali sa ich bohom. A Izrael sa spriahol s

Bál-peorom. Vtedy sa roznietil hnev Hospodinov na Izraela." (4 Mojžišova 25, 1-3). A teraz si otvorme knihu Ezdráš.

„...pristúpili ku mne kniežatá a riekli: Neoddelil sa izraelský ľud ani kňazi ani Levitovia od národov zemí, ale robia podľa ich ohavností, podľa ohavností Kananejov, Hetejov, Ferezejov, Jebuzejov, Ammoncov, Moábov, Egypťanov a Amorejov; lebo si pobrali, sebe aj svojim synom, z ich dcér za ženy a smiešali sa, sväté semeno, s národami zemí, a ruka kniežat a vrchnostenských osôb bola prvá v tom prestúpení. Keď som počul tú vec, roztrhnul som svoje rúcho i svoj plášť a trhal som si vlasy z hlavy i z brady a sedel som zdesený." (Ezdráš 9, 1-3).

To je priama správa o nečistých vzťahoch, to je správa o chorých citoch, ktoré sú najnovšou drogou našich životov.

22

Potrebujeme putovanie k Studni živého, ktorý vidí, a potom k Vodnej bráne, pri ktorej sa po príchode Izraela z Babylonu „shromaždil všetok ľud ako jeden muž..." (Nehemiáš 8,1).

„A Ezdráš dobrorečil Hospodinovi, tomu veľkému Bohu, a všetok ľud odpovedal: Ameň!, ameň! pozdvihnúc svoje ruky. A zohnúc sa poklonili sa Hospodinovi tvárou k zemi. A Ješua, Báni, Šerebiáš, Jamin, Akkúb, Šabbetaj, Hodiáš, Maaseiáš, Kelíta, Azariáš, Jozabad, Chanán, Pelaiáš a Levitovia vyučovali ľud zákonu. A ľud stál na svojom mieste. A čítali z knihy, zo zákona Božieho, srozumiteľne, vykladajúc smysel. A tak rozumeli ľudia tomu, čo sa čítalo." (Nehemiáš 8, 6-8).

Každý z nás musí podľa tohto odkazu stáť na svojom mieste verne a pravdivo.

Sme povinní zastaviť nejasný prúd umelých fráz dvojtvárnych kňazov.

Musíme odmietať slová o lacnom pokoji a lacnej milosti, vyslovené ústami ľahkovážnych, ale aj zbabelých cirkevných hodnostárov.

Nadišla chvíľa, keď je nevyhnutné hovoriť jasným jazykom všetkému ľudu jednoznačný Boží odkaz, pretože dní každého človeka dvoch tvári a dvojakej reči budú v tejto kritickej dobe už onedlho zlomené nepredstaviteľným Božím hnevom.

Boží súd je blízko.

Otvorme si knihu proroka Jeremiáša, 5.kapitolu, a knihu proroka Izaiáša, 21. kapitolu.

Skloňme svoje tváre a „vydajme svoje telá v živú obeť svätú a ľúbu Bohu, rozumnú to našu bohoslužbu. A nepripodobňujme sa tomuto svetu, ale sa premeňme obnovením svojej mysli, aby sme skúšali, čo je vôľa Božia, to, čo je dobré, ľúbe a dokonalé!" (Rimanom 12, 1-2).

Tento náhrobok zostane jeho trápením.

Ako odčiniť, čo sa odčiniť nedá?

23

Pohľad človeka sa sprofanoval. Niet v ňom stálosti, niet spomalenia.

Áno, zaujímajú ma fázy spomalenia, medzi nimi sa totiž usádza myšlienka, ktorá vedie naše oči a našu myseľ k obnove, k obratu.

K novej pozícii pohľadu.

Zdá sa mi, že pád Dvojičiek a následný zmätok v celom New Yorku je pre nás stále veľkým mementom. Obraz človeka, pokrytého prachom najvyšších budov, sa mi nestráca z mysle.

Čo mi hovorí?

Čo hovorí vám?

Začala si zvykať na tichý život.

Na poriadok srdca.

Takú melódiu už dávno nepočula.

24

Teraz pohliadnime na príbeh, v ktorom sa choré city človeka reálne menili v jeho obnovenej mysli na zdravé.

Najprv však musím spomenúť dôležité segmenty mozaiky, z ktorej sa môže stať vitráž alebo kvapka vody s prienikom slnečného lúča.

Nebudeme hovoriť v prvom rade o Sizyfovi, ktorý na znesvätenú horu kotúľal kotúč slnka, ten novoveký balvan, ale budeme hovoriť o vašom uzdravení pod svetlom spásy, v jeho slnečných iskrách.

Vzdialime sa aj od egyptských Slnečných koní, od cirkusu ľudského slovného kolektivizmu, a to cez maskulatúru gréckych slov...

Musíme sa totiž dostať k Jákobovej studni na území Sichar, pri ktorej sa zhováral Ježiš so Samaritánkou.

Je to slávny, filozof by dnes povedal, existenciálne absolútne rozhodujúci rozhovor práve pre porozumenie toho, ako sa môžu choré city človeka zmeniť na zdravé – a o to v tejto dobe ide.

O odpoveď, ktorá by nebola špekulatívna a iba filozofická, náboženská či politická, ale plne svedecká.

Máme svedčiť o Božích skutkoch, o tom, ako to urobí v človeku, ktorého choré city zlomili, sám Boh – ako ho uzdraví pod krídlami spásy (Malachiáš 3,20).

Samaritánka sa pýta na význam, zmysel a charakter modlitby – a to toho najpovolanejšieho. Ježiša Krista. Je poludnie, čas, keď sa po vodu k studni nechodí, ale ona tam prichádza práve vtedy preto, lebo „žije v hanbe".

Každý z nás pre niečo vo svojom živote „žije v hanbe", ktorú chce zakryť závojom.

Závoj najprv neevokuje nežnosť a čistotu, ale našu hanbu, náš dedičný hriech, naše choré emócie, ktorá sa v nás proti našej vôli denne rodia v rôznorodých situáciách okamihu.

Rozhodujúce je, že Ježiš pri studni – a to pri studni Jákobovej – odpočíva.

Mlčí.

Najprv je teda „v pozícii odpočinutia". (List Židom 2;4)...

Nie je to náhoda, že odpočíva v najpálivejšej časti dňa.

To je v zhode s Izaiášom 26, 20. Ľud môj, vojdi do svojich izieb, pretože Hospodin vychádza zo svojho miesta, aby trestal neprávosť obyvateľov zeme.

Vojsť do svojich izieb znamená prijať stretnutie s Ježišom.

Ježiš je pravý chrám života, je to Slovo pokoja, a my tvoríme počas stretnutia s Ním priestor „domu".

Chrám je zložený z mnohých miest, z mnohých priestorov, nasvietených Božím pohľadom.

Vidieť v tomto prípade znamená vojsť práve do takého chrámu a žiť tam práve v rozhovore s Pánom, so Slovom života.

Samaritánka teda prichádza do blízkosti chrámu, v skutočnosti nie k Jákobovej studni, ale ku Studni Živého, ktorý vidí. K Lachaj Roj.

Tou studňou je Ježiš, veď On jej napokon povie: Keby si vedela, kto s tebou hovorí, ty by si si od Neho pýtala občerstvenie, a On by ti dal vodu živú.

Samaritánka má niekoľko bytostných problémov: Žije v nečistých vzťahoch, v chorých citoch, žije v nepravom dome bez uholného kameňa, a modlí sa iba rituálne, mechanické modlitby. To je jej problém: problém jazyka a reči, ktorá sa zmieta medzi situačnými emóciami a stabilizáciou citu.

Samaritánka už nie je na mori vášní, ale nežije ešte ani v dome s pevným základom.

Aj preto sa pýta Ježiša, kde je ten pravý dom, totiž: V akom rozhovore, v akej modlitbe? Kde a ako sa máme modliť? Na hore Ebal, a či na hore Gerazim?

Alebo – máme sa modliť v Jeruzaleme?

Ježiš jej odpovedá, že tu nikdy nejde o priestorový dom, ale o večný dom, ktorý dokáže stáť v čase i v nečase...

Ide teda vždy o modlitbu v Duchu a v Pravde. A v tej chvíli jej priblíži jej vlastnú situáciu, ktorá je nečistá, plná chorých citov, ale On to urobí čistým spôsobom: povie jej, že mala piatich mužov, a teraz žije opäť s mužom, ktorý nie je „jej mužom".

Samaritánka, ktorá nemôže k Ježišovi priviesť „svojho muža", po Jeho jasnej, ale nežnej reči spoznáva, že s ňou hovorí Prorok.

Už dokonca tuší, že je to pravý Kňaz a Kráľ, že je v Ňom zosobnené skutočné kráľovské kňazstvo.

Akoby začula vo veľkom časovom predstihu hlas apoštola Petra: Budujte sa na duchovný dom, sväté kňazstvo (1.Petrov 2,9). Čo teraz zaujíma nás?

To, ako sme od egyptského posvätného kolektivizmu a od maskulatúry gréckych slov a rímskeho železného práva prešli cez zajatie východnej ezoteriky a cez rôzne následné výboje svojho mozgu - cez mnohé situačné emócie - k Vodnej bráne, pri ktorej práve rečnil Ezdráš. A ako sme potom prešli k vode, ktorú ako živú dáva Samaritánke Ježiš.

25

Zaujíma nás premena palmového mesta Jericha, mesta kliatby a chorých citov, kde otcovia obetovali kedysi do jeho základov svojich synov, na mesto premeny: na nové Jericho, v ktorom slepý Bartimeus zrazu vidí, a vidí úplne inak, ako videl predtým.

Zaujíma nás prechod od Starej zmluvy k Novej, od vznešenej a triumfálnej katedrály opäť k pôde s vodou živou.

K Jánovi Krstiteľovi, ktorý nám chce znovu ukázať na jediný zdroj Spásy a Pokoja: na Ježiša...

26

Učeníci chceli napriek tomu upriamiť Kristov pohľad na katedrálovú vznešenosť chrámových stavieb, On im však povedal: Príde deň, keď z týchto vysokých budov neostane kameň na kameni.

Ale: otriasa nami súčasný pád súčasných svetových výšin, svetových obchodných centier a následná celosvetová finančná kríza?

A súčasne: zaujíma nás prorocká škola Elízea a nová šálka so soľou, ktorá uzdraví choré vody našich súčasných studní?

Studní našich nepokojných očí?

Intenzita hudby bola v aute neúnosná.

Prefrčalo okrajovými ulicami mesta.

Starý muž, ktorý v blízkom parku odpočíval, to už nemohol zniesť.

Doma si sadol na balkón, ale aj tam ho ovládol strach, že auto s neúmernou hudbou sa po čase vráti.

Vošiel do obývačky.

Vybral si z puzdra okuliare, diaľkovým ovládačom zapol televízor.

Mal pech.

Bol to film o otrasoch zeme.

27

Dylan Thomas hľadal uzdravenie vôd svojho srdca pri mori.

Hľadal tam nie svoje „žlté" (emócie), ale svoju „žlť": svoj prapôvodný cit.

Hľadal Božie srdce, ktoré na kríži krvácalo aj za jeho chorý život, utopený v alkohole...

Tváre ľudí. Pohľady očí. V obchodom dome sa medzi regálmi rozbehlo dieťa...kam?

Matka vyberala z regálu tovar, obrátila sa.

Ktosi to dieťa vzal do náručia a stratil sa.

„Možno to bol otec dieťaťa..." povedal ktosi.

„Možno boli rozvedení."

„Možno to bol cudzinec."

Možno zovrel do náručia svoj „prapôvodný cit".

28

Aj ja často uvažujem o „Dome" ako o symbole nášho spoločného života. Biblia nám sprístupnila pohľad na jeruzalemský chrám, teda na špecifický a jedinečný dom ako centrálny bod sveta. Vznikol na základe Božej architektúry, aby bol neopakovateľný, a taký práve bol. Preto ho každý nenávidel a každý ho chcel zničiť, zatiaľ čo ľud Boží k nemu podľa zákona mal aspoň raz ročne putovať.

Predchodcom jedinečného jeruzalemského domu-chrámu bol Stánok zmluvy, a predchodcom Stánku zmluvy bola Truhla zmluvy, v ktorej bolo uložené Desatoro: dve kamenné dosky Zákona, ktoré ustanovovali ľud Boží ako vyvolený národ pre celý svet.

Pokiaľ ide o termín „ľud Boží", on vznikal počas štyroch storočí v Egypte a jeho hlavná tvorivá fáza bola ukončená v roku 1200 pred Kristom, kedy ho Hospodin vyslobodil z Egyptského zajatia.

Po vyslobodení sa z ľudu Božieho stal národ Izrael, a to na základe zjaveného Božieho Slova, v ktorom sa Boh Izraelu ako prvému z národov predstavil ako Boh *„Ja som"*, alebo inak formulované: *Som, ktorý som.*

Tu si však musíme pripomenúť, že Izraelom nie je Izrael etnický či geograficky ohraničený, ale duchovný Izrael, čiže je ním každé spoločenstvo a v ňom každý, kto vyznáva, že proti hriechu a moci temnosti nemôžeme bojovať my, ľudia, ľudskými silami, ale môže tak činiť (je to Jeho osobná „činná milosť v nás") iba sám Boh.

29
V tomto zmysle je rozhodujúca 20. kapitola v 2.knihe Paralipomenon, kde čítame o Božom zámere postaviť nás, ľud Kristov, po čiare smrti (Jákobov zápas pri potoku Jabbok) na čiaru Božích úmyslov, teda na čiaru Božieho zámeru s nami. Pretože Božie meno znie v inom výklade práve v tomto zmysle: On je S nami. Teda: S nami Boh, Immanuel.

Ťažký pôrod....
Novorodenec v rukách zdravotnej sestry.
Lekár bol na smrť unavený.
Priateľka mu večer uvarila kávu a spýtala sa: „Aký si mal dnes deň?"
„Ťažko to vysvetliť, ale..."
Ukázala mu šaty, ktoré si dnes kúpila.
Potom mu ich so smiechom položila na tvár a smiala sa.

30
Viem, že v detstve prevládajú, ak mám veriť psychológom, *situačné emócie, ale nie sú tam ešte stabilizované city.*
Hoci...
Ako je to vo vzťahu dieťaťa s matkou?
A ako je to vo vzťahu plodu s Tvorcom života?
To nevieme.

Každopádne si pamätám na dni, keď som sa vo veľmi mladom veku dokázal z farského okna dlho dívať na jedného-jediného človeka.

Premýšľal som o ňom, nespúšťal som ho z očí a z akéhosi „neznámeho hľadiska" som ho mal rád.

To bol môj vzťah k vidieku a k ľuďom, i k predmetom, ktoré sa okolo mňa pravidelne objavovali, aby sa potom zase strácali.

Ráno som sa tešil na ďalší deň a na opätovné poznávanie tých istých ľudí.

Mal som šťastie, že som žil vo farskej budove, do ktorej skutočne veľmi často prichádzali rovnaké tváre.

Tie isté postavy. Identifikovateľné osoby.

Prichádzali tam ľudia, s ktorými som sa stával účastníkom ich reči a slovníka, a tiež určitého stabilného sveta hodnôt a spoločne akceptovaných meradiel.

Bol to problém...

Zať zbil svokra v jeho dome.

Farníci sa o tom zhovárali s mojím otcom.

Vyšiel som von, kráčal som dlho do záhrady, tam som si sadol na osamelý peň a díval som sa na faru i kostol z takého uhla pohľadu, z ktorého nevnímal faru a kostol nikto.

Blížila sa ku mne moja matka.

Viedla ma pomaly späť do budovy.

Mal som vydesený výraz tváre, ale ona mi rozumela.

Pritúlila ma k sebe a v tom objatí boli všetky slová, ktoré som hľadal.

31

Ľudí som sa učil mať rád najmä ako typologicky identifikovateľné spoločenstvo.

Áno, boli to farníci. Boli to kresťania. Boli to kalvíni. Boli to...

Hradobné múry môjho otca, kalvínskeho farára, a jeho rodiny?

Postupne však práve kamene tých múrov vlhli, praskali, drobili sa a zarastali trávou.

Postupne umierali, strácali sa v cudzine alebo v náhlom vzájomnom nepochopení a v nečakanom odcudzení...

Vtedy sa pre mňa stalo dôležitým slovom slovo: „Pamätaj!"

Ale na čo som mal pamätať?

Na čo má pamätať každý muž viery?

Pamätaj, Izrael, že Tvoj Boh je jediný Boh!

A ešte: Nebudeš mať iného Boha vedľa mňa!

Priznávam, že Ježiša Krista, zjavené Božie Slovo, ktoré sa v našom historickom čase stalo telom, som vtedy ešte nepoznal.

Mojím pravým domovom sa však práve v kritických okamihoch stával jediný domov: živé Božie Slovo v pravom objatí...

Práve toto Slovo bolo predsa pred mojou pamäťou a tiež pred akoukoľvek ľudskou skúsenosťou, a práve toto Slovo prenikalo ďalej a hlbšie, a to aj v mojom obyčajnom detskom pohľade, než mohol siahať biologický zrak človeka.

32
V roku 1989 som začal vo svojom duchu i vo svojej duši zrazu vnímať „formovanie Krista".
Dovtedy som žil vo vzdore voči všetkým autoritám, dokonca aj voči vlastnej matke...
Často som pritom z jej úst počul: *Či som sa ti stala nepriateľom, keď ti hovorím pravdu? Iní ťa horlivo získavajú, ale nie dobromyseľne! Skôr ťa chcú odlúčiť, aby si ty horlil za nich... (Galatským 4, 16-18).*

33
Áno, práve toto bola schizofrénia môjho dospievajúceho života.
Ako som sa vlastne stal dvojtvárnym človekom s rozpolteným srdcom a s rozloženou mysľou?
Na vine bol hriech, ku ktorému som sa ľahkovážne obrátil...
Na vine bol hriech modernizmu.

Knihy, knihy...
A autori, ktorí ešte nemali vyvinutú chrbticu.
Prečo som ich vôbec čítal?

34
Výšková budova, v ktorej sme bývali, padala.
Videl som policajné autá.
Pod našimi oknami sa dvihol ťažký prach...
Mraky nad nami sa zatiahli.
Umelé majáky záchrancov?
Komu pomôžu?
Boli sme ako z bronzu, ako z rozpáleného železa.

Boli sme prachom.
Nastala noc.

35
Často sme pri obnove svojich vzťahov povrchní a materialistickí.

Tvárime sa, akoby sme tu „mali trvalé miesto" (Židom 13,14), a vzývame zem ako nejakú božskú Gaiu, ako bohyňu Kybelé so všetkým, čo k nej v rámci nášho diela patrí, namiesto toho, aby sme ďakovali Bohu za Jeho dvor a Jeho poriadok.

V blízkosti Hospodinovho oltára však má dnešný kresťan bdieť ako prorok Eliáš – má ho pozorne upraviť a doplniť počet jeho kameňov na dvanásť...
Viaceré kamene v ňom totiž chýbajú.
Ktoré?
Tie konkrétne. Tie praktické.
Tie misijné v podnikoch a v úradoch.

36
Raz som kázal práve takú kázeň: *Dovolíš, Pane?*
Dovolíš, aby sme vošli do dverí úradov, kde sa črtá dôležité poslanie, ako Tvoji pracovníci? Veď všade si Pánom Ty!
Tak sa dostal Daniel so svojimi priateľmi dokonca na kráľovský dvor babylonského kráľa Nabuchodonozora.

Dovolil mu to v prvom rade Hospodin, pretože On sám vydal „júdskeho kráľa Jehojákíma i časť náčinia Domu Božieho" babylonskému kráľovi do rúk...

Až „potom kráľ povedal svojmu hlavnému komorníkovi Ašpenazovi, aby priviedol spomedzi Izraelcov z kráľovského potomstva alebo zo šľachticov mladíkov, na ktorých nebolo vady, pekných vzhľadom, nadaných pre každú múdrosť, bohatých v znalostiach a učenlivých, ktorí by boli schopní zastávať službu v kráľovskom paláci, aby ich vyučoval chaldejskému písmu a reči." (Daniel 1, 3-4).

Pre Daniela bol Hospodin výsostným a jediným Bohom a Pánom neba a zeme - aj v Babylone!

37

„Nech je požehnané meno Božie od vekov až naveky, lebo Jemu patrí múdrosť i sila! On mení časy a doby, zosadzuje a nastoľuje kráľov... Odhaľuje, čo je hlboké a skryté, pozná, čo je v temnote, a svetlo prebýva pri ňom." (Daniel 2, 20-22).

Práve túto živú pravdu Daniel svedecky oznámil aj babylonskému kráľovi: „Na nebi je Boh, ktorý vyjavuje tajomstvá..." (Daniel 2, 28).

Súčasne Daniel vysvetlil, ako a prečo mu bolo tajomstvo vyjavené.

Povedal: „Nie pre múdrosť, ktorej by som mal viac ako ostatné živé tvory, ale preto, aby sa kráľovi dostalo vysvetlenia, a ty aby si pochopil myšlienky svojho srdca." (Daniel 2, 30).

Potom Daniel hovorí babylonskému kráľovi o páde „veľkej sochy". Popíše ju ako kráľovstvá zeme a na záver povie kráľovi vysvetlenie o „kameni": „...za čias oných kráľov Boh nebies nastolí večné kráľovstvo, ktoré nezahynie, a to kráľovstvo neprejde na iný národ. Ono...bude trvať naveky." (Daniel 2,44).

38

Prečo to všetko Daniel chápal? Pretože bol stále pravým dieťaťom svojho nebeského Otca a jeho jedinou túžbou bolo bez ustania zvelebovať Jeho Sväté meno.

Tak hľadia anjeli najmenších (Mt 18) na tvár nebeského Otca - bez ustania deň a noc.

Nezabudnime dodať: Napriek tomu videniu kráľ Nabuchodonozor dá v „údolí Dúra v babylonskej krajine postaviť zlatú sochu" ... „šesťdesiat lakťov vysokú, šesť lakťov širokú" ... a na jej posviacku dá zvolať satrapov, predákov, miestodržiteľov, radcov, správcov pokladu, sudcov, úradníkov, všetkých hodnostárov krajiny, „aby prišli na posviacku sochy, ktorú dal postaviť kráľ Nabuchodonozor..." (Daniel 3, 2).

Nie je to vedomé znevažovanie Božieho mena, Božej cti a Božieho posolstva?

Neznevažuje neraz taký istým spôsobom odovzdané Božie posolstvo aj cirkev?

Neverný ľud Boží?

39

Najsmutnejší zo všetkého je fakt, že medzi kresťanmi „netrvá bratská láska." (Židom 13,1).

Jedným dychom s touto výzvou apoštol Pavol dodáva:

„Manželstvo všetci majte v úcte a manželské lože nepoškvrnené, lebo smilníkov a cudzoložníkov súdiť bude Boh. Obcovanie nech je bez lakomstva, buďte spokojní s tým, čo máte. Veď On sám povedal: Neopustím ťa, ani nezanechám; takže smele môžeme vyznávať: Pán je mojím spomocníkom, nebudem sa báť; veď čo mi urobí človek?" (List Židom 13, 4-6).

Kresťanské manželstvá sú zmiešané, nepevné, sú na potupu Božiemu menu medzi pohanmi, a to pre vlastné zisky, záľuby a pre svoju modlársku zviazanosť so zemou, po ktorej majú priamo a neprerušene kráčať k jasnému cieľu.

40

My všetci máme denne nasledovať Ježiša Krista a Jeho vôľu. Napriek vyznaniu „Buď vôľa Tvoja, Pane!" však upevňujeme najprv svoje zemské pozície a do svojho jednoznačného kráčania za Kristom vnášame iba nepevný prvok hliny.

Toto naše poskakovanie na dve strany a krívanie, povýšené extatickými tancami a hlasným duševným krikom, akoby šlo o jedinú pravú oslavu Božieho mena, bude jedného dňa rázne preťaté spôsobom Eliášovho činu.

Blíži sa deň, keď každý v ľude Božom a v cirkvi jasne začuje:

Dokedy budete krívať na obe strany?

41

Zrazu akoby sme stratili Božie synovstvo.

Hrávame podobné náboženské hry, aké sa kedysi odohrávali na nádvorí kráľovských palácov.

Tam sa zmiešaná spoločnosť kryštalizovala, ustaľovala, tam sa mali ušľachtilí júdski zajatci učiť „chaldejskej reči" a „chaldejskému písmu", ako to bolo v prípade Daniela.

Tam sa mali učiť novej reči nového sveta.

V našom storočí sa každý učí najmä dve variácie novej reči.

Prvou je anglický jazyk, druhou je jazyk počítačov.

Tieto dva jazyky predstavujú vstupnú bránu do kráľovského sveta, v ktorom chceme mať „trvalé miesto" (Židom 13,14).

42

A je tu ešte reč ženy!

Reč Jezábel, reč intríg.

Reč ženy korení reč politiky, reč umenia, filozofie, histórie, ekonomiky.

Ekonomika a hospodárstvo v pákach lobbingu sú „odiate do výstrednej moci sveta" – a to aj vďaka pôvabu žien v reklamách, a potom vďaka atmosfére, ktorá má v určitom čase aj svoju hĺbku „na predaj": túto vážnosť zabezpečí firmám a podnikom umenie, najmä divadlo, balet, opera, klasická hudba, a zvlášť novoročné klasické koncerty a plesy...

My však máme inú moc, a do tej sa máme „odievať"!

„A hľa, ja posielam zasľúbenie svojho Otca na vás, a vy buďte v meste Jeruzaleme, dokiaľ nebudete odiati do moci z výsosti." (Lukáš 24,49).

Naším dnešným novým Jeruzalemom je zhromaždenie, v ktorom platí cena Kristovho kríža, cena Jeho otvoreného hrobu, cena Jeho vzkriesenia, cena Jeho nanebovstúpenia a moc Ducha svätého.

Je to náš priestor?

43
Dnešný hrdina prevzal všetky atribúty antických kráľovských hier, len ich obliekol do iného hávu.

Turnaje, arény...

Filozofické a manifestačné reči na námestiach...

A potom: do našej spoločnosti sa nenápadne votrel kult bohyne Kybelé, ktorej pôvod je v Áziii, a ktorá má z antického hľadiska meno Gaia, bohyňa zeme.

Kybelé, ktorú rituálne a symbolicky predstavuje čierny kameň, akoby meteorit z neba!

Dnes je vystavený v Ríme. A od roku 191 n.l. sa práve v Ríme začali usporadúvať hry kňazských klieštencov bohyne Kybelé...

Sprievody, karnevaly, pestrá, hýrivá zmes špinavého sexu a poškvrnených manželských postelí...

44
K tomu musíme prirátať kresby čínskych drakov na rukách dnešných mladých mužov a bojové umenia, potom cirkus technohudby a na iných miestach zase kult monotematických ezoterických signálov, vysielaných v zvláštnych vlnových dĺžkach do našich uší a očí.

A ešte sú tu zvuky motorkárov!

A ešte je tu prekonávanie púšte na afrických trasách Rally Dakar-Paríž!

A ešte je tu silové, motorické spojenie čierneho kontinentu „s hlbokým a tajomným umením"!

45
Skrátka: jazdy!
Všetko je dnes v podstate jazda, nie putovanie.

Pánska jazda, dámska jazda, jazda intelektuálov, milionárov, jazda podsvetia, ktoré sa elegantne nazýva „zákulisie života"...

Ten istý jazyk použil český minister hospodárstva, keď popísal spôsob riešenia plynovej krízy.

Hráči na trhu, *ovládanie zákulisia*, ťahy, stratégia!

Čo nám však vraví Písmo?

„A ty, synu človeka, vezmi si ostrý meč; vezmeš si ho namiesto britvy holičov a prejdeš ním po svojej hlave a po svojej brade. Potom si vezmeš vážky a rozdelíš to." (Ezechiel 5,1).

Čo to znamená?

Naša hlava už nemá ozdobu Božej Múdrosti, ale spleť vavrínov tohto sveta, tvorených silami podsvetia zeme.

Odťať všetko, čo sa nám chcelo zahniezdiť vo vlasoch, však možno iba ostrým mečom Božej pravdy.

Ale kto dovolí, aby sa ľudská ozdoba jeho dôstojnosti stala korisťou meča Božieho?

46

Medzi mnou a Bohom bol kedysi „vesmír". A ten vesmír ma ľakal ako peklo.

Napokon, nejeden žalm popisuje oblohu a mraky ako pekelnú búrku.

Je to stav života, v ktorom nemožno obstáť.

Áno, keď Boh rozprúdi živly sveta, všetko padá a trasie sa.

A trasie sa aj človek.

Potom nastane búrka tej istej intenzity aj v našom vnútri. V srdci.

Naše srdce sa už nielen zachvieva, ale súčasne padá. Je celkom otrasené.

Je nielen v úpadku, ale je v skutočnom duchovnom páde.

47
„Tento biedny volal, a Hospodin počul a vyslobodil ho zo všetkých jeho úzkostí a zachránil." (Žalm 34,7). Od istého času prežívam to, čo uvádza ďalší verš 34.žalmu: „Cheth. Anjel Hospodinov táborí vôkol tých, ktorí sa ho boja, a vytrhuje ich. Teth. Okúste a vidzte, že dobrý je Hospodin; blahoslavený muž, ktorý sa utieka k nemu." (Žalm 34,9). – „Lamed. Poďte, deti, počujte ma; budem vás vyučovať bázni Hospodinovej. (Žalm 34,12). Hospodin bol a ešte bude v mojom dome vyvýšený! (Izaiáš 33,5). Stane sa to pred očami mnohých! „Pripravuješ predo mnou stôl pred mojimi protivníkmi; olejom mažeš bohate moju hlavu; môj pohár preteká. Áno, len dobré a milosť ma budú sledovať po všetky dni môjho života, a budem bývať v dome Hospodinovom dlhé časy." (Žalm 23,5-6). Toto zasľúbenie som prijal.

48
Jedného večera zomrel na ulici v Prahe architekt Jan Kaplický.
V správe sa uvádza, že zomrel bez cudzieho zavinenia.
Okoloidúci chodec zavolal záchranku, ale Jana Kaplického sa už nepodarilo oživiť.
Zomrel v deň, keď mu manželka Eliška porodila dcéru.

V rozhovoroch o Kaplickom spevák Pavel Bobek pre Českú televíziu povedal: Uštvali ho na smrť. Mnohí ho pre nepochopenie jeho diela, ktoré krvožíznivo odmietali, utýrali na smrť.

„Nebojím sa to povedať," oznámil spevák Pavel Bobek, pôvodným povolaním architekt, ktorý v rozhovore súčasne uviedol Jana Kaplického ako svojho najlepšieho priateľa.

Pri Kaplickom ma zaujalo, že tvoril na základe „kvapky", „hrudky", na základe absolútnej drobnosti. V angličtine sa tomu hovorí „blob". Možno napokon prežil to, čo ja so svojimi deťmi a s manželkou, keď sa v nich rodil nový život.

„Lepšie je v dome smútku ako v dome radosti." – „Lepšie je dobré meno ako vzácna masť a deň smrti ako deň narodenia." (Kazateľ 7,1).

V prípade Jana Kaplického sa deň jeho smrti skutočne stretol s dňom narodenia jeho dcéry.

Zvláštne?

Ale prečo je tu niečo „zvláštne", niečo, čo v nás vzbudzuje úžas a azda aj bázeň?

49

Dnes sa pre nás začína hlavný boj v oblasti pľúc, v oblasti dychu, v krajine reálneho srdca.

Aké správy nás pritom zaujímajú?

Václav Havel v motolskej nemocnici v Prahe, kde so strhaným srdcom zápasil o svoj život, povedal, že ho zaujímajú už iba správy zo sveta, nič iné, preto chce mať v izbe televízor, aby ich mohol sledovať.

Možno na niektorom z nemocničných stolíkov je však v jeho blízkosti aj Biblia so znakom Gideona, Božieho bojovníka, ktorý bojoval s Midjáncami v podobnom zápase, akí zvádzali vo filme Sedem statočných dobrovoľní poslovia práva a spravodlivosti s banditom Calverom. Ten raz za čas prichádzal do osád zbedačených roľníkov, aby im bral úrodu, dopestovanú zničenými rukami otrokov v ťažkých podmienkach a na tvrdých poliach...

Otázka: *Ako sa správame tam, kde ľudia vo svojej otrockej práci hynú, my?*

Ako sa správame, keď o tom, hoci pred obrazovkou televízneho prijímača, prijmeme práve taký oznam a takú správu?

Leto

štvrté

„Stras zo seba prach, povstaň, ty zajatý Jeruzalem; uvoľni putá na svojom hrdle, ty zajatá dcéra Sion! Lebo takto vraví Hospodin: Zadarmo ste boli predaní a bez peňazí budete vykúpení." (Izaiáš 52, 2-3).

Uvoľni svoje vznešené kravaty, rozviaž svojho motýlika, rozopni retiazku zo svojho krku...

Práve sa totiž začínajú zvláštne Božie správy.

„Aké vzácne sú na vrchoch nohy blahozvestov, ktorí hlásajú pokoj, zvestujú blaho, hlásajú záchranu. Hovoria Sionu: Tvoj Boh je kráľom. Všetci tvoji strážcovia dvíhajú hlas, spoločne jasajú, lebo na vlastné oči uvidia Hospodinov návrat na Sion. Vypuknite v spoločný jasot, zrúcaniny Jeruzalema, lebo Hospodin potešil svoj ľud, vykúpil Jeruzalem. Hospodin odhalil svoje sväté rameno pred očami všetkých národov a všetky končiny zeme uvidia záchranu nášho Boha." (Izaiáš 52, 7-10).

Čo máme teda teraz, keď vo všetkých veľkých stavbách sveta sa objavujú prvé plamene záhuby - a jeho najvyššie veže už o chvíľku padnú - robiť my, svätí Boží? Božie správy to hovoria jasne: „Preč, preč! Vyjdite odtiaľ! Nečistého sa nedotýkajte! Vyjdite spomedzi neho, očisťte sa, vy, ktorí nosíte náčinie Hospodinovo. Ale nevychádzajte s chvatom, neodchádzajte úprkom; lebo Hospodin ide pred vami a Boh Izraela uzaviera váš voj." (Izaiáš 52, 11-12).

To je riešenie.

Život v strede Božieho diela, život v Božej záchrannej ruke, v Kristu.

Tichý dom.
Kukuričné struky visia na priedomí.
A vnútri?
Kto je vnútri?

2
Máme „omilostenú krajinu" a zneužívame ju.
Ničíme jej domy. Jej jednoduché obydlia.
Z tichého slnka sa tak stáva slnko strát.
Z pokojného dňa sa tak stávajú rozbité ľudské výklady. Všetko, čím sa človek pýšil, je v črepinách.
A my?
Ako v tej chvíli rinčiaceho skla reagujeme my?
Človek horí v neľudskom hneve, v ktorom stráca skutočné korene slov.
Tráva už nie je tráva a kvety už nie sú kvety.
Domov už nie je domovom.

Denne sa modlím...
Čo máme robiť, Pane, aby sa naše slová vrátili ku svojmu pôvodu a...
K Tebe, Pane?

Z rodinnej vázy sa vyliala voda.
Niekto ju prevrhol.
Kvety ležali na stole zbité, voda kvapkala na koberec.
Opitý muž vysvetľoval žene, „prečo ju už nemôže mať rád".

3
Máme možnosť prijať „modlitebnú hodinu" (Skutky apoštolov 3,1)...
V nej je nám daná možnosť, aby sme sa vrátili ku koreňom našich slov, pretože hrešíme už v myšlienkach.
Zneužili sme dohody, zmluvy, aby sme zabíjali.
Zneužili sme pohľady, aby sme chytali ľudí do pasce.
Zneužili sme úsmevy, aby sme klamali srdcom.
Potrebujeme dokonalú obnovu.
Všetko ostatné je dnes už pre nás prehrou.

Kedysi bola veselá a silná.
Teraz si zapínala blúzku trasľavými prstami.
Lekára pichlo pri srdci.
Medicína nie je jedinou záchranou zdravia, a už vôbec nie jeho najväčšou vymoženosťou.
Chýbajú nám zdravé slová.

4

Ale kto chce a kto si žiada dokonalú obnovu pre svoje srdce?

Kde je taký človek?

„Pane, nemám človeka," nariekal chromý pri rybníku Betezda.

Dokonalú obnovu si nežiadal ani „muž chromý od narodenia".

Každý chce aj v kresťanstve iba polovičaté veci!

Každý predstupuje aj pred Boha s tým, aby nemusel „žiť plné spasenie" (Izaiáš 33,6), ale iba „vzorný sociálny život"!

Ale vzorný sociálny život bez Krista sa končí v pekle...

Nová duchovná jar, to je „pravé modré", to je tá „pravá modrosť"!

Kvety, spev vtáka.

Pulzovanie srdca v každej časti organizmu.

Kráčať za Kristom.

5

Nemôžeme byť už ďalej ľuďmi dvoch tvárí.

Máme jedinú možnosť. Zahľadieť sa na svetlo Božej tváre v Kristu a stať sa Jeho poslušnými nasledovníkmi.

A kde bude náš Pán, tam potom budeme aj my, a nikto z nás už nebude viac chromý ...

Musíme opäť „napraviť zborený oltár Hospodinov". (1.Kráľov 18,30).

„Eliáš pristúpil ku všetkému ľudu a povedal: Až dokedy budete kuľhať na obe strany? Ak je Hospodin Bohom, nasledujte Ho. Ak Baal, nasledujte toho. Ale ľud mu neodvetil ani slova." (1.Kráľov 18,21).

6
Pán učil moje ruky boju, prsty vojne. (Žalm 144).
Ale akej vojne? Čo mali moje prsty robiť?
Písali vyše dvadsať rokov na starom, rozbitom písacom stroji, a to deň a noc.
Volal som nimi k Bohu vo dne a volal v noci...
A odpoveď neprichádzala! (Žalm 22).
Prečo?
Volali k Bohu aj moji rodičia...
A odpoveď Božia neprichádzala! (Žalm 22).
Prečo?
Pretože medzi nami a Bohom Stvoriteľom vtedy nebol Kristus, a ak, tak iba formálne a papierovo.
Táto medzera sa mala stať najprv pauzou sela, najprv jóbovským mlčaním v nás...
Až potom sa mohla začať napĺňať pauzou pre hudbu.
Stíšením pre správny východiskový bod a krok viery. Až v skutočnom sklonení pred Bohom s tvárou v prachu nás začne Pán „nadchýnať za noci k piesňam" (Jób 35,10).

7
Jeana-Paul Sartre kedysi povedal: Keby som sa nestal spisovateľom, bol by som zločincom.
Žila s ním – v prazvláštnom zväzku – Simone de Beavuoire ako kňažná literatúry, ale aj ako žena, ktorá dala na oltár literatúry a intelektuálneho zväzku so Sartrom svoje telo; to sa však raz za noci prazvláštne ozvalo.
V triaške prosilo, že ono vlastne potrebuje obyčajné objatie.
A potom sa zaskočeného Sartra sama Simone de Beauvoire opýtala tvárou v tvár: Načo sú nám knihy, a

načo je nám to písanie, keď sme ako suché stromy bez vlahy? To boli skutky tela, ktoré prerástli v oboch prípadoch do určitého druhu mágie a náboženského kultu.

8
Aj oni však v jednom záblesku krátkeho poznania potrebovali - „to pravé „modré" – to „modré z neba". Vyslovila to práve Simone de Beavuoire počas návštevy Kuby, kde sa pýta jedného z vysokých kubánskych sprievodcov: A keby váš ľud, pre ktorý žije vaša revolúcia, potreboval modré z neba? A on odpovedal: Ak ho bude potrebovať, tak mu ho dáme...

9
Je udivujúce, kam až môžu prerásť skutky tela a ako sa ich glorifikovanie dostane aj do úst navonok ľadovo chladného existencialistu Sartra, keď vyjadruje obdiv k adorácii určitého typu človeka, ktorý reprezentuje svet chudobných takmer v náboženskom rúchu...

10
Áno, pre politickú, filozofickú i umeleckú ideológiu – ale presne tak aj pre ľudovú ideológiu - je človek je vo svete i v inštitúciách cirkvi len vtedy výsostným človekom, ak jeho skutky možno glorifikovať na úrovni "svätej sochy".

11
Nehral sa na takú glorifikáciu aj jeden z pápežov –
Rodrigo Lancol y Borgia (1431-1503)?

„Kardinálom sa stal v dvadsiatich piatich rokoch, dosť
úspešne presadzoval moc cirkvi (napr. r. 1493, rok po
Kolumbovom objave zahájil štyrmi bulami evanjelizáciu
amerických Indiánov), ale preslávil sa tiež
svätokupectvom a nemanželskými deťmi, z ktorých
najznámejšia sa stala Lucrezia, po otcovi ochrankyňa
umenia," hovoria slovníky.

Svet dovolí, aby sa človek podľa mierok sveta stal
„bohom", Boh sa však nikdy nesmie stať človekom!

Kristus a Jeho kríž je pre miliardy ľudí veľkým
pohoršením.

Človek ako boh áno!

Ale Boh ako človek? Dokonca ako človek Ježiš Kristus
na kríži?

Nikdy!

Vedomie a poznanie, že je to tak, a že toto má vo svete
hlavný tón, ba že toto je hlavnou niťou filozofie, umenia a
vedy, je mojou veľkou bolesťou.

V takom prípade už naozaj viem a hlboko chápem,
prečo nosil spevák Johny Cash počas celého svojho života
iba čierne šaty...

12
Utekať od hriechu za každú cenu musia začať
prvotiny ľudu Božieho!

Judsko! Prvotiny cirkvi, znovuzrodení a posvätení
kresťania!

Pretože sa blíži tma – blackout!

„Kto bude na postreší, nech nezostupuje, aby vzal niečo zo svojho domu..." (Mt 24,17).

Kto sa modlí, nech sa už neobracia k veciam svojich pozemských budov, nech sa už prestane jedným okom dívať na architektonické plány svojich stavieb, na svoje záhrady a svoje polia...

Naša záhrada má už iba jediné meno: Je to záhrada Vzkrieseného Krista a v nej: On a my.

Uspokojme sa v tomto zmysle len s takou mierou svojho bývania a s takou mierkou svojho domu, ktorá nám postačí na modlitbu a vzývanie mena Ježiš Kristus.

Uspokojme sa s takou plochou svojej existencie, ktorá nám postačí na veľkosť našich bohoslužieb pri Písme.

Koľko hláv chce dom našich stretnutí s Pánom prijímať, taký veľký má byť jeho vonkajší tvar a pôdorys.

13
Rúcho?

Ak pracuješ na Kristovom poli, nikdy sa po neho nevracaj.

Nijaká vznešená a oficiálna funkcia tam nemá svoje skutočné zdôvodnenie ani zmysel.

A čo tie tehotné, ktoré nemajú mužov, ale o svoje telo sa starali najmä v smere jeho žiadostí?

Ako budú utekať pred následkami svojich hriechov z dosahu pekla, ktoré Biblia popisuje ako neľudský chlad, nie ako oheň?

V pekle je večné drkotanie zubami, v pekle už nie je očisťujúci, ale mrazivý oheň Božieho súdu.

Oheň Božieho súdu prečisťuje pre život, peklo však navždy schladzuje srdce i myslenie pre večný stav smrteľného odcudzenia a teda: Pre smrť, ktorá je halucinačným faktorom mysle.

Mysle, ktorá už inému nebude môcť ublížiť, v sebe však zostane zrútená a nepovstane viac...

14

A nepovstane viac. To je peklo.

To je koniec všetkých nádejí.

To je večná smrť, to je arktická pláň chladu mysle, ktorá už nenájde nijaké slovo a nijakú myšlienku. Zima: blackout. Vonkajšia tma! (Matúš 25,30).

„Lebo každému, kto má, bude dané, a bude mať hojnosť; ale od toho, kto nemá, bude vzaté i to, čo má. A toho neužitočného sluhu vyhoďte do vonkajšej tmy! Tam bude plač a škrípanie zubami!"

Vážne sa teraz zamyslíme nad tým, ako hospodárime s Božím majetkom, s duchovnými darmi Ježiša Krista.

Alebo si vážime v prvom rade iné a pracujeme s inými, kým tie Kristove nechávame nepovšimnuté, pretože sú pre nás iba druhoradé?

Jednoducho odpovedz, človek: Žiješ Kristov čas – a či iba ten svoj?

15

Funkcionárka Kybernetickej cirkevnej školy mi do telefónu povedala:

„Keď ťa stretnem, som úplne rozbitá...."

Môj syn hľadel oknom na blízke Energetické závody.

V predstave videl jej tvár - *tvár funkcionárky.*

V škole zasa zazrel jej masku, jej skulptúru, jej vojenský, rozfázovaný pohyb.

A denne sa tej ženy – *bál.*
Čo sa to stalo?

16
Vojna, lebka, mŕtva tvár?
Videl som, ako ťažko sa s tým môj syn vyrovnáva.
Boli sme predsa spolu v Grécku, povedal.
Čo sa to stalo?
Čo sa stalo s našou niekdajšou priateľkou?
Prečo sa z jej života od istého času vytratila ženskosť a vľúdnosť?
Znovu a znovu si chcel privolať *dojem jej úsmevu.*
Sníval *o návrate strateného človeka.*
Ale všetko, čo okolo seba videl v geometrickom tvare, mu iba nanovo evokovalo jej záhadný kryštalografický výraz.

17
Neveril, že život človeka môže byť taký dlhý čas v blízkosti niekdajších priateľov založený iba na povrchnom združovaní predstáv – iba na evidencii „podobných" a „odlišných" prvkov.
V odlišnom chcel nájsť čosi blízke a v podobnom chcel vidieť aj riziko zvodu a podvodu, aby nepodľahol klamu zjednodušenia.
Ale ak pohyby človeka majú v sebe už len následnosť, nie však vnútornú spojitosť – môžu kopírovať niečo iné, než automaticky následné pohyby stroja?

18

Filozof David Hume tvrdil, že za našimi dojmami, impresiami, predstavami, obrazmi, ideami nie je nijaká substancia, nijaká podstata.

Áno, tak vravel: Život, to je iba združovanie dojmov, predstáv.

Rovnako na mňa - už dlhé roky - pôsobil smiech funkcionárky.

Bol v ňom iba znepokojujúci pátos a iba násilná kryštalografická štruktúra.

Prečo sme však všetci, ktorí sme to vnímali, mlčali?

Prečo sme dlhé roky tento agresívny smiech prijímali?

Pretože bola „funkcionárkou v ústave spásy"?

19

Skutočne, „cirkev nie je ústav spásy, v ktorom by človeku bola sviatostnými prostriedkami sprostredkovaná milosť", a ďalej, „pôsobnosť sviatosti nie je v nich, ale pôsobí mocou Ducha svätého. Je im vzatá všetka magická moc a nepôsobí ex opere operato", napísal teológ J.B.Jeschke.

Tu je zaujímavý stret medzi učením Luthera a Kalvína.

Zvykne sa síce v súvislosti s nimi hovoriť o ich dvojakom chápaní Boha, ale súčasne aj o tom, že to nie je odlišné chápanie, ale také, ktoré sa vzájomne dopĺňa „pričom jedno z druhého vylučuje tie prvky, ktoré podľa Slova Božieho k čistote pojmu Boha nepatria.".

20

U Luthera sa stáva „hlavnou záležitosťou človeka to, aby bol spasený."

Nie je tu však riziko egocentrizmu?, pripomína J.B. Jeschke. Nepresúva sa tu dôraz na človeka? Nie je „potom človek dôležitejší ako Boh"? – „A ak chce človek priamo uchvátiť istotu spasenia, nie je v tom titanizmus, ktorý sa zmocňuje Božej milosti, aby ju podriadil svojej túžbe"?

Dôraz na človeka sa tu napokon môže presunúť... Človek sa tu môže nebadane stať dôležitejším ako je Boh...

A napokon: riziko, že človek začne uchvacovať istotu spasenia, je tu veľké, podobne ako aj to, že v nebdelom a kompromisnom spoločenstve viery zrazu prepukne ľudský titanizmus...

21

Protestanský teológ J.B.Jeschke napísal: „Existuje jedna odlišnosť v christológii reformácie, predstavovanej Kalvínom a Lutherom" - a to „pri ich rozdielnom učení o Večeri Pánovej."

„Luther zastával názor o telesnej a teda priestorovej prítomnosti Kristovej vo Večeri Pánovej, Kalvín hájil učenie o tom, že Kristova prítomnosť je prítomnosťou v Slove Božom," – a hájil to „... z obáv, aby neboli porušené hranice Kristovho Božstva na jednej strane a hranice človečenstva na druhej strane..."

Jednoducho: „...aby nedošlo k zbožšteniu človeka..."

22

„Raz sa už o to zápasilo medzi Augustínom a Pelagiom", a Pelagiov názor bol taký, že človek ešte stále, aj po páde, môže „spolupôsobiť pri svojom spasení", písal ďalej J.B.Jeschke. Duchovne nezrelý človek sa môže v tomto bode na Lutherovom učení ľahko pokĺznuť, pretože ho zle pochopí. A zrazu začne milosť Božiu zákonícky uchvacovať, a zrazu ju prevezme do vlastných rúk, a zrazu sa správa – titansky.

23

V „modernom ústave spásy" možno počuť príkazy, aké smú a aké nesmú mať študenti účesy, obleky, odevy, prívesky, čo môžu a nemôžu hovoriť a ako majú premýšľať... Nad tvárami detí visia titanské výkričníky.

24

Ak „moc Titanov" doviedla niektorých študentov na psychiatrické liečenie, ak táto titanská moc rozbila mnohé vzťahy, prečo nikto túto kryštalografickú a kyberneticky fungujúcu tvár nezastavil v jej sebazničujúcom spôsobe titanského uchvacovania Božej milosti?

25

Každý chudobný v duchu túži, aby sa kryštalografická tvár každého človeka premenila na vidiacu a živú, na tichú a ľudskú, na načúvajúcu a spôsobilú tvoriť vzťahy.

Preto chudobný v duchu vyzýva všetkých, ktorí sú zodpovední za celú cirkev Kristovu:
Nezanedbajte ochranu maličkých!
Nič nezamlčte!

26
Pravý biskup je skutočným strážcom stáda.

Ak sa v zhromaždení ľudu Božieho pácha na duši „chudobných v duchu" násilie, píšte to kriticky mne, píšte to kriticky sebe, píšte to kriticky bratom a sestrám, píšte to kriticky opäť a opäť s plnou odvahou všetkým dravcom!
Napíšte to však kriticky aj celej cirkvi, a napokon...
A napokon napíšte svojmu synovi a svojej dcére, ktorí boli v titanskej škole tyranie utláčaní, List povzbudenia a nádeje...

27
„My mocní sme povinní niesť slabosti tých, ktorí nie sú mocní, a nie ľúbiť sa sami sebe. Jeden každý z nás nech sa ľúbi blížnemu na dobré ku vzdelaniu; lebo ani Kristus nehľadal toho, aby sa ľúbil sám sebe, ale jako je napísané: Hanenia haniacich teba padly na mňa."
(Rimanom 15,1-3; preložil Jozef Roháček. Podľa 1.revidovaného vydania z roku 1951).

28
Po čase strážca zboru otvára zvláštny List vďaky...
„Ďakujeme vám za priame slová. Pomáhajú nám. Povzbudzujú nás."

29

Môj syn upiera pred oknom pohľad na Energetické závody a zvažuje, s akým posolstvom a v akom zmierení vykročí do ďalších dní svojho života.

Jedna etapa sa uzatvára, otvára sa nová.

Aká bude?

Musím ho ubezpečiť: Pán sa neodvrátil od toho, „kto bol bitý násilníkom", ale prísne volá k pokániu toho, kto sa „chce ľúbiť sám sebe..."

30

Funkcionárka „Kryštalografického ústavu spásy", kedysi rozvedená a nešťastná, kedysi opustená a sama, kedysi bez peňazí a s deťmi ako sirotami, teraz nepríčetne opakuje:

„Kryštalografický ústav spásy je moja vízia! Moja droga! Môj zákon!"

Je to moja modla, môj idol!

A tak každý, kto do tohto „prísneho ústavu spásy" vstúpi, bude rovnako môj!

31

Idolatria je na mnohých miestach zeme realitou a kto sa jej oddal, má nadľudskú silu, zmnoženú drogou, a tá je mocnejšia a ničivejšia než akákoľvek iná droga, ktorú musí človek vyrábať chemicky a distribuovať zložitým dílerským spôsobom.

32

To, o čom máme a musíme v prípade nejedného útlaku bezmocných hovoriť, je fyzickými prístrojmi nemerateľné a nepostihnuteľné, preto je to pre civilný svet taká ťažká a zložitá téma.

33

Každý útlak je však merateľný duchovne, preto každý kresťan, ktorý na seba duchovnú zodpovednosť v zhromaždení a v cirkevnom spoločenstve či v jeho *výchovných ústavoch* prijal, je povinný posudzovať všetky záležitosti podľa Božích duchovných meradiel, ktoré sú jednoznačné a nedvojzmyselné a ich krédo znie: „Nech sa nikto neklame! Ak si niekto z vás namýšľa, že je múdry v tomto svete, nech bude bláznom, aby bol múdry. Lebo múdrosť tohto sveta je bláznovstvom pred Bohom. Veď je napísané: On chytá múdrych v ich chytráctve. A zase: Pán zná myšlienky múdrych, že sú márne. A tak nech sa nik nechváli ľuďmi..." (1.Korintským 3,18-21).

A tak nech sa nikto nechváli profilom človeka a profilom inštitúcie podľa meradiel tohto sveta, pretože toto ovocie nie je z Boha...

34

Môj učiteľ mi povedal:

„Od mladosti si sa venoval literárnej tvorbe a chcel si byť väčším či lepším umelcom ako sú iní, ale nie preto, aby si bol bližšie k človeku a jeho radostiam i strastiam, ale aby si bol od človeka ďalej. Nie každý z umelcov je taký, ale toto bol tvoj prípad, hoci navonok si sa tváril ako strážca ľudských duší. Nebolo pre Teba problémom vytvoriť kryštalografickú, a pritom skromnú a tichú tvár. Nebolo pre Teba problémom byť takým, akého má rada stredná spoločenská vrstva. Tváril si sa, že chodíš rád medzi jednoduchých ľudí, aby si pomáhal zraneným dušiam! Nie, nebolo to *celkom tak* – lenže nič skryté nezostane v tme, všetko sa raz dostane na svetlo, a celkom určite sa to na svetlo dostane aj v cirkvi."

35

„Až v cirkvi si narazil na Pravdu a rozbil si sa o ňu. Až v cirkvi, pod Hlavou-Kristom, si bol zrazu nahý. Je to dobré alebo zlé? V prvom rade je to bolestivé, zraňujúce, nepríjemné, i otriasajúce, pretože práve v cirkvi si počul, najprv v jej jednom tichom dome, v jednom zákutí, v jednej veľmi intímnej chvíli: Miluješ ma? Miluješ ma Šimon, syn Jonášov? A tá otázka nezaznela iba raz."

36

Ozveny otázky svojho strážneho učiteľa som počul iba ja: „Keď ma počúvaš s plnou vážnosťou – prečo sa teda aj ty denne vraciaš do svojho skrytého sveta vlastných plánov, ambícií, vlastných úmyslov a čudného spriadania nití, ktoré je príznačné len pre duch sveta? Prečo nie si priamy v slnečnom Božom jase? Prečo si znovu na mori svojich problémov, kde spolupracuješ a žiješ s bratmi opäť len ako telesný človek, blízky žiarlivosti, závisti, ohováraniam a zvadám?"

37
Na čo som si v tom okamihu spomenul? Prečo som sklonil pred Pánom hlavu?

38
Pretože som často žil v temnej komnate zrád! A predsa!

A predsa je tu zrazu Pán a vraví: Ako je to s Tvojím srdcom a s Tvojou dušou? Naozaj ma miluješ vo svojich najmenších bratoch?

39
Keby medzi nami nebola Božia odpúšťajúca láska v Kristu, padli by sme ako horiaci vrch do mora. Boli by sme ako stroskotané lode. Boli by sme zlou krvou mora! Tak o tom píše Zjavenie Jána, toto sa spomína v jeho 8.kapitole pri otváraní siedmej pečate hrôz. Vy tie hrôzy vo svojich životoch a vzťahoch nevidíte? Vy nevidíte tie horiace vredy sŕdc? Vy ste ešte stále prefíkaní a v druhom pláne svojho života ticho šeptajúci ohováračské slová na najbližších? Kde si myslíte, že je v tej chvíli Ježiš, váš Pán? Myslíte si, že ste pred Ním utajení a dobre skrytí? Vy obielené hroby! Vy farizeji, ktorým je v takom stave beda! Chcete padnúť do mora ako všetko, čo je vyvýšené a čo sa vypína nad každý pokoj a každú pravdu? Prečo nežijete v láske, prečo sa navzájom porovnávate a žiarlite na seba?

Ako to, že vás tak otrocky ovládol duch sveta, úspechu a profesionalizmu, a v prvom rade ľudskej slávy?

Prečo nekážete, vy, kazatelia, práve to, čo vám prikázal Pán?

Totiž, že každé telo je tráva, ktorá dnes tu síce ešte je, ale už zajtra ju hodia na oheň?

40
Teraz už rozumiete?
Teraz už chápete, akí ste telesní?
Veci, veci!
Aké sú Vaše domovy a domy, bratia?
Pre koho sú otvorené a ako?
Ako svoj čas a deň žijete?
Čo a kto v ňom tvorí prevahu?
Ako, pre čo a za čo sa vo vás formuje vaše srdce?

41
Miluješ ma, kazateľ?
Miluješ ma, Šimon, syn Jonášov?

42
Nastali kritické okamihy.
Žiarlivosť v srdci kazateľa sa stupňovala – na koho však?
Na koho žiarliš, kazateľ?
A prečo?
Prečo nemôžeš okolo seba zniesť pokoj iného a jeho vyrovnanú hĺbku?

Lebo sám si stále iba rozbúreným morom, ktoré zo seba vyhadzuje množstvo nečistoty a práve toto ťa bolí? *Miluješ ma? Miluješ ma, Šimon, syn Jonášov?*

43

Ak áno, dívaj sa otvoreným oknom svojho života smerom ku Kristovej tvári.

A hľaď na ňu, nech by sa dialo čokoľvek.

Nevzdávaj sa jej, pretože v nej je svetlo, pravda, pokoj, lebo v nej je – Život sám.

44

Potom som, počul:

„Kto bez ustania zvádza svojím zlým spôsobom života mojich maličkých, tomu by bolo lepšie, keby mu zavesili na šiju oslí žarnov a hodili ho do mora."

Miluješ ma, Šimon, syn Jonášov?

45

Je dobré, že skláňaš hlavu.

Je dobré, že si si dávno žiadal česť odo mňa, a nie od sveta.

Svet na teba, pravda, zaútočil, pretože si sa od neho predsa len v poslednej chvíli odvrátil.

Ale teraz si na jednej z najsledovanejších križovatiek!

Čo urobíš teraz, keď ťa opäť oslovujem starým menom?

Ešte stále sa ti páči márna ctižiadosť?

Preto nenosíš na náplecníkoch drahokamy s vyrytými menami svojich bratov, ako to robil v pokore kňaz Áron?

Miluješ ma, Šimon, syn Jonášov?
Miluješ ma, kazateľ?

46

Ak áno, potom čiň moju vôľu!, vraví Pán.
Potom sa daj opásať a ja Ťa odteraz povediem tam, kam ešte stále nechceš pre hlboké zakorenenie do starých spôsobov Šimona, syna Jonášovho, ísť.

Ale ak prijmeš opäť meno Peter-Skala, viem, že pôjdeš za mnou rád!
Aj na kríž, aj do smrti, aj do utrpenia, aj do bolesti za bratov a sestry, ktorých ti zverím!
Takže: Ako je to s tebou?
Miluješ ma?

„Ty vieš, Pane, že Ťa milujem a že chcem plniť Tvoju vôľu…. Ty vieš, Pane, že chcem byť Tvojím bratom, a to tak, že sa stanem rýdzim bratom všetkým, ktorých mi zveríš! Ty to, Pane, už vieš…"

V takom prípade môžeš počuť Slovo nádeje a poslania: Pas moje ovečky!
Áno, ak chceš plniť moju vôľu poslušne a bezvýhradne, tak potom: *Pas moje baránky!*

Pretože mne je bratom i sestrou len ten, kto chce činiť vôľu môjho nebeského Otca.

47

Keď sa Jozef znovu stretol so svojimi bratmi, ktorí ho kedysi zradili, videl v ich tvárach úľak a obavu z trestu.

Báli sa, že ich teraz uvrhne do väzenia svojej pomsty.
Báli sa a činili pred ním pokánie.
Báli sa a vraveli: Ublížili sme ti, Jozef, zradili sme ťa,
Jozef, nedbali sme na tvoj život!
A on ich v očisťujúcom plači prijal, objal a živil!

48
Bratskú lásku možno v Duchu Božom úplne a čisto
obnoviť!
Čiňte teda, kazatelia, v kruhu bratov pokánie, čiňte
teda, bratia, v kruhu svojho spoločenstva pokánie, a Boh
vám bude v Ježišovi Kristovi milostivý!
Dá vám plnú náruč odpustenia, dá vám pečatné
prstene a nové rúcha a žalobca proti Vám už nič
nezmôže.
Nie ste Bohu ľahostajní.
Aj za Vás zomieral v Kristu na kríži, aby ste mali
život, a to život večný.
Nebuďte teda ako tí, ktorí hľadajú vo svojich
náboženstvách i vo svojom kresťanstve iba extrémne
znamenia a exkluzívne pravdy.
Buďte ako tí, ktorí sa kajali na kázanie Jonášovo, buďte
ako Ninivskí v čase pôstu a plačte nad svojimi hriechmi.
Potom vám vyjde slnko spravodlivosti a Vy objavíte
väčšiu Múdrosť, než bola múdrosť Šalamúnova, ktorej sa
korila sama kráľovná zo Sáby.
Nebuďte teda nerozumní, ale rozumejte, čo je vôľa
Pánova!

49
Miluješ ma, Šimon, syn Jonášov? Miluješ ma?

Leto

piate

„Namiesto svojich otcov synov budeš mať,
kniežatmi ustanovíš ich po celej krajine.“
— Žalm 45,17

„Zoraďte sa zo všetkých strán proti Babylonu
všetci lukostrelci, ostreľujte ho, nešetrite šípmi,
lebo sa proti Hospodinu prehrešil.
kričte na poplach proti nemu
zo všetkých strán!
Poddal sa, padli jeho piliere,
zrúcané sú jeho hradby,
lebo to je pomsta Hospodinova.“
—Jeremiáš 50,14-15

„Takto vraví Hospodin mocností:
Utláčaní sú synovia Izraela
a spolu s ním i synovia Júdu.
tí, čo ich zajali, držia ich pevne,
nechcú ich prepustiť.
Ale ich Vykupiteľ je mocný,
volá sa Hospodin mocností.
On iste povedie ich spor,
aby dal odpočinutie zemi
a znepokojil babylonských občanov."
— Jeremiáš 50,33-24

Apoštol Pavol povedal Židom (Rimanom 10,1): Horlia, ale nie podľa Pána.

To je aj náš problém.

Prisaháme „na svoje plány".

Máme „svoje záväzky".

Stále nanovo sa vraciame pred Božou tvárou k sebe, nie pred Božou tvárou: ku Kristu, ktorý Boha zjavuje a ktorý nám priniesol život, a to tak, aby sme ho mali hojne.

2
Prečo je v Písme napísané, že Božiu tvár nemožno zazrieť?

Pretože človek ju nemôže zazrieť zo svojej pozície, len z pozície Kristovej.

Ateistický svet pácha menšie hriechy ako formálne kresťanský, pretože on verejne ukazuje svoju tvár ako tvár boha tohto sveta v duchu tohto sveta.

Nie je to v poriadku, ale je to jeho modlárske a pohanské vyznanie. Vyznanie seba. Svojej múdrosti. Svojej prosperity. Vyznanie modly a modlárstva, ktoré „nič nie je", „nič neznamená", lebo modla ako skutočný Boh neexistuje.

Kresťan však tvrdí, že pozná Boha a pritom, ak je formálny, predstavuje Ho falošne: hovorí o Bohu, ale svetu ukazuje na svoju tvár, nie na tvár Kristovu. Hovorí o Bohu, ale svetu nepopisuje Krista, skôr svoju denomináciu.

Hovorí o Bohu, ale so svetom a s bratmi nekomunikuje skrze Krista, vždy a všade, ale skrze svoje slovo a svoju múdrosť. Tým však nezvestuje Krista, ale naopak, seba a tým sa opovážil zbadať Boha mimo Krista, nie cez Krista.

3
Falošná a opovážlivá prísaha v cirkvi je teda úsilie predstaviť Boha a Krista svojimi skutkami, nie svedectvom o skutkoch Božích.

To je prísaha ako ľudská „posvätená potencia" a ľudské dušovanie sa, že my poznáme Božiu pravdu v ľudských a cirkevných systémoch a modeloch.

Cirkev však nie je chrám, ale telo Ježiša Krista.

A ak chrám, tak len ako telo Kristovo (patriace Kristovi), ktoré je chrámom Ducha svätého, nie človeka alebo denominácie.

Nejestvuje biskup z moci človeka a z potencie úradu a nejestvuje denominácia ako chrám Ducha.

Biskup môže byť len ustanovený Bohom v Duchu svätom a denominácia sa pri Kristovom mene musí okamžite umenšiť a stratiť.

Ak pri Kristu nestratí svoje meno, potom je modlárska a nechala sa zviesť na cestu politiky v priestore, ktorý mal byť posvätný a mal byť iba chrámom a svätosťou Božieho, Kristovho mena.

4

Človek sa v cirkvi často správa ako dieťa pred hračkou. Chce svojho Boha rozložiť, rozbiť na fragmenty a objaviť v ňom dušu, ktorá by mu bola milá. Človek si chce z Boha Jeho Ducha sám vziať. Je násilný! Nalieha na Boha, aby mu splnil, čo si vo svojej ľudskej predstave, vidine, a vo svojom osobnom sne... žiada. Jakub pred tým každého kresťana varuje – ale koho to zaujíma? Človek-formálny kresťan sa zhovára s Bohom tak, akoby mal sväté právo na svoj model života a Boh mu ho musel posvätiť. Preto sa posväcujú futbalové štadióny, národné hory, lokálne rieky, kúpeľné jazerá, exotické zvieratá, rôzne fankluby, cédečka, knihy a záujmové umelecké či politické kluby, preto sa posväcujú veci-talizmany, amulety, predmety, sprítomňujúce nás a naše osobné záľuby a tiež...vojny.

5

V svojvoľnom počínaní sa každý z nás stretáva so silou smrti, lebo každý z nás násilne siahol na strom poznania.
Tu nastáva zvláštna situácia.

Človek, ktorý si to uvedomí, sa zľakne a na istý čas sa v skrytosti po poznanom osobnom hriechu smrteľne chveje. Nachádza sa v kŕči poznania z vlastnej opovážlivosti! Potom však, ak nie je okamžite zabitý a Bohom zneškodnený, ak o sile smrti počuje iba ako o budúcom súde nad svojím životom, ktorý sa dnes prejaví len čiastočne, nadobudne opäť odvahu konať podľa svojich predstáv a úmyslov a začína Boha opäť pokúšať a provokovať.

To je prirodzený človek a to je tiež náboženský človek s kresťanským náterom a s menom Krista na perách ako modlou, ktorá by mu mala zabezpečiť taký priebeh a charakter života, aký si sám pod záštitou Jeho mena praje!

Videl svet väčšiu trúfalosť a nehanebnosť, skrytú v rúchu svätosti?

6

Mnohí ľudia si váhu smrti v okolnostiach prirodzeného života i v činoch svojich podvodov pred Bohom neuvedomujú, sú však i takí, ktorí váhu hriechu a smrti prežívajú ako depresiu. Nemajú však ochotu priznať sebe, ľuďom i Bohu, že napriek tomu presviedčajú v akomsi veľmi zvláštnom omámení naďalej seba i svoje okolie, že človek sa so smrťou (s hriechom) predsa len nejako sám v civilnom a stále vyspelejšom spoločenstve vysporiada.

Na to slúži človeku a ľudstvu ako model spomenutého tvrdenia teória evolúcie.

Všetko je vecou vývoja a poznania skrze systém ľudskej múdrosti, všetko je vecou prirodzeného výberu (sily a potencie tela: silnejšie telo prežije).

Všetko je teda vecou vedy, filozofie, politiky a náboženstva a ich spoločnej konštrukcie, ktorá sa začala navonok trúfalo v génovom inžinierstve.

Ak to, čo v každej disciplíne dosiahneme ako vrchol svojho poznania a výkonu vhodne zmiešame, dostaneme sa k esencii synkretickej spásy.

Synkretickú spásu ľudia nazývajú aj: civilizačný pokrok, vedecký vývoj, osvietenosť ľudskej mysle, atakďalej, a jej charakter podčiarkujú najmä tvrdením, že ak budeme vo všetkom vidieť niečo dobrého a ak zo všetkého vezmeme to podstatné, aby sme to vložili do spoločného nábožensky i politicky a kultúrne zharmonizovaného celku, potom sa dočkáme aj obrazu pravého človeka a skutočne rýdzeho ľudského spoločenstva.

Tento globálny systém je podopretý liberálnym myslením a ekumenickými cirkevnými snahami a je hybnou silou vývoja „jednej politickej a náboženskej tváre".

Komu táto „jedna politická a náboženská tvár" a „jedna hlava" patrí?

Kto ňou je a kto sa vystatuje, že práve v nej je rozumná budúcnosť a inteligentný raj?

7

V ľudskom triumfalizme sa však predsa len objaví aj taký pohan, ktorý túto možnosť vývoja ako spásonosnú cestu ľudstva poprie.

Nevie síce nič o Bohu, vie však veľa o hriechu.

A pretože si hriech priznal, a pretože hriech už nepovažuje za výmysel a iba za niečo, čo je nanajvýš pod oblasťou teórie ľudského práva a ľudskej spravodlivosti, hľadá niečo alebo niekoho, čo alebo kto by sa s jeho osobným hriechom vysporiadal.

8

Po čase zistí, že obeť zvierat alebo akákoľvek iná obeť ľudských skutkov a zámerov (napísať tisíckrát denne nejaké písmeno alebo prejsť denne na bicykli desaťkilometrovú trasu) je bezmocná, keď za jej cenu neručí niekto, kto je nad tou obeťou. Samotná obeť bez Autority nad obeťou je mŕtva a neúčinná.

9

Ktorá obeť je teda pravá?

Tá, ktorá sa totálne zbavuje svojho ja (aj v poslednej stope duše a ducha) a ktorá ukazuje bezvýhradne iba na Božie Ja. Na Božie: Som, ktorý som.

Som Ten, ktorý nie je viazaný v nijakom systéme.

Som nad každou sobotou a nad každou farizejskou školou.

Jednoducho: Ja som!

A tu človek, a najmä ten pohan, zistí, že je závislý na jedinom: na Božom milosrdenstve v Kristu, ktorý dokonalým spôsobom na kríži sám seba poprel, aby sme my, hriešni, mohli žiť svätý život z Jeho milosti a spravodlivosti.

Obeť na kríži v Kristu je vykonaná a dokonaná!

Boh už nežiada nijakú inú obeť. Iba jediné: milosrdenstvo s iným človekom, založené na svätej úcte k Stvoriteľovi, Spasiteľovi a Posvätiteľovi ľudského života.

10
Blahoslavíme vytrvalých, napísal Jakub (Jakub 5,11). V akom zmysle máme byť vytrvalí? Máme vytrvať, aby nás Boh v Babylone vychoval. Sme v Babylone, a predsa vnútorne „mimo Babylon"! Sme vo svojej komunite, v rodine, v cirkvi, oddelení od Babylonu stenami duchovného domu, stenami chrámu Ducha svätého, stenami vlomenej Božej milosti, ktorá vzrastá z Božieho súdu. Sme pod tlakom Slova, sme čistení.

11
Ak je cirkev dnes so sebou spokojná, potom blúdi. Spí. Drieme.
Potom je spokojná so svojimi skutkami a ako mieru svätosti si zvolila vlastnú horlivosť.
Tak to urobili Židia. Tak to robil Izrael.
Pavol to svojím pokrvným bratom vysvetlil v Liste Rimanom 10,1. "Horlia, ale nie podľa správneho poznania!"
Napokon – ak nepoznáme Boha, ako môžeme horliť?
Len na základe vlastného úsilia a vlastných dobrých skutkov, tie sú však pred Bohom ako ohyzdné rúcho.
Sú to vlastne skutky zrady a nevery, tak, ako boli zradou Judášove slová na adresu ženy, ktorá rozbila

alabastrovú nádobu a vyliala Ježišovi na telo jej drahú nardovú masť.

Mohlo sa to dať chudobným!

Kto to povedal? Judáš! A prečo to boli slová zrady?

Pretože Judáš odsúdil rozbitie alabastrovej nádoby – rozbitie nášho starého človeka s jeho skutkami.

Tak sa dnes v mnohom správa i cirkev, keď zdôrazňuje svoje aktivity a pýši sa nimi.

12

Z priestorov cirkvi necítiť vôňu Kristovu!

Naopak, je to tak, ako sme to čítavali v starých rozprávkach – tam kdesi blízko jej vlastných brán, v ktorých súdi všetko podľa vlastných kritérií a vlastnej múdrosti, cítiť len človečinu a tá v priestoroch chrámu Ducha svätého – jednoducho smrdí.

Tá človečina tam nemá čo so „svojím centralizmom" robiť!

Pretože človečina v chráme, to je humanizmus. To je filantropia. To je biely náter farizejských hrobov, v ktorých je plno umrlčích kostí.

Keď vojdeš do skupiniek dnešnej inštitučnej cirkvi – vnímaš tam vôňu Kristovu a vanutie Ducha, alebo kresťanskú výnimočnosť a namyslenosť človeka?

13

Napriek tomu však Boh práve dnes hovorí pred bránami takejto cirkvi "slová dobré a útešné", nie slová skazy.

Dajú sa zhrnúť do jediného príkazu: "Zvestuj!" (Zachariáš 1, 14).

Áno, zvestuj!

"Takto vraví Hospodin mocností: Veľmi horlím za Jeruzalem a Sion, ale veľmi sa hnevám na ľahostajné národy, ktoré, len čo som sa trochu rozhneval, napomáhali zlo. Preto takto vraví Hospodin: Obrátim sa s milosrdenstvom k Jeruzalemu, môj dom bude v ňom zbudovaný – znie výrok Hospodina mocností – a meracia šnúra bude vytiahnutá nad Jeruzalem." (Zachariáš 1, 14-16).
Bude vytiahnutá!
V tejto dobe, v tejto chvíli sa to začína diať...

14
A tak zvestujem!

Syn môj! Práve v týchto dňoch Ťa povolal Pán do služby.
Dejú sa veľké veci!
Postupujeme z miesta na miesto, po úsekoch, ako Abrám, keď sa blížil ku Kanaánu.

Z miesta na miesto, po úsekoch, k oltáru, ktorý postavil Bohu už prv, aby Ho tam opäť vzýval – v Pravde.
Aj my sa vraciame na miesto, na ktorom sme už raz boli.

V Košiciach i v okolí bolo pred rokmi veľké evanjelizačné ťaženie a zbory sa schádzali do kostolov, aby vzývali Pána spolu, nie oddelene.
Ale potom predsa len prišla nečakaná prietrž, nie prietrž mračien a výdatný dážď, ale prietrž ciest, ktoré sa medzi kresťanmi mali spájať vďaka jednej Ceste a

Pravde, a každý sa opäť vrátil do svojich domovov a kostolov, a v domoch a kostoloch k svojim osobným stolom, stolíkom, kútom a zákutiam, aby tam nebadane hrešil oddelenosťou od brata, otca, matky, sestry....od svojich príbuzných, i od svojich duchovných bratov a sestier v cirkevných zboroch.

Navonok vyzeralo všetko dobre a v poriadku, ale naše srdcia boli rozdelené.

Opäť sme žili, podobne ako ľudia vo svete, schizofréniu čias.

15
Syn môj!

Žili sme rozbitý život, žili sme vlastne v puklinách rozbitosti, a to nie ako muži viery, ktorí stoja verne v trhlinách svojho ľudu, ale ako zbabelci, ktorí sa skrývajú do svojho bezpečia alebo s neprirodzenou, zmyselnou odvahou sa vrhajú do boja o kúsok chleba, kúsok poľa, kúsok domu, aby to všetko postupne celé uchvacovali proti právam iných pre seba.

Kam sme sa takto dostali?

Blízko ku Sodome, ako kedysi Lót, keď si pre seba vyberal len to najlepšie: Okolie jordánske s plnou vlahou.

16
Syn môj!
Staral sa vtedy Lót o svojho príbuzného Abráma?
Ani trochu.

Po spore ich pastierov dostal však práve od Abráma na výber: Pohni sa kam chceš, a ja pôjdem na miesto, ktoré mi zvýši, ktoré si ty nezvolíš.

Je to aj naše konanie, to lótovské.

Vidíme dobré veci najprv pre seba, usilujeme o prevahu nad inými, žiarlime, chceme byť zabezpečenejší ako náš príbuzný a sused, sporíme sa s ľuďmi, ktorí sú úspešnejší a požehnanejší, máme v srdciach Kainov syndróm.

Hneváme sa na radosť a požehnanie blízkych.

Ako môžu byť v takom našom stave naše duše Bohom prijímané, akceptované, posväcované, ako im môže Pán žehnať?

17
Áno, syn môj, aj ja som sa v tom stave ocitol: v stave žiarlivosti...

Ale prečo?
Prečo je moje srdce zrazu také zlé?
A je také zlé zrazu, alebo sa v ňom iba náhle, mocnou Božou rukou, otvorili temné priepasti?

18
Veru, syn môj, Pán otvoril vo mne tie zákutia, ktoré by som sám od seba nikdy nezbadal, ku ktorým by som sa nedopracoval žiadnym vnútorným hĺbením, kam ľudská myšlienka vo vlastnom svetle nedôjde.

To je veľká Božia milosť!

Otvoril mi na moje prosby srdce v jeho najtemnejších častiach!

19

Syn môj, je to milosť, keď' tam teraz môže svietiť Božie svetlo, aby nastalo čistenie a vytŕhanie všetkých zahnívajúcich koreňov.

To je milosť – keď sa z Kaina môže stať Ábel, ktorý sa správne modlí: v Duchu a v Pravde.

Kto to vykonal?

Pán Ježiš svojím krížom a ukrižovaním.

Pán, za ktorým ideme, syn môj, Pán, ktorý nás volá aj do údolia tmy, aby z temnoty zažiarilo svetlo.

Práve my, ktorí patríme Kristu, v sebe nesmieme mať zamknuté trináste komnaty z rozprávok, v ktorých bola zbierka umrlčích hláv, mŕtvych sŕdc a neprípustná alchýmia duše.

Každá izba nášho duchovného domu a chrámu Ducha svätého, ktorým je naše telo, a teda i duša, má byť presvetlená!

20

Áno, syn môj!

Iba ak sme presvetlení v Božom svetle, iba tak a vtedy putujeme do zasľúbenej krajiny, i do zasľúbeného a uskutočňovaného posväcovania nášho života, aby sme denne na konci každého úseku tej cesty mohli zastať pri oltári Hospodinovom, pri kríži Ježiša Krista i v záhrade so Vzkrieseným, a aby sme po pokání, ktoré denne konáme, mohli

na osobné oslovenie Krista zvolať stále a stále: Rabbúni!
Majstre môj!

Iba Ty v nás konáš dobré dielo, iba Ty v nás porážaš nepriateľa, ktorým je duch nenávisti, nepriateľstva, neprajnosti a vzdoru voči pokoju iných, iba Ty v nás porážaš lakomstvo, vydieranie a rúhačstvo, z ktorého vzniká opilstvo, zmyselnosť, náruživosť a smilstvo.

Iba Tvoje skutky, Pane, sú mocné, preto nič pred Tebou, čo by sa Ti chcelo vzoprieť, neobstojí.

21

Tak sa teraz kajám, syn môj, a tak sa teraz kajaj i Ty.
A tak sa teraz kajajme, dcéra moja! A tak sa teraz kajajme,
manželka moja, a Pán v nás vykoná svoje víťazstvo lásky: Aby
sme aj chceli aj činili v prospech iných na slávu Božiu, a to nad
svoju dobrú vôľu!

Nevyberajme si „lepšie veci a miesta", uspokojme sa s tým, čo z Božej vôle a Božieho požehnania môžeme denne mať.

A Pán nám denne určite v takom stave nášho srdca dá pre nás najlepšie veci, hoci neraz budú vyzerať ako suché, nezavlažené, ako menej úrodné, než je Okolie jordánske.

22

Všetko navonok rýchlo prospievajúce je vždy blízko Sodomy,
syn môj, dcéra moja, manželka moja!
To by sme mali vedieť a uchovať si v mysli!

Všetko, čo je ohraničené len do ľudských myšlienok, predstáv a zhodnocovaní je určite vždy – blízko Sodomy! Na to by sme nemali nikdy zabúdať!

Áno, všetko, čo sa leskne, blyští, čo láka, čo dáva nádej iba v tomto živote, je – blízko Sodomy!

To neznamená, že nemáme mať dobré veci a že sa nemáme sýtiť tukom, smotanou a medom...

To iba znamená, že všetko máme prijímať z Božej ruky a nie dobýjať si na základe vlastných rozhodnutí.

23

Syn môj!

Pred časom si začul, a ja som Ti to odovzdal: Podmanený je Babylon!

To nepovedal človek, ale Pán.

To nie je naše rozhodnutie: Poďme a podmaňme si Babylon!

To je Božie určenie a Boží súd: Kto by siahol v čase vyvolenia ruku na Božích vyvolených a povolaných, aby ich uvrhol pod svoje jarmo a do neslobody, bude podmanený.

Pán už rozostavil lukostrelcov, preto v Božom vyhlásení „Podmanený je Babylon!" sa niet čoho báť.

Vojaci ťa teraz chcú zovrieť do pozemskej vojenskej služby, i keď máš ťažko zranenú nohu.

A predsa...

Napriek lekárskej správe, ktorá tie fakty uvádza, vojaci vydali vojenské rozhodnutie, aby si do pozemskej vojenskej služby v takomto stave šiel.

24

Syn môj! Ty však nie si v prvom rade ich vojak, ale Kristov!

O Tebe už nemôžu rozhodovať tí, ktorí patria k svetu a k duchu sveta.

Teba nemôžu svojvoľne zviazať pod svoju správu tí, ktorí sú presvedčení, že „im patrí moc".

Ty si, syn môj, slobodný pre Pána a Pán Tvoje telo uchráni.

Vraví Ti: Neboj sa!

„Ty však, sluha môj Izrael, Jákob, ktorého som vyvolil, potomstvo môjho obľúbenca Abraháma, ktorého som uchopil na konci zeme a povolal od jej hraníc, tebe som povedal: Ty si môj sluha, vyvolil som si ťa a nezavrhol. Neboj sa, lebo ja som s tebou, nepozeraj ustrašene vôkol seba, lebo ja som Boh tvoj! Posilním ťa a pomôžem ti, i podopriem ťa svojou spásonosnou pravicou. Na hanbu a posmech vyjdú všetci, ktorí zlosťou kypia proti tebe. Zmenia sa na nič a zahynú mužovia, ktorí sa sporia s tebou." (Izaiáš 41,8-11).

25
To sa s Tebou, syn môj, práve v týchto dňoch vo všetkých oblastiach ľudského života deje.

26
Syn môj, zviera ťa ľudská špekulatívnosť, ľudská dvojtvárnosť, ľudské odcudzenie i to, že v každej skupine pulzuje vždy skrytý zápas o prvé miesto, a Ty si z tohto charakteru boja už dávno chorý.

Prežil si poníženie, útoky na svoje telo, dušu i česť, prežil si útlak, odmietnutie svojho mena a života v čase, keď si len „pokojne šiel okolo človeka".

A každý z Teba strhával plášť, lebo svet má vždy v popredí svojich hrdinov, ktorí radi ukážu silu svojich rúk.

V kolektívoch sveta si bol už z týchto zápasov vyčerpaný, už sa Ti z nich chvel žalúdok, preto si odišiel do ďalekej krajiny, ďaleko od ľudí, ktorí na Teba denne striehli.

27
Bál si sa priepastných tôní ľudského srdca a spodného tónu ľudského oka, v ktorom bolo vždy jediné: Zničím ťa!

Zastavím ti srdce, aby viac netíklo pre Tvojho Pána!

Uzavriem ti všetky cesty, vrhnem Ťa do studne, v ktorej vody niet!

28
Jedného dňa však Pán povedal: Vstaň, neboj sa!

Ako sa to Božie vyhlásenie: „Podmanený je Babylon!" začalo diať?

Vojaci ťa zo všetkých strán obkľúčili pečiatkami a zákonmi...

Dali Ti to písomne.

29
Áno, syn môj, viem o tvojej bolesti...

Vojenská komisia nad tebou krútila so smiechom hlavami, „nie, nie, to, čo vravíš, mladý muž, nie je pre naše uši!"

My ti jednoducho „nechceme a nebudeme rozumieť."

My nepotrebujeme počúvať, čo hovoríš, pretože...

Ty budeš počúvať a plniť to, čo hovoríme my, aj keby to bolo proti všetkým pravidlám života.

30
Počul si posledný úder pečiatky...

Odvedený na základnú vojenskú službu!
Šiel si k lekárke po aktuálny röntgen zranenej nohy.
Čakal si tam v preplnenej čakárni na prijatie...
Telefonoval som ti.
Unavene si vytiahol z vrecka mobil.

31
Prečo som ti telefonoval?
Pretože lekárka, ktorá ťa práve v tej chvíli prijala, konala proti tvojmu životu.

32
Opäť som ťa prebúdzal!

A tak, keď v tej chvíli zazrela tvoje čisté oči, bola nečakane vyľakaná „váhou vlastného hriechu".

Začala ti opäť vykať, písala ti zhodnotenie tvojho stavu, hoci naďalej v stave svojho starého srdca, bez lásky, bez milosti, bez zmierenia v Kristu...

Z Písma však aj nad jej tvárou znelo: Podmanený je Babylon!

Vrátila ti röntgenové snímky a ty si ich prijal ako človek, ktorý sa domáha práva nie pre seba, ale v rámci povinností, ktoré si musí aj ona vo svete plniť.

33
Potom si bol doma zúfalý, zlomený, plný nepokoja a chaosu, ktorý v tebe prudko horel.

Ale prečo sa to všetko dialo, keď Božie vyhlásenie znelo? „Podmanený je Babylon"?

Nie preto, aby si videl, že ty naďalej žiješ v tej istej situácii, v tých istých udalostiach, v tom istom krutom svete, ako kedysi, ibaže už: Ako vojak Kristov?

34
Pán nepovedal: Babylon nežije, nekoná, neútočí, nechce ťa zlomiť, ale: Je ti podmanený!

Ako by si to zistil, keby nijaký Babylon na teba nesiahal, neobkľúčil ťa, keby nijaký Babylon neusiloval o tvoje zdravie, duchovné i fyzické, a o tvoj život, a o tvoj pokoj?

Nie, toto Babylon bude robiť vždy!

Ale z Božích úst ti zasa v tejto novej situácii tvojej existencie už navždy bude zaznievať to Božie:

Je podmanený! Babylon je podmanený!

35
Keď si stíchol, šli sme spolu do ďalšej nemocnice.

A tam...
A tam sa k tebe lekári správali pod „váhou Kristovej milosti".
Chceli ti naozaj pomôcť, pretože Boh dvihol svoju ruku a povedal: Dosť!
A tak lekári pod Božou dvihnutou rukou písali to isté, čo písal kedysi lekár na úrazovej chirurgii: „Vojenskú službu v tomto prípade neodporúčame..."

36
Vyšli sme von.
Čo sa v nás v tej chvíli odohrávalo?
Nie, nebol to triumfálny krik našich duší...
Bolo to len jasné a triezve Božie vyhlásenie: „Podmanený je Babylon!"

37
V pondelok ráno si opäť predstúpil pred vojenskú komisiu.

V ten deň sme sa modlili modlitbu z knihy písaných modlitieb.
Znela: Kamkoľvek pôjdem, tam si TY, PANE!

38
Do budovy vojenského úradu šla s tebou, syn môj, aj tvoja sestra, verná Kristovmu srdcu.

Ruky násilia už vaše duše netrhali. Tvojej sestre, ktorá ťa v budove medzi vojakmi podopierala, však zoslablo na ulici telo. Stratila vedomie. Domov ju priviezlo auto so značkou komunálnych služieb. Ľahla si do postele, prsty mala pod nechtami zasiahnuté mrazom. Vaša vzájomná starostlivosť o seba bola tichá... Díval som sa ti do očí a ty si pokojne povedal: „Mám modrú knižku, ocko..."

39
Kľakol som si na kolená.

„Vďaka Ti, Pane za to, že ja a môj syn nebudeme rozdelení a roztrhnutí v čase, keď sa máme všetci v rodine pripravovať spoločne na službu evanjelia!"

40
Teraz ma dobre počúvaj, syn môj!

Pán si síce vždy nájde aj vo svete svojho kráľa Kýrosa, ktorým zmetie vzdorovité a neposlušné ostrovy, hŕstku podvodníkov, hŕstku zloprajníkov, hŕstku páchateľov bezprávia. Ale práve tu sa musíme zamyslieť nad sebou v prvom rade my:

Ak vidíme, čo spôsobuje vo svete neprajnosť, nemali by sme sa opäť a opäť skúmať, či nie je zahniezdená aj v nás?

V našich kresťanských srdciach?

V našich kresťanských zboroch, cirkvách, spoločenstvách, hnutiach?

41

Áno, už dávno som vnímal, že diagnóza mojej duše z Božej strany je pre mňa práve v tých dňoch zvrchovane dôležitá.

Spomínaš, syn môj, akú modlitbu som Ti v to ráno pred vojenským odvodom – tebe a súčasne i sebe – čítal?

Až teraz sa môžem priznať, že som ju hovoril Bohu s nevôľou a neochotne.

Čítal som ju z českej knihy modlitieb a znela takto: „Pane, nie si Bohom pomstychtivým, i keď nás niekedy nechávaš žať to, čo sme zasiali. Maj so mnou zľutovanie a nedopusť, aby moje nerozvážne, unáhlené, závistlivé, domýšľavé a povýšené siatie nepravých slov a činov prinieslo trpké ovocie v živote mojich najbližších, či tých, s ktorými som sa stretol a stretávam..."

Aká hlboká, jasná, ostrá a pravdivá modlitba!

Ako presne popísala krajinu mojej duše, stav môjho srdca, ako odhalila všetko, čo bolo vo mne márne, zhnité, pokrútené, deformované!

42

Práve vďaka nej som potom mohol spolu s tebou, syn môj, prejsť, podobne ako Abrám, smerom ku Zasľúbenej krajine od úseku duše k úseku ducha, a potom ku Kristovmu krížu, k jedinému pravému oltáru Hospodinovmu!

Tam som vyznal: Odhalil si ma, Pane!

Presvetlil si ma!

Áno, v prvom rade si mňa prežiaril, najprv si vytiahol z podzemia hriechy môjho tela, aby si sa potom nado mnou a nad mojím synom opäť zmiloval!

43
Tak nás Pán oblieka do praktického rúcha svojej spásy!

Tak sa v nás v moci ohňa Ducha Božieho začalo napĺňať Božie zasľúbenie: „Umyte sa, očisťte sa, odstráňte svoje zlé skutky spred mojich očí! Prestaňte zle robiť, hľadajte právo, ujímajte sa utláčaného...." A ďalej: „Poďte len a súďme sa – vraví Hospodin. Ak sú vaše hriechy ako šarlát, môžu zbelieť ako sneh..." Či nezbeleli?

44
V ten deň sme začínali veľmi jasne vnímať, syn môj, ako Pán premeriava „posvätný obvod našej krajiny" (Ezechiel 45,1), ako odmeriava posvätný obvod nášho blízkeho okolia i domu.

Všade tam Mu máme slúžiť verne a On vybuduje z nášho domu domov, ktorý bol ešte donedávna na mnohých miestach aj „obydlím šakalov"...

Tak sa z nás, živých kameňov, stane v úplnosti iný dom!

Dom s bránou nádeje a s bránami spravodlivosti, ktorými nič nečisté neprejde!

Ani zviera, ani démon opilstva, krádeží, lakomstva, zbohatlíctva, peňazí, ani démon výlučnosti, elitárstva, ani démon telesnej moci a sily ľudského meča, ani démon klebiet či ohovárania...

Ruka Božia bola nad nami ako jasné anjelské svetlo nad tmavými poľami ľudských skrčených príbytkov a trápení.

Namiesto zlej vôle starého človeka v strede nášho bytu začala žiariť dobrá Božia vôľa v Kristu!

45

Áno, syn môj, tu je nový zárodok novej svätyne, tu sa bude konať nie služba litery, ale Ducha.

Nie služba s rozumom v popredí, ale s hrotom lásky, v ktorej hynie každá ľudská domýšľavosť a špekulácia.

Toto miesto pre taký dom a takú svätyňu určil Pán!

„To je svätá časť krajiny, má patriť kňazom, ktorí konajú službu vo svätyni, ktorí pristupujú k službe Hospodinovej. Bude im to miestom pre domy a posvätným miestom pre svätyňu...." (Ezechiel 45,4).

Neuveriteľné?

Ale či nepočuješ to zasľúbenie?

Sme Boží ľud!

Dali sme si očistiť telá, preto naše hriechy beleju ako sneh!

Naša „svätyňa je očistená od hriechu" ohňom Božieho súdu – v Božej láske. (Ezechiel 45,18).

Veraje našich dverí a brán sú potreté krvou obete za hriech.

I štyri uhly oltárnej obruby, obruby nášho rodinného stola – i tie sú natreté krvou obete za hriech!

Kto iný, ako Boh v Kristu v moci Ducha Božieho, z nás mohol stvoriť nové rodinné spoločenstvo lásky?

Lásky, založenej iba a výlučne na diele lásky Ježiša Krista?

46

Tešme sa, syn môj, že Pán nás z bludných citov a nečistých vášni vyviedol cez púšť trápenia a cez svoj očistný súd ohňa, v ktorom žiari Božia Pravda, do slobody.

Tešme sa! Veď On si nás teraz „zasnúbil na večnosť, zasnúbil si nás spravodlivosťou a právom, láskou a milosrdenstvom, zasnúbil si nás vernosťou a my poznávame Hospodina." (Ozeáš 3, 21-22). A my poznávame Pána a Jeho srdce!

Vnímaš, ako nám Pán „upevnil srdcia spojením v láske, aby sme prišli ku všetkému bohatstvu dokonalého chápania, k porozumeniu Božieho tajomstva, Kristu, v ktorom sú skryté všetky poklady múdrosti a poznania"? (Kolosenským 2,2-3).

Preto teraz tak, „ako sme prijali Krista Pána, máme v ňom žiť, zakorenení a budovaní v Ňom i upevnení vierou, ako sme boli vyučovaní, a máme sa rozhojňovať v dobrorečení." (Kolosenským 2,6-7).

„V Ňom ste boli aj obrezaní", zaznieva z Písma, „nie obriezkou rukami vykonanou, ale obriezkou Kristovou, že ste sa totiž vyzliekli z telesnosti, keď ste boli s Ním pochovaní v krste. V Ňom ste boli aj vzkriesení vierou v moc Boha, ktorý Ho vzkriesil z mŕtvych. Aj vás, ktorí ste boli mŕtvi v priestupkoch a neobriezke svojho tela, oživil spolu s Ním, keď nám odpustil všetky priestupky a dlžobný úpis, ktorý s predpismi (zákona) proti nám bol a nám prekážal, vymazal, odstránil, pribijúc ho na kríž. Na

Ňom odzbrojil kniežatstvá a mocnosti a vystavil ich verejne posmechu, triumfujúc nad nimi." (Kolosenským 2, 11-15).

Čo Pán sľúbil, to s nami na naše dobro aj vykonal. Preto teraz platí: „Dajte sa do spevu! Rozozvučte bubon, citaru ľubozvučnú s harfou! Zatrúbte rohom na novmesiac, na spln mesiaca, na deň našej slávnosti..." (Žalm 81,3-4).

Akú reč teraz počujeme? Božiu reč, ktorú sme dlho nepoznali... „Počujem reč, ktorú som nepoznal", čítame v Žalme 81.

Božiu reč v akcii! Znie: „Vyslobodil som mu plecia spod bremena a jeho ruky zbavili sa koša. Volal si v súžení a vytrhol som ťa, zo skrýše hromu som ti odpovedal a skúšal som ťa pri vodách sváru." (Žalm 81,7-8).

Božia výchova je spočiatku tvrdá, ale potom sladká ako med.

„Kiežby ma ľud môj poslúchal... – Najlepšou pšenicou by som ho choval a medom zo skaly by som ho sýtil." (Žalm 81,14.17).

47
Dnešný deň je jedným z nových dní nového počiatku.

Tak veľmi túžime zvolať: „Nebudeme už zanedbávať dom svojho Boha." (Nehemiáš 10,40).

Opäť sme, syn môj, mocní v Pánu, pretože našim prvým nepriateľom neboli a nie sú vojaci, neboli a nie sú fyzickí nepriatelia, ale...náš vlastný hriech.

Iba ten, ak nie je spoznaný a vyznaný, nás poráža!

Iba ten, ak sa s ním ľahostajne zahrávame, má nad nami moc!

Teraz však: Neboj sa, Jákob!

Hriech je porazený, Pán ho vyvolal zo zákutia našich duší a zlomil jeho ostrie svojou svätou odpúšťajúcou, ale spravodlivou láskou.

Sme slobodní!

Pán nás svojou krvou vykúpil z moci zlého!

Vykúpil nás slovom moci, ktoré znie: Podmanený je Babylon!

48

V prorokovi Danielovi čítame:

„Aj z múdrych mnohí klesnú, aby bola vykonaná medzi nimi skúška, triedenie a očista až do časov konca." (Daniel 11,35).

Pán mi v minulých dňoch povedal: Opri sa o moju múdrosť a hľadaj rozvahu, hľadaj ju ako striebro a zlato.

Ak to budeš robiť, „keď si na pomoc zavoláš rozumnosť, keď sa svojím hlasom dovolávať budeš rozvahy, ak ju budeš hľadať ako striebro a sliediť po nej ako po skrytých pokladoch, vtedy pochopíš bázeň pred Hospodinom a nájdeš poznanie Boha." (Príslovia 2, 3-5).

Stalo sa to!

A tak už znovu môžeme obaja počuť z úst nášho Otca: Syn môj!

49

A tak znovu môžeme počuť to, čo začul Daniel od anjela:

„Daniel, milovaný muž, daj pozor na slová, ktoré ti hovorím. Postav sa na svoje miesto, lebo teraz som poslaný k tebe. Keď mi tieto slová hovoril, s chvením som sa postavil.

Potom mi povedal: Neboj sa, Daniel, lebo od prvého dňa, keď si si v srdci zaumienil chápať a pokoriť sa pred svojím Bohom, boli tvoje slová vyslyšané a ja som prišiel práve kvôli nim." *(Daniel 10, 11-12).*

Aké to boli slová?

Boli to slová, ktoré sa v tej chvíli stávajú aj našimi slovami:

„Pane, pre všetku Tvoju spravodlivosť nech sa odvráti Tvoj hnev a Tvoja prchkosť od tvojho mesta Jeruzalema a od tvojho svätého vrchu. Lebo pre naše hriechy a pre neprávosť našich otcov je Jeruzalem a tvoj ľud na potupu všetkým okolo nás. Teraz však, Bože náš, počuj modlitbu svojho služobníka a jeho úpenlivé volanie. Kvôli sebe samému, Pane, rozjasni svoju tvár nad svojou spustošenou svätyňou. Bože môj, nakloň ucho a počuj, otvor oči a pozri sa na naše spustošenie a na svoje mesto, ktoré nesie Tvoje meno. Lebo nezakladáme svoje prosby na svojich zásluhách pred Tebou, ale na Tvojom hojnom milosrdenstve. Pane, počuj, Pane, odpusť, Pane, pozoruj a konaj! Kvôli sebe samému nemeškaj, Bože môj. Lebo Tvoje mesto i Tvoj ľud nesú Tvoje meno." (Daniel 9, 16-19).

Leto

šieste

Nástup voľného trhu, rast konkurencie. Reštrukturalizácia firiem. Spojenie centrál. To je obraz spoločnosti po roku 1989. A čo cirkev? Má sa v tomto inštitučnom obraze prispôsobiť svetu? „Prieskum potvrdil rebríček najvplyvnejších značiek na svete. Vedú ho internetové firmy...." (SME, 27.1.2007). Nikto pre uchovanie svojho duchovného zdravia nemieni dobrovoľne trpieť stratu majetku a zriekať sa popredného postavenia vo svete, takmer každý však považuje prosperitu a úspech za jeden z určujúcich cieľov svojho individuálneho i spoločenského života. Málokto z kresťanov sa správa inak. Mnohí sú už v súkolesí kybernetického ducha.

Vplyv technologických spoločností na život je všade evidentný.
„Univerzity prispôsobia náplň vzdelávania potrebám technologických firiem. Chcú tak investorom ponúkať odborníkov." (SME 27.1.2007).

2
Každý je s týmto uhlom pohľadu duševne a telesne spokojný, až do chvíle, kým ho neprepadnú depresie.
A náhle úzkosti...
Kto do uvedeného technologického súkolesia nezapadol, dostáva sa na vedľajšiu koľaj.

3
Mnohí z technologických centrál tvrdia, že chcú za každú cenu vidieť ten správny bod, od ktorého sa má a musí všetko podstatné v živote kybernetického človeka odvíjať.
Ten správny bod je totiž výzvou.
Žiada si našu absolútnu zodpovednosť a krvavé výkony.

4
O tom že by sa malo diskutovať?
Ale ako?
Dobrá značka firmy to dovolí – *ale ako?*

5
Ach – počas golfu s podnikateľom?

Ach - počas triafania loptičky do jamky, ktorú musí človek zbadať profesionálne vycvičeným okom?

Ale náš život - to predsa nie je pohyb v bielych nohaviciach a vo veste s kosoštvorcovými vzormi! Prečo by sme mali o vážnych veciach diskutovať práve počas golfu?

6

Nuž teda...
Kto dnes pohne chorou zemou a ako?
Veľká technologická moc a sila?
Možno to bude vo večerných správach...
Pády ďalších a ďalších lietadiel.
Vraždy a samovraždy.
Tak sa dnes pohýna zemou?
A ešte: obrovité vlny oceánov a námorné katastrofy. Ropné škvrny.

7

Tak sa dnes hýbe zemou?
Kto ňou vlastne chce pohnúť a ako?
Čo ma má v tomto smere zaujímať?
Archimedes?
Alebo nejaký iný matematik či fyzik?
Zaujímajú ma čiary, koeficienty, výpočty?
Algoritmus, úsečka, priamka, v tomto smere ma zaujíma celá štruktúra vesmíru a tiež hviezdnej oblohy tesne nad našimi hlavami?
Zaujímajú ma dráhy dopravných i vojenských lietadiel?
A tiež kanalizácie a podzemné šachty?

A množstvo cestičiek pre milióny káblov?

8

Svet s týmto hlasom dýcha čoraz ťažšie.
V mori vybuchla skúšobná bomba.
Rastliny sa scvrkli a sčerneli, tulene ofŕkala nafta.
A niektorý zo svetových politikov sa nad správami o
stave ktorejkoľvek únie mračí.
Zatiaľ sme vyžmýkali zo zeme a z človeka málo, a tak
je miera mojej užitočnosti nulová. Je merateľná.
Som merateľný ako tovar. Ako vec na použitie.
Moje slová, moje gestá, i to, kam idem. Je to užitočné?
Potrebné?
Som matematicky prepočítaný, pretože človek vznikol
súhrou reakcií. Chemických, biologických, fyzikálnych.
Vznikol som z bublania vody v prírode.
Som výplod vedecko-fantastického filmu.
A ak na moju reč niektorý z inšpektorov zeme nemôže
nasadiť všeobecne kodifikovaný vzor, nejaké pravítko,
potom nie som prijateľný.
Nespĺňam kritéria Európskej únie.

9

Povrch zeme sa krúti ako loptička golfistu.
Je nádherný, je krásny. Vidno oceány. Moria. Vidno
veľké, zelené plochy.
Potom sa tej zemi lepšie prizriete a vidíte milióny
červov, ktoré sa hemžia v boji o guľôčku potravy.
Spracujú ju slinami, tykadlami, nožičkami, spracujú ju
špecifickou štruktúrou oka a svojho tráviaceho systému.

Mimochodom, tráviaci systém zeme, človeka a zvieraťa sa stal ústredným problémom existencie sveta. Svetový mier závisí od toho, čo jeme a ako to jeme. A potom, kedy to jeme a prečo to jeme. V neposlednom rade závisí od kultúry nášho jedenia i od jeho zmyslu. Miliarda problémov. Ako vypichnúť ten hlavný? Ten rozhodujúci? Nie je ním útržok starých novín na ulici? Útržok, ktorý si musíte krvopotne domýšľať, a to práve preto, lebo je potrhaný? Ktorý musíte doplniť vlastnou duchovnou prácou?

Prácou svojich neskazených citov (bázeň, prosba, láska), a takého spôsobu vnímania sveta, ktorý poznáme z Písma?

My, kresťania, musíme byť za svet zodpovední práve v tomto význame.

Musíme dopĺňať nikým nepovšimnuté potrhané väzby, vzťahy, zničené ľudské city a duše, a to aj za cenu straty svojho vlastného života...

10
Je tu vážne memento: Do sveta prišiel, ale svet Ho nepoznal. Prišiel do svojho vlastného, ale Jeho vlastní Ho nespoznali...

Modlime sa, aby to neplatilo pre žiadneho kresťana a pre žiadne kresťanské spoločenstvo...

11
A ľudia idú, idú, idú...
A pohlcuje ich Kronos – čas.

A pohlcuje ich priestor veľkých ideálov, vízií, plánov, a pohlcuje ich svetlo Veľkomiest s menom človeka-veže. V Písme však čítame: Hospodinovo meno je veža! Preto hovoriť v rámci kresťanstva o dobrom mene inštitúcie je číre rúhanie. Je to pýcha Antiocha Epifana IV. Je to narušenie svätej bohoslužby... Naše „dobré meno", vzývané priamo v chráme v blízkosti stola Pánovho, je manifestovanie ľudskej pýchy. Do chrámu sa dostáva obraz cisára, obraz inštitučného mocnára, obraz Nimróda, zakladateľa Babylonu a Ninive. Kto bude z toho činiť pokánie? Tak požierajú „inštitúcie času" svoje deti.

12
Kto však zlomí moc posledného nepriateľa ľudu Božieho, moc Síchona a Óga? Moc amorejských pohanských kráľov? Moc Síchona a Óga je mocou nad časom a priestorom. Existuje inštitučný priestor a inštitučný čas. Hospodin síce vraví: Moja je zem i všetko, čo ju napĺňa, ale človek s obrazom cisára na svojich minciach vraví: Zem inštitúcií a to, čo ju tam napĺňa – teda čas – je moja, je môj!

13
V priestore cirkvi chýba to, čo vo svete funguje ako "občianska žurnalistika". „Podľa Tomáša Bellu, šéfeditora sme.sk, bol výbuch v Novákoch definitívnym prielomom občianskej žurnalistiky na Slovensku. Nešťastie sa stalo za

špecifických podmienok - podvečer a na mieste, kde nijaké väčšie médium nemá svojich stálych redaktorov. Ráno po tragédii tak prvýkrát v histórii tri veľké slovenské denníky uverejnili na titulných stranách fotografie čitateľov." (Sme, Sobota 10.marca 2007).

14
Otras v priemysle nás vedie k premýšľaniu o otrasoch v duši každého človeka.

Schéma „žiarlivosť – nenávisť - vražda", známa z Biblie, sa totiž napĺňa vo všetkých sférach života.

15
„Aj vám hovorím: Robte si priateľov z nespravodlivej mamony, aby, keď sa pominie, prijali vás do večných stanov. Kto je verný v najmenšom, je verný aj vo veľkom; a kto je nespravodlivý v najmenšom, je nespravodlivý aj vo veľkom. Keďže ste teda neboli verní v nespravodlivej mamone, kto vám zverí pravé bohatstvo? A keď ste neboli verní v cudzom, kto vám dá, čo je vaše?" (Lukáš 16,9-12).

16
Ako sa to skončí?

Prejde Józue a Káleb so svojimi deťmi úspešne územím Edómcov a Moábcov, ale najmä „inštitučne uzavretým priestorom a časom" Síchona a Óga?

17

Tým územím napokon Káleb a Józue prešli.
Prekliaty čas a prekliaty priestor je prekonaný...
Jericho padlo.
Generovanie človeka v občianskej spoločnosti do
zodpovednosti, ktorá má byť v prvom rade viditeľná
v cirkvi, je na svetle.

18

O čo ide?
Racionalizmus, podnikanie, manažérstvo, typológia
Izmaela, Ézava a Lábana, kombinovaná s praktikami
Omrího, Áchaba, Jezábel a Elizeovho sluhu Géchazího?
Ako a v čom sa prejavuje generovanie „človeka a
ľudstva"?
Okrem rôznych novodobých inštitúcií, ktoré
používajú pri „generovaní človeka" metódy a „typológiu
Géchazího", existuje aj „poslanie Kýrosa..."

19

Napokon, pokiaľ ide o kresťanov: Kto z obyčajných,
radových členov cirkví by sa odvážil súdiť cirkevnú
inštitúciu tak, ako súdil Elízeus Géchazího?
Netreba podliehať pojmovému zmätku a rozsievaniu
lží. Správcovia cirkvi sú v skutočnosti vždy len
služobníkmi, ktorí majú podľa Písma v duchu tichosti
komukoľvek z Božieho ľudu a z Božích detí vydať na
jeho požiadanie počet zo svojej živej nádeje.
Napokon – deje sa to a má sa to diať všade tam, kde sa
k svojim právam a súčasne k zodpovednosti za spoločné
spravovanie vecí verejných hlási každý občan.

Iba tak môžu nezdravé hradby Jericha padnúť.
Iba v tejto precíznosti sa dostane svetlo cez jeho uzavreté pevnosti.

20
Iba svedecké obchádzanie pohanských hradieb v cirkvi a v jej inštitúciách a opakované prežiarenie ich obvodových múrov zjaveným Slovom Božím napokon zlomí každý pohansky uzavretý inštitučný čas a každý pohanský inštitučný priestor.
Vyznanie „Ježiš je Pán!" je živé a - večne platné...

21
Táto esej sa nepíše Kálebovi ľahko.
Vonkajšie prejavy svätosti, zložené ruky – isteže, to by bolo príjemnejšie, ba možno celkom populárne....
Káleb však pokračuje v písaní reálneho duchovného cestopisu..
Čo všetko pritom cíti? Vníma? Vidí?
Ohnivá obeť (olah), Obeť zmierenia, Obeť za hriech.
Obeť Ježiša Krista na kríži.
Ak prežívame tieto city v uvedenej zmysluplnosti, sme na ceste Pravdy.
Káleb vidí týrané tváre „chudobných v duchu"....
Ich ranné modlitby.
Ich tiché rána, kedy je strom pôvodný.
Kedy má presne vypočítaný tieň.
Lenže...
Nevypočítal ho matematik ani umelcovo oko, ale Boží pohľad.

Boží pohľad vidí, že mnohí z nás sú ešte stále zotročení životom, aký si svojvoľne zvolili, a tiež mnohými ľuďmi a okolnosťami, z ktorých majú strach. Sme naozaj otrokmi strachu?

„V Grécku bývali kedysi otroci vykupovaní z otroctva neobyčajným spôsobom. Peniaze, potrebné na vykúpenie, boli zložené vopred v chráme niektorého božstva, odkiaľ si ich vyzdvihol dovtedajší pán otroka. Takýto otrok už nemohol upadnúť späť do otroctva. Jeho sloboda bola založená na tom, že bol kúpený bohom." (Petr Pokorný). My však hľadáme väčšiu slobodu! Boží oslobodzujúci pohľad. Božiu oslobodzujúcu ruku. Ale pritom – práve my! - sa pokúšame vlastnou rukou a vlastnými očami Boží pohľad napokon skrášliť. My sa pokúšame nájsť Božiu tvár podľa vlastných meradiel a podľa svojho kánonu! My...

22
Pán nám napriek tomu naďalej vraví: Milovaní! To je oslobodzujúce...
Peniél, Božia Tvár.
Ak nie sme s ľuďmi zmierení, napísal Watchman Nee, v ich tvárí sa stretávame s Božím súdom.
Ak chceme žiť iba pre seba, nenájdeme v Božom pohľade zatiaľ nič iné, len súd – nezbadáme v ňom ani svoju tvár, ani tvár blížneho, a už vôbec nie charakter Božej tváre.
„Najnádejnejší je život, v ktorom sa nesústreďujeme na seba, ale na veľký a dobrý Boží cieľ, ktorému máme

svoj život zasvätiť. Takáto perspektíva je živou nádejou."
(Petr Pokorný).

23
Život kresťana bez Krista, to je iba niečo „angažovane
nakreslené".
Nečestne namaľované.
To je falošnými očami maľovaná tvár Ježiša.
To je iba efektný film.
A potom: a potom je život kresťana bez Krista
uväznený do paragrafov.
Články viery sa nám stali mrežami väzenia, cez ktoré
sa dívame na slobodný svet.
Počas kňazského požehnania má kňaz v židovstve
prsty rúk roztiahnuté ako mreže, cez ktoré preniká moc
Božieho Ducha. Božia, Kristova prítomnosť, šechína. (4 M
6,23; Veľpieseň).
Naše „vykúpenie sa však prejavuje tak a tým, že sme
zachránení z márneho obcovania, zo zvykového života,
ku ktorému má každý človek sklon. Evanjelium Ježiša
Krista nás zachraňuje od nebezpečenstva, že sa staneme
zbytočnými ľuďmi, ktorí dosiaľ postávajú tam, kde víťazí
pohodlnosť, sebeláska, lenivosť myslieť a ľahostajnosť."
(Petr Pokorný).

24
Videl som nenávistne zovreté ruky väzniteľa na
železných tyčiach mreží.
Videl som, ako do jeho rúk prúdi oceľová, sivá krv.
Mal ju aj v očiach.

Preto práve on je a bez pokánia bude aj zajtra opäť vrahom, zlodejom a prostitútom.

Aby sa však takej ceste a takej „zvykovosti a márnemu obcovaniu" vyhol, má počuť, ako môže svoju zajtrajšiu slobodu naplniť: Ak sa pre neho „obsahom života vo viere stane zvestovanie cností Toho, ktorý nás povolal z tmy" do skutočnej slobody. (1.Petrov 2,9). „Slobodný zaiste od všetkých, všetkým seba samého som vydal do služby..." (1 Korintským 9,19).

25
Z čoho je tvár dnešných Kálebov smutná?
Zo straty pôvodného sveta detí.
Zo straty ich krehkých tvárí.
Zo straty úcty k deťom v tom najhlbšom zmysle slova, o akom hovoril Ježiš.

26
Elitné mestá a elitné školy...
Do elitných škôl sa dostáva *sofistikovaný eugenizmus*.
Deti vdov, rozvedených chudobných manželov, nemajetných rodín a ideologicky či cirkevnícky nevhodných adeptov na štúdium sú z takých škôl vylúčené.

Vzniká nová rodina, elitné spoločenstvo karieristov a zbohatlíkov, v ktorom už „rodičia nebudú poznať svoje deti, ani deti svojich rodičov."

Lenže...
„Dieťa nie je predmetom, nemožno ho nadobudnúť ako domáce zviera. Nepodlieha právu na vlastníctvo, nie

je priemyselným výrobkom. Nemožno ho predať a kúpiť ako vec. Pokiaľ ide o biológov, ktorí zneužívajú moc vyrobiť človeka, akoby sa hrali so stavebnicou, opustili túžbu po vedomostiach kvôli obchodu s človekom? Správajú sa ako noví otrokári modernej doby. Už nevidia človeka ako ľudskú bytosť, ktorá si zasluhuje úctu, ale ako vec, ktorá sa vyrába z prvotných surovín. Zabudnúť, že dieťa je človek, znamená urobiť z neho predmet, ktorý si možno kúpiť, na ktorý si možno uplatňovať práva a od ktorého možno vyžadovať, aby sa prispôsobovalo našim želaniam." (G.-F.Dumont).

27
Práva dieťaťa? Dokonca: Ústavne zakotvené práva?
Mojím svetom a svetom mojich detí bude putovanie Abraháma.
Bude hľadanie svätej zeme, mesta, verného Bohu, bude hľadanie „mesta pravdy"...
Bude ním - totálna zmena nášho životného štýlu.

„Môj synu, ak prijmeš moje slová a schováš moje prikázania u seba, tak aby tvoje ucho pozorovalo na múdrosť, a jestli nakloníš svoje srdce umnosti; áno, ak zavoláš na rozumnosť a pozdvihneš svoj hlas k umnosti; ak ju budeš hľadať ako striebro a budeš ju vyhľadávať ako skryté poklady, vtedy porozumieš bázni Hospodinovej a nájdeš známosť Božiu. Lebo Hospodin dáva múdrosť; z jeho úst pochádza známosť a umnosť." (Príslovia 2,1-6).

Toto začal učiť svoje dospievajúce deti.

A práve tak ich s Božou pomocou napokon vyviedol z Kybernetického mesta von.

„Sober ta preč svoj tovar zo zeme, ty, ktorá bývaš v pevnosti!" (Jeremiáš 10,17). Nebývaj viac v uzavretej krajine Mizrajim.

Veď sám Hospodin ústami Jeremiáša pripomína: „Neučte sa ceste pohanov... Lebo ustanovenia národov? To je márnosť!" (Jeremiáš 10,2-3).

Totiž: ustanovenia národov sú tam, kde je priamo pred Božím zrakom v chráme Božom „z tehál" čo len raz spomenuté meno akejkoľvek inštitúcie ako „dobré".

„A povedali: Nože si vystavme mesto a vežu, ktorej vrch bude sahať až do neba. A učiňme si meno, aby sme neboli rozptýlení po tvári celej zeme." (Genezis 11,4).

28
A učiňme si meno!

„A Hospodin riekol: Hľa, je to jeden národ, a všetci majú jeden a ten istý jazyk, a toto je začiatkom toho, čo budú ďalej robiť; takto im teraz nebude prekazené v ničom z toho, čo si zaumienili robiť." (Genezis 11,6).
Čo si dnes zaumienili ľudia robiť?
Našli a vytvorili kybernetický jazyk pre *vlastné kybernetické meno.*

29
Spravodlivý bude žiť z viery – nikdy nie zo zákona.
Nikdy nie v kybernetickom duchu kybernetického sveta.
„Kybernetika /gréc./ veda zaoberajúca sa všeobecnými princípmi riadenia, prenosu informácií (komunikácie) a kontroly v strojoch, v živých organizmoch a

spoločenských objektoch, čiže optimálnym riadením zložitých systémov." (Slovník cudzích slov).

Riadenie mocných?

Skutočne do dnešného cirkevníckeho kresťanstva preniklo kybernetické Ninive?

30

Kto však kybernetickému človeku v kybernetickom Ninive pomôže?

Ktorý z utekajúcich Jonášov nájde v hlbinách mora, v hlbinách tisícok rozhodujúcich informácií z kráľovstiev sveta, takých lákavých a zvodných, teda v skutočnosti hrubo modlárskych, pravú múdrosť a skutočnú bázeň pred Bohom?

Kto sa zachveje pri správe, že v dnešnom Ninive je množstvo ľudí, „ktorí nevedia rozdielu medzi svojou pravicou a svojou ľavicou"?

Jonáš?

Jonáš je otrasený.

Jonáš nie je v rovnováhe.

Prečo?

Pretože naše deti sú už v Ninive, v meste, ktoré onedlho padne.

31

Všetky pozemské inštitúcie majú po páde WTC narušenú statiku a každý, kto sa nechal hoci len na okamih otrocky ponoriť do kybernetického modelu sveta, má narušenú koordináciu myšlienok...

To isté platí pre ninivských kresťanov.

Heslo: Hľadaj úspech! Buď v prúde elity! Maj viac! je smrteľne zradné.

32

Kde to všetko nájdeš?

V Meste kybernetických možností!

Tam musíš vedieť rapovať túto žiadosť: Predajte mi najnovší model kybernetických topánok!

Predavačka v modrej manažérskej uniforme zasa vyklope teniskami – nie, nie niečo z Mozarta, naopak, tiež z rapu! - a piskľavo sa spýta: Čo si želáte?

Rap sa opakuje: Predajte mi najnovší model kybernetických topánok!

Predavačka vojde dovnútra (a opäť tá melódia: nie, nie niečo z Mozarta, ale z rapu!), a potom otvorí škatuľu a povie: Aha!

Tu je najnovší model kybernetických topánok!

Zákazník sa hlboko vesmírne usmieva: Predajte mi najnovší model kybernetických topánok!

Zaplatí, odíde a keď ho na ulici priateľ chytí za plece: Čo v tej škatuli nesieš?, šťastný zákazník rapovo skríkne: Predajte mi najnovší model kybernetických topánok!

Kto by v takej chvíli počul a rešpektoval príkaz:

„Sozuj svoju obuv so svojich nôh, lebo miesto, na ktorom stojíš, je svätá zem"? (Exodus 3,5).

Dnešný kyborg so zlatým a strieborným a kybernetickým odznakom na kabáte?

Súčasný človek kráča povedľa mrakodrapov umelých svetiel, z ktorých v každom okamihu vyráža do prostredia digitalizovaný raj ponúk a žiarivé brilianty reklám.

Všade sú matematicky prepočítané skvosty piesní!

Drahokamy slov, melódií, nápadov, vízií!

33
Súčasný človek sa pokúša lietať v lúčoch vedecky konštruovaných krídel.
Počujete ten pekelne zapálený dych kybernetického mesta?
Rýchlejšie, rýchlejšie!
Kto vyletí na špičku najvyššieho mrakodrapu?
Hrdina prosperity zvíťazí!
Elitný kybernetický raper dnešných dní má už teraz na krku suchý vavrín z plameňa!
A: Zdraví pustú zem!

34
Gong doznieva.
Ozvena neexistujúcej reči doznieva.
Čo ste to povedali?
Predajte mi najnovší model kybernetických hláv, očí, úst, rúk a potom aj nôh?
Človek tam má zrazu pohyb zložený ako lego.
Mladí kyborgovia na príkaz ninivského Nimroda vyklopkávajú mŕtvymi ústami atonálny modlitebný rap.
„Umyte sa, očistite sa, odstráňte zlosť svojich skutkov zpred mojich očí, prestaňte zle robiť! Učte sa dobre robiť; hľadajte súd, dopomáhajte utlačenému k právu, súďte súd siroty, zastaňte sa práva vdovy." (Izaiáš 1,16-17).

35

Odpoveď kyborgov?
V priemyselných a rozvinutých krajinách prevláda
šťastie obchodníkov s deťmi.
Metro vozí do práce umelo bdelých kyborgov.
S automatickým otvorením automatických dverí sa
všetkým súčasne otvoria oči.
Sme na konci 21. storočia.
Žijeme zajtrajší kybernetický sen.
Hľa, hlásajú to pred tisíckami očí kyborgov všetky
billboardy!

36

Na billboardoch sú počítačovo upravené tváre
úspešných mužov a žien.
„Moje pohľady sú isté. Stopercentné.
Je v tom absolútna geometria.
Môžem ťa kedykoľvek zničujúco zamerať.
Si môj satelit.
V celom rozľahlom vesmíre sme iba my, kyborgovia.
Zem obyčajných ľudí zhorela.
Pred nami je celý svet!
Zemeguľa je modrá. Farby sú hýrivé.
Alebo je červená? Je zemeguľa koniec-koncov
červená?
Nie sú to iba úzke pery nikdy sa nekončiacich žiadosti
žiadostivých?
Ak chcem, môžem mať svet vo vrecku!
V kabelke. V mobile. V malej, sklenenej guľôčke.
V jednej z guľôčok je aj tvoja tvár mlčiacej ryby.
Chytila som ťa na háčik. Márne si sa zmietal.
Tvoj duch umrel. Máš iba mňa.

Som predavačka kybernetických šípok, tabúľ, smerovníkov a zástav, som kybernetická hudobníčka tvojho srdca.

Lenže...

Všetky tvoje struny praskli!

Si už iba kyborg!

Nie si dobrým hudobným nástrojom. Dám ťa do múzea.

Chcem inú flautu. Chcem inú harfu. Chcem iné husle. Potrebujem veľký bubon z hlbokých afrických končín a otroka, ktorý by naň neprekonateľne udrel. Chcem otroka, ktorý by ohlásil môj emancipovaný príchod."

Billboardy, billboardy...

37
Náš príbeh je rýchlejší ako naše telo.
Naše telo ho iba dobieha.
Naše telo horí schladenou vášňou.

38
Som zložený z miliárd kryštálikov soli, ktorú nikto nepotrebuje.

Hľadám tvár človeka, ktorý prežíva bolesť z pádu k výšinám....

Hľadám tvár človeka, zloženú z miliárd kryštálikov soli, ktorá vyzerá ako šťastný sen hlboko neprítomného kybernetického bytia..

Hľadám tvár človeka, ktorý v prachu pokánia opäť naliehavo hľadá - Božiu ruku...

Ktorý naliehavo hľadá spásnu, prítomnú Božiu reč...

39

Lenže...

Aj kresťanské spoločenstvo bez Krista je mechanické!
Aj tam sú medzi ľuďmi, pokiaľ sa vyskytne
neriešiteľná kríza, neprekonateľné napätia... Aj tam sa začína evidentným spôsobom vyjavovať
poníženie slabého.

„Ježiš...s celou prorockou tradíciou poznal nemoc a
sociálnu diskrimináciu ako najhlbší prejav poníženia
človeka. Všetci nemocní boli vtedy postihnutí zároveň
sociálne. Príčinu chudoby však Ježiš vidí ešte hlbšie ako
inak nevyhnutné sociálne analýzy. Príčinou chudoby je
hriech, svojvôľa (Žalm 73,3nn), ktorým chce jeden človek
ovládať druhého." (Petr Pokorný).

Je to ťažký život, plný nezvládnuteľnej pôdy...
„Ľudia, ktorých ovláda ich kapitál, ale i ľudia, ktorí sa
upínajú na konzum, majú cestu do kráľovstva Božieho
nesmierne ťažkú. Sú priveľmi zviazaní s daným stavom
vecí.." (Petr Pokorný).

„Ježišovo dielo preto môže byť právom zhrnuté ako
evanjelium chudobným. Zahŕňa odpustenie, zasľúbenú
premenu vzťahov a bezprostrednú pomoc ako jej
závdavok a predzvesť." - Táto zvesť patrí všetkým
„deprimovaným v zmysle hebrejského ʼání alebo ʼánáv"
– totiž, medzi takých nepatrili len navonok chudobní, ale
aj „pomerne zámožní, ale izolovaní a nenávidení
výbercovia daní". (Petr Pokorný).

Napokon sa nájdu aj medzi nimi takí, ktorí zvolajú:
Chceme inú krajinu! Krajinu očistenú!

40

Inú krajinu? Kde je však „iná krajina"?

„Ježiš svoje učenie, ktoré v židovskom prostredí bolo vždy výkladom zákona, zhrnul do dvojprikázania lásky (Mk 12,29-31; Mt 22,34-40). Neobvyklé grécke sloveso (agapán) naznačuje, že tu ide najmä o lásku, ktorá vytvára nové vzťahy". (Petr Pokorný).

Zaujímajú ma skutočnosti, ktoré sú na prvý pohľad a na prvé počutie podstatnejšie, než tie, ktoré iba navonok pokojne či monotónne plynú.

Zaujímajú ma týraní ľudia, ktorých si nikto nevšíma... Ide totiž o to, čo „vyplýva zo súvislostí medzi blahoslavenstvami Kázne na hore (kázanie na rovine L 6) a výzvami k milovaniu nepriateľov (L 6,20n. 27nn). Výzvy k milovaniu nepriateľov nemajú učiť poddajnosti, ale sú motivované eschatologicky. Sú etickým dôsledkom nádeje, ktorá sa otvára všetkým... (Petr Pokorný).

41

Nezaujíma ma preto dlhé patetické, ale dlhé eschatologické ticho.

Nezaujíma ma myšlienka v stave pozemského, ale nebeského zrodu.

Nezaujíma ma v prvom rade rastlina, ktorá už prenikla nad povrch pôdy, kde veselo kvitne, ale najmä tá, ktorá je náhle napadnutá vonkajšími poveternostnými podmienkami.

Rýchly pohľad na najkrajší kvet?

Potrebujem počuť skôr to, o čom písal recenzent o filme Red Road. Potrebujem počuť v blízkom okolí najmä nebezpečné „industriálne zvuky", ktoré už zajtra môžu najkrajší kvet zničiť...

„Milujte je obdobou dobrorečenia, t.j. modlitby-príhovoru (L 6,28b) a opakom prekliatia..." (Petr Pokorný).

42

Dobrorečenie! Ako má dnes kresťan svetu „dobrorečiť"?

O čo naozaj ide?

O aký typ reči, jazyka, komunikácie?

„Milovanie tu neznamená lásku citovú a ani nevyzýva, aby sa Ježišov učeník nepriateľovi prispôsobil. Eschatologické zameranie lásky umožňuje použiť všetky vhodné prostriedky na to, aby bol druhý človek zbavený sebaklamu. – Ježiš dokázal často i pomocou symbolických prorockých činov (Mk 11, 15n) varovať tých, ktorí vieru spojovali s mocou, nech už bola zameraná ktorýmkoľvek smerom... „ (Petr Pokorný).

„Tomu, kto ťa udrie do tváre, nastav i druhú, a ak ti bude brať plášť, nechaj mu aj košeľu!" (6,29). To nie je priamy návod na jednanie, ale výzva, aby Ježišov učeník dal radikálne najavo, že jeho inakosť, ktorá bude vždy rušiť a pohoršovať, neohrozuje jeho okolie, ale má slúžiť k jeho dobru, k záchrane hynúcich." (Petr Pokorný).

„Ani dnes nemôžeme kráľovstvo Božie zvestovať inak než tak, že budeme súčasne nasledovať Ježiša v jeho vonkajšej bezbrannosti." (Petr Pokorný).

43

Hĺbka srdca a povrch srdca. To sú frázy.

Čo je to hĺbka srdca? Ľudia si to nevedia predstaviť.

Je to hlboká krajina, plná nástrah.

A potom výkrik, ktorý zaznie vo chvíli, keď dôjde k osudovému pádu.

Výkrik, alebo ťažký, pridusený vzdych.

Čo sa odohráva potom? Po páde?

Túžba po zmierení s Bohom a s človekom...

Zmierenie s Bohom a s človekom – to je veľká téma...

„Je pochopiteľné, že zmierenie sa nedá urýchliť, ako tvrdí Robert Schreiter. Podmienkou zmierenia je úcta a obnovenie ľudskej dôstojnosti obete. Zmierovanie navyše nemôže obísť skúmanie príčin násilia, ani nemôže potlačiť spomienky na to, čo sa stalo. Je potrebné vyhnúť sa zjednodušovaniu a ignorovaniu dejín utrpení, pretože potom by odpustenie mohlo byť strojené, umelé a neúplné. Pravé zmierenie, ako uvádza Schreiter, zahŕňa principiálnu nápravu ľudského života, čo je dlhodobejší proces, na ktorý je nevyhnutné vyvinúť veľké úsilie zo strany obete, vlády (pri pomenovaní a oslovení zdrojov konfliktu a odstraňovaní vojnových konfliktov) a nevládnych organizácií ako je napríklad Centrum pre mier v Osijeku, ktoré sa usiluje o znovuvybudovanie strhnutých mostov medzi ľuďmi, ale tiež vzdeláva mladú generáciu prostredníctvom programov, zameraných na zvládanie konfliktov a svárov nenásilnou formou..."

(Lidija Obad. Svedectvo o zmierení v Chorvátsku. Prednesené na celoeurópskej konferencii Svetového dňa modlitieb v Prahe 10-17.júla 2001).

Tu sa začína zápis nového elektrokardiogramu srdca.

Tu sa začína nový príbeh.

Tu je nádej na spev novej piesne.

Nie, už nechceme žiť príbeh noci, ale príbeh dňa.

„Noc je tá časť dňa (obdobie), kedy vládne temnota (Ž 104,20; L 17,34; J 9,4). Preto noc, podobne ako more, nebude v kráľovstve Božom. (Zj 21,25; 22,5). Žehnať

Hospodina by potom prenesene mohlo znamenať: čeliť pokušeniu zlorečiť, alebo neplniť ústa rúhaním (zlorečenstvom, Ž 10,7; 17, 10; 50,19; 73,9), ale dobrorečením (Ž 34,2; 71,8; 145,21). V etickom zmysle je výzva žehnať Hospodina princípom pre činenie dobra a premáhanie zla dobrom, ako zdôrazňuje Pavol v R 12,14.21." (Jan Heller a Jiří Beneš).

44

Mám doma kroniku týchto príbehov.
Bol som s ľuďmi, ktorí prestali vraždiť - vo svojom vnútri.
Narodil sa v nich nový človek.
Prečítajte si Ježišovu Kázeň na hore, ktorá prekonala najhlbšie zákutia Ghándiho myslenia.
Prečítajte si Blahoslavenstvá.
Nie je podstatná záchrana prenasledovaného vo vonkajšom prostredí – ale v tom vnútornom.
Musíme začať žiť príbehy, v ktorých je obeť zachránená samotným vrahom.
Svet dnes očakáva príbehy svetla, nie príbehy tela.
Ale kto chce príbehy svetla čítať?
Sú pomalé a zdanlivo dlhé...
Rozhodujúcu úlohu v nich hrá odtieň slova.
Jeho drobný, sotva postrehnuteľný dôraz.

45

Premena vraha ľudských duší sa neodohrá rýchlo.
Musí byť hlboko motivovaná.
A musí byť spojená s inými ľuďmi...

„Život cirkvi ako duchovného spoločenstva má za sebou dlhú cestu dejinami. V nich dochádza k rozhovorom rôznych motívov, dôrazov a tradícií, ktorými je spoločenstvo zakladané a nesené, na ktorých sa orientuje, a v ktorých svetle rozumie samo sebe i svojim úlohám." (Jakub S.Trojan).

V tomto prípade ide o motivácie, ktoré sú, ale súčasne nie sú ľudským zrakom postrehnuteľné.

Ľudia uveria hrubej lži vždy skôr, ako jemnej pravde.

Ale je to vždy tak?

Máme žiť v takej beznádeji?

„Uvedomil som si, ako úplne odlišné je husitské a bratské porozumenie pravde v porovnaní s tým, čo sa dnes bežne za pravdu a jej pochopenie považuje. — Pre Husa a bratských teológov bola pravda duchovnou mocou, ktorej sa človek vydáva do služby vo všetkom svojom konaní a myslení. Pravda je nad nami a vládne nám v morálnom a v duchovnom zmysle. — V jej svetle rozumieme najhlbšie sami sebe i svojmu vzťahu k Bohu a blížnym. Prináša tomu, kto sa jej otvorí, slobodu (Ján 8,32) a v jej svedectve nachádzame pravý zmysel života (Ján 18,37). Pritom pravda pôsobí vo svete len duchovnou silou, neznásilňuje, nevyužíva vonkajšiu moc. – Nevteľuje sa do ľudských systémov a inštitúcií. V pravde je, naopak, založená ich najostrejšia kritika." (Jakub S.Trojan).

Pravda je v prvom rade jemná a krehká.

Ak sa však ktokoľvek proti jej živému smerovaniu postaví, rozrazí sa o ňu ako o Skalu života...

46

Aj tyran je človek.

Aj tyran si to môže aspoň jediný raz v živote uvedomiť...

Preto musíme hľadať na náš rozhovor ľudí, a to aj medzi tyranmi, ktorí o krehkú správu evanjelia stoja. Ktorí nepohrdnú nijakou drobnosťou, ak im ju chce svedok Ježiša Krista oznámiť.

V živote každého človeka sú chvíle, keď sa za každú cenu potrebuje s niekým dôveryhodným podeliť o svoje trápenie... Tu je veľmi inšpirujúci zborový poriadok Jednoty bratskej.

„V bratskom chápaní nemôže byť viera v Ježiša Krista – ak je vierou živou, a iba tá dáva človeku účasť na spasení – iná, než viera Kristu oddaná a poslušná Jeho vôli. Preto nestačí počuť evanjelium a dať mu za pravdu, preto čisté učenie nepostačuje, i keď je vyjadrené presnými dogmami, ale je nevyhnutné žiť z viery, postaviť celý život na jej základ, oddať sa Kristu tak, aby pri veriacom človeku pôsobil ovocie nového života, a zo svojej strany na tom pracovať a o to usilovať. – Ale ako viera nevzniká a nerastie podľa Bratskej Jednoty inde, než v spoločenstve, tak aj poslušnosť veriacich má byť pestovaná a osvedčovaná spoločne." (Rudolf Říčan).

47

Je však nutné z inej strany dodať, o akú poslušnosť kresťan vždy usiluje.

„Dodnes zakúšame v rôznych súvislostiach medzi kresťanmi pokusy nielen spájať, ale hneď zamieňať vieru a plnenie predpisov. Býva to priamo princíp sektárstva, či priamo fundamentalizmu. Ale práve sme počuli: fundamentum, základ, je Kristus, žiadny –ismus, do paragrafov zovrená ideologická náuka. Kde sa to takto zamení, kde sa vzťah k živému Kristu umŕtvi zákoníckym krunierom, tam sa stavajú do cesty ku Kristu len prekážky... – Preto platí reformačné: solus Christus, Kristus sám..." (Jan Milíč Lochman).

Ježiš Kristus ako výhradná Pravda a jediný náš Smer života?

Teda: Iba Kristus a Jeho šľapaje?

Táto Pravda nie je dôveryhodná na prvý rýchly pohľad a na prvé hrubé počutie, pretože žije z hľadiska svojho charakteru v inom svete, než s akým má väčšina našich čitateľov, divákov a poslucháčov svoje vlastné skúsenosti...

Ježiš ako Pravda prichádza síce „odinakiaľ", chce však byť s nami.

Preto nás však prijíma takých, akí práve sme, aby sme sa neskôr mohli skrze Neho a v Ňom stať takými, aký je On.

48

Ak naše „pokánie nie je zamerané k budúcnosti," (Jiří Mrázek) je márne...

„Pokánie, ktoré ponúka Ježiš, sa odohráva na hostine s Ním; nie je to náhoda, že pripomína Večeru Pánovu. Na takýchto hostinách, rovnako ako pri Nasýtení zástupov (6,30-44; 8,1-10) zakúšali až takmer hmatateľne niečo z prichádzajúceho Božieho kráľovstva; tak i pokánie je tu viac zamerané na budúcnosť, než na spytovanie toho, čo bolo." (Jiří Mrázek).

Nás však viac zaujímajú príbehy *Trónu človeka s vojenským mečom?*

Príbehy hrubého aparátu moci?

49

A čo cirkev, ak do takého stavu skĺzne? Celkom pokojne si v ňom žije? Dokonca vo vzťahoch, ktoré verejne proklamuje ako vzťahy radosti a pokoja, i keď tam nijaký skutočný pokoj nie je? Ale „svadobná hostina a svadobná radosť má zmysel, pokiaľ je Ženích prítomný. A tak tá hostina, právom pripomínajúca Večeru Pánovu, žiada aspoň teraz už zostať pri Ježišovi. Pretože ak s ním nezostanú a nechajú si Ženícha vziať, zhorknú im i najvyberanejšie pokrmy v ústach viac, než tie známe kobylky Jána Krstiteľa." (Jiří Mrázek).

Naozaj, ako je to s cirkvou a jej inštitúciami? Akú úctu má ku každej zmrzačenej duši, ktorú rozdrvil systém sveta?

„Na vrchol ekonomickej prosperity nevystúpil učeník Kristov, ale konzumný kresťan. Pre konzumného kresťana potom Kristus nie je Pánom, ale prostriedkom. V rozvinutí metodiky práce vychladla láska mnohých. Konzumný kresťan zemi ani nepanuje, ani si ju nepodmaňuje, ale ju rabuje, vykorisťuje a ničí. Nedokáže sa skloniť k chudobnému, rozdeliť sa s ním a vyučiť ho." (Ilja Burian).

Leto

siedme

„I s menom Ježiša Krista sa dá robiť výnosný obchod. V Amerike, ktorá žije rýchlo, je možné vidieť vzostup takého obchodu, i jeho pád. Zvlášť názorný a príkladný prípad sa udial nedávno. Televízne správy nám ukázali veľkého televízneho evanjelistu Bakkera, ako ho policajti odvádzajú do väzenia. Bol odsúdený k dlhému trestu pre finančný miliónový podvod. A že možno prísť nielen o peniaze, ktoré dôverčiví fanúšikovia radi darujú takýmto televíznym kazateľom, o tom sme počuli tiež z Ameriky. To už šlo o život, o samovraždu stoviek ľudí, ktorí boli sfanatizovaní svojim vodcom, ktorý si osoboval zvláštne Božie poverenie, aby rozhodoval o živote a smrti svojich prívržencov." (Jozef Veselý).

Izrael mohol žiť medzi paragrafmi-míľnikmi Božej ústavy len vďaka pravdivej obetnej bohoslužbe. Vďaka pravdivému prístupu k Bohu. Mohol takto žiť v Duchu Božom medzi paragrafmi Božieho Zákona.

Židovskí vykladači však význam zvieracích obetí prísne upresňujú:

„Hospodin nemá nič zo smrti zabíjaných zvierat, ale chce srdce človeka. Obete zvierat patrili v staroveku k bežnému štandardu, ako pristupovať k božstvu. Rovnako to bolo v Izraeli. Nie náhodou sa obeť v hebrejčine nazýva korban, čo doslova znamená: približovanie." (Výklad : Očisťovanie z hriechov).

2

Mojžiš to vedel.
Vedel to aj Áron?
Vedeli to Áronovi synovia?

Kto z ľudu Izraela chodil medzi Božími paragrafmi-míľnikmi po ceste Ducha Božieho, Ducha Kristovho, a kto po cestách ducha okolitých národov?

Aby sme však vedome a svojvoľne nechodili uprostred spoločenstva Božieho ľudu po cestách neprávostí, vypočujme si nasledujúce slová:

„Pretože Kristus sám prešiel skúškou utrpenia, môže pomôcť tým, na ktorých prichádzajú skúšky. (Žd 2,18). A: Boh je verný, nedopustí, aby ste boli podrobení skúške, ktorú by ste nemohli vydržať, ale so skúškou vám pripraví východisko a dá vám silu, aby ste mohli obstáť (1 K 10,13). Pretože Kristus za nás a predbežne už tiež za Abraháma prekonal pokušenie a zvíťazil nad ním, má Kristus tiež plnú moc vypočuť tú zvláštnu a tak veľmi potrebnú prosbu. Dovoľuje nám ju a prikazuje vo svojej modlitbe. Znie takto: A neuvoď nás do pokušenia, ale zbav nás od zlého." (Z kázne: Český bratr, 1991).

„Grécke HAIRESIS = voľba, náklonnosť, spôsob myslenia; výberová skupina, politická, filozofická alebo náboženská škola, strana, frakcia, úchylka, všetko od slovesa vyberať si, voliť, dávať prednosť. Kacírstvo teda predstavuje jednostranný, svojvoľný výber, osobitú preferenciu." (Jan Štefan).

Tento pohyb mnohých funkcionárov je pohybom, ktorý sa obrátil tvárou k pokušeniu: a tak sa stáva medzi inštitučnými paragrafmi – aj v cirkvi! - pohybom ľsti a podvodu.

„Heréza, heretik, blud, bludár, kacírstvo – ide o nesprávne, nepravdivé kresťanské učenie, nepôvodné kresťanské vyznanie, pokazenú kresťanskú náuku. Heretické kresťanstvo nemá spasiteľnú moc, lebo iba pravda môže človeka spasiť, nie však lož. Ježiš o sebe povedal: Ja som tá cesta i pravda i život; nikto neprichádza k Otcovi, iba skrze mňa. (Ján 14,6). Ducha Svätého nazývame Duchom Pravdy (Ján 15,26 a 16,13); zatiaľ čo diabol je považovaný za otca každej lži (Ján 8,44) – a teda aj heréza; preto heréza vedie nie k Bohu, ale k svojmu otcovi – k diablovi. Heretik nemá podiel na Cirkvi Kristovej, pretože nemá žiadne spoločenstvo svetlo s temnotou a pravda so lžou. Nie je možné byť v Duchu Svätom a vyznávať lož (pokazenú, nepravdivú vieru), a tiež naopak – nie je možné byť v duchu diablovom a vyznávať pravdu. Doslova sa dá slovo heréza preložiť ako výber – t.j. kresťanské učenie, z ktorého je niečo vybrané, ubrané; resp. učenie, ktoré nie je plným autentickým učením, ale iba výberom." (Malý slovníček pravoslávnych či teologických pojmov).

3

Musíme takú lesť a taký podvod postaviť v kruhu cirkevných činiteľov do Božieho svetla?
Je o ňom potrebné hovoriť?
Je to múdre alebo nemúdre?
Žijeme pod tlakom okolia, ktoré „očakáva zjavenie synov Božích."
Atmosféra, v ktorej sa všetci bez výnimky nachádzame, na nás vyvíja tlak. Neznesiteľný tlak!
A všade okolo nás číha hriech a osoba, ktorá za tým hriechom stojí.
Ktorý hriech nás najskôr oklame? A najmä v prostredí cirkvi?
Emocionálne unesenie, citové vzplanutie, sentimentalita, ktorá chce pre dobré meno cirkvi všetko v jej prostredí maľovať naružovo?
Ale „duchovný stav srdca nemá nič spoločného s emocionálnym unesením, citovým vzplanutím, sentimentalitou!; exaltovaná emocionalita totiž býva v duchovnom živote väčšinou spojená s klamom démonov..." (Malý slovníček pravoslávnych či teologických pojmov).

4

Pokušiteľ je kombinátor.
Nikto sa mu ľudsky neubráni.
Na svete však stojí od začiatku kresťanského letopočtu kríž.
Tam sa atmosféra a tlak hriechu, teda aj každej ľsti a každého podvodu, mení.
Náš život musí prejsť krížom.
Musí prejsť zásadnou zmenou.

Absolútnou premenou myslenia človeka a ľudstva.
Je to metanoia.

5
Čo sa deje v človeku pod tlakom hriechu?
Je zaskočený? Dezorientovaný?
Myslí si o sebe len to dobré, a zrazu je tu pád?
Dovoľte, aby som vám pripomenul známu pravdu.
Človek vie, že je hriešny, ale nechce si to absolútnym
spôsobom priznať. Potom by v tomto svete skončil. Bol
by diskvalifikovaný.
Všimnite si podvedomé reakcie hráčov, ktorí faulovali.
V ich geste je oznam: Ja za to nemôžem!
Alebo: Áno, urobil som to, ale len vo chvíli
nepozornosti a nebdelosti.
Žiaden futbalista neodchádza z ihriska po takom
zákroku dobrovoľne.

6
Aj duchovný človek sa nechá zneužiť.
Videl som vynikajúcich pedagógov v ťažkých stavoch
mysle.
Boli zmätení a opití.
Boli opití mocou a pýchou.
Pohybovali sa v krajine tmy.
Človek sa poddáva najťažšie Božej ruke, nie inštitúcii
cirkevnej svätosti.
S inštitúciou cirkevnej svätosti sa dá napokon
dohodnúť aj tam, kde panuje hriech.
S Božou rukou sa však na nijakom hriešnom počínaní
dohodnúť nedá. Je to vždy vylúčené.

Jób to spočiatku nechápal, preto napísal: „Predostrel by som Mu svoj prípad a ústa by som si naplnil dôvodmi. Rád by som poznal slová, ktoré mi odpovie, a pochopil, čo mi povie. Či by s plnou silou viedol so mnou spor? Nie! Iste by bral zreteľ na mňa! Tam by mu priamy človek podal dôvody a bol by som navždy oslobodený." (Jób 23,4-7). Tak to však pri Bohu nefunguje. V tom sa Jób mýlil.

7

Jeden zneužitý duchovný človek je napokon príčinou pádu mnohých.

„Bezbožný má v srdci slová neprávosti; niet pri ňom bázne pred Bohom. Lebo sám sebe príliš lichotí, než aby odhalil svoju neprávosť a nenávidel ju. Slová jeho úst sú neprávosť a klam, prestal múdre a dobre konať." (Žalm 36,2-4).

V takom prostredí pod vplyvom jedného bezbožného však začnú mnohí zbabelí kresťania, ktorí nemajú pevnú duchovnú chrbticu, blúdiť.

Onedlho sa ocitnú v podvodnom svete, kde nad nimi začne panovať duchovný Egypt.

Ba i sami začnú časom používať praktiky lži....

Ich domovom sa stáva stôl v utajení, a to, čo pri ňom začnú spriadať, bude už iba šikmý dym ich vlastných podvodov.

8

Nenechajme sa nikdy spútať tými, ktorí „snujú neprávosť" (Žalm 36,5)!

Ak sa nenechajú od neprávosti odvrátiť, verejne vyjdime spod tlaku ich hriechov!

„Teraz choď, napíš to na dosku v ich prítomnosti a zaznač do knihy, aby to zostalo pre neskoršie časy ako svedok na večnosť. Lebo je to odbojný ľud, lživí synovia, synovia, ktorí nechcú počúvať naučenie Hospodinovo a hovoria vidcom: Neviďte! A prorokom: Nepredvídajte nám pravdu, hovorte nám príjemné a predvídajte nám preludné veci! Odstúpte z cesty, uhnite z chodníka, dajte nám pokoj so Svätým Izraela!" (Izaiáš 30,8-11). Zrieknime sa metód zdanlivej pravdy a formálnej spravodlivosti!

A trpezlivo sa modlime: „Nech noha pyšného na mňa nekročí a ruka bezbožníkov nech ma neodháňa." (Žalm 36,12).

Nepodliehajme nijakému straníckemu, štátnemu, cirkevnému či cirkevníckemu programu tam, kde ručička jeho kompasu smeruje ku lživému vyzdvihovaniu výberových skupín, a to na základe verejne zakrytého prekrúcania spravodlivosti a práva...

Prosme ešte dnes, aby sme boli z každého podvodu, klamu a hriechu, nech je akokoľvek zvodný, Božou mocou vytrhnutí a vzápätí presadení do novej, nebeskej pôdy...

Pretože každá rastlina, ktorú nesadí náš nebeský Otec, bude uvrhnutá do ohňa.

Povedal to Ježiš.

9

Čo dnes cirkev Kristova potrebuje v plnej naliehavosti? A čo potrebuje každý kresťan, ktorý v nej chce žiť, nie iba živoriť?

Potrebujeme komunikáciu s krajinou živých, nie analýzu a štruktúru hriechu. Nie kabinetné kresťanstvo. Chýba nám kontinuita v putovaní. Máme sa pohybovať k pohybujúcemu sa Slovu (a tiež pravidelne okolo neho sedieť), ktorým je Kristus, nie v štruktúre hriechu. Nie v Zákone.

V Zákone je políčko na kultúru, políčko na bohoslužby a políčko na pokánie, ale steny medzi jednotlivými zložkami sú nepriechodné.

Chýba nám kontinuita dejín spásy.

Sme viazaní na prostredie svojho hriechu, vidíme graf svojho pohybu (naše akcie a aktivity), ale nevidíme svoj nebeský pohyb v Slove. Pohyb v Božom majestáte a v Božej vznešenosti.

Máme chodiť po morskej vode, nie po zemi.

A ak predsa po zemi, tak s vedomím, že jej a teda naše horné siene sú v nebesiach (Ámos 9,6). A my z nebies, z Hory premenenia, do údolia, ku klenbám, stĺpom chrámovým, iba zostupujeme ako kedysi učeníci z Hory premenenia, kde si vypočuli zásadný rozhovor premeneného Pána s Petrom, Jakubom a Jánom.

10
Prednášky v cirkvi musia byť dnes nahradené osobnými i zborovými cestopismi viery, tým, čo v nás a okolo nás buráca, tým, v čom padáme i v kom a ako povstávame.

Musí to byť skrátka mapa našej cesty za Kristom.

Jeho „Nasleduj ma!" nás totiž vyzýva k tomu, aby sme nehovorili o krokoch viery ako o pravidlách viery a tiež ako o dogmatických článkoch viery, ale aby sme tie kroky viery za Ježišom ľudu popísali ako svoj duchovný

cestopis viery so všetkými našimi prehrami i víťazstvami
– práve v osobnom, živom a prítomnom Kristu.
Preto bol a stále je taký čítaný cestopis viery Johna
Bunyana. I keď on ho popísal ako veľkú metaforu cesty
pútnika, predsa len v nej vidíme, vnímame a žijeme
konkrétne putovanie veriaceho človeka za Kristom,
pričom reálne vnímame aj všetky nástrahy, ktoré sú s
tým vždy spojené.

11
Problém cirkvi a jej mŕtveho systému je najviac
zviditeľnený v kresťanskej rodine a v cirkevnej škole.
Práve tam sa však máme sústrediť na rozhovor, v
ktorom by bola *„vnímavosť k životným problémom človeka"*
(Milan Hamada), lebo o to v každom probléme ide: *o
životný problém skutočného alebo umelo vytvoreného
outsidera, ktorý však väčšina inštitúcií odmieta v rámci svojho
systému vnímať.*
Je tu však stále prítomný Ježiš!

12
Áno, na príchod Pána sa spoľahnúť môžeme, veď
práve On „chodil po celej Galilei, učil v ich synagógach,
kázal evanjelium o kráľovstve a uzdravoval všetky
neduhy a všelijaké choroby v ľude." (Matúš 4,23).
Ježiš Kristus dáva šancu a príležitosť takto žiť aj nám.
Chce vyliečiť rovnako vážne a intenzívne neduhy
prostredia každej inštitúcie ako aj neduhy prostredia
(mojej a tvojej) rodiny, teraz ide len o to, či každé z týchto
prostredí sa rozhodne svoj systém pred Ježišom otvoriť a
či práve Ježiša Krista k sebe pozve ako jediného Sudcu,

Pána a Kráľa, teda ako Toho, kto bol, je a bude vždy nad každou ústavou, nad každým školským zákonom, nad každou rodinnou zástavou.

Nájde sa však v jednom či v druhom systéme človek, ktorý zhodí zo seba svoje ideologické, stranícke, či cirkevnícke putá a otvorí Bohu dvere *do svojho systému?*

13
Egypt tak neurobil.

Egypt bol práve ako Mizrajim neprekonateľne uzavretý systém, ktorý si vybudoval uzurpátorské hradby.

Sú aj cirkevné inštitúcie v tomto zmysle Egyptom?

Je Egyptom rodina?

Sme modlársky, stranícky uzavretí do svojho systému, do svojho mena?

Sme iba Kristovi, alebo sme v tomto prípade rozdvojení a vyznávame rovnocenne seba i Krista, ba seba dokonca viac, a to práve vo svojich hodnotách, zvykoch, vo svojich náhľadoch či vo svojej tradícii?

14
Ježiš pozná naše farizejské zmýšľanie, preto každému z nás bez výnimky vraví: Dajte si na túto rozpoltenosť a schizofréniu kresťanského života všetci pozor, lebo: „Každé kráľovstvo rozdvojené pustne a mesto alebo dom rozdvojený neobstojí." (Matúš 12,25).

Tu nastane skúška cirkvi, cirkevných škôl i skúška (mojej a tvojej) rodiny – a nepadnú napokon oba naše systémy a tradície?

Ak naše systémy po čase padnú, nech sa to stane akokoľvek bolestivo, bude to len dobre.

Nad školou i nad rodinou, nad kráľovstvom, mestom a domom má viať iba Kristova kráľovská zástava, nie zástava politiky, inštitúcie či cirkvi.

Kde sú však ľudia, s ktorými môžeme v tomto smere o problémoch škôl a rodín hovoriť?

Nájdeme takých?

„Počujte, bratia moji milovaní: či Boh tých, čo sú v očiach sveta chudobní, nevyvolil, aby boli bohatí vo viere a dedičia kráľovstva, zasľúbeného tým, čo Ho milujú? Ale vy ste znevážili chudobného. Či nie bohatí vás utláčajú a vláčia po súdoch? Či sa nie oni rúhajú slávnemu menu, ktoré bolo vyslovené nad vami? - Iste, akže plníte kráľovský zákon podľa Písma: Milovať budeš blížneho ako seba samého! – dobre činíte. Ale ak ste prijímači osôb, pášete hriech a zákon vás usvedčuje ako priestupníkov." (List Jakuba 2,5-9).

15

Uvažujme o „živote na ceste", pokiaľ ide o svet a o občana v ňom, spolu s Radimom Paloušom...

Tam, v oblasti sveta, vidí Palouš jedinú spoločenskú formáciu, ktorej „podstatným určením je práve bytie na ceste" (je to demokracia), súčasne však priznáva „bytostnú nedefinovateľnosť jej aktuálnej existencie."

A čo je Pravda?

Vo svete to jazykom sveta nemožno definovať.

Preto môže byť demokracia iba takým „spoločenským ustanovením, kde neustála porada a neustále kladenie všetkých politických počinov a úloh do otázky je výrazom toho, že človek ako občan je vždy a všade odkázaný na vedenie nanajvýš provizórne, a že *jedinou jeho určenosťou ako občana je zásadne sa brániť zbožšteniu čohokoľvek, čo nie je skutočným Bohom.*"

16

Radim Palouš zároveň uznáva, že „demokratičnosť, totiž umenie zostávať ľudsky a občiansky pri otázke, vedieť sa pýtať a zotrvávať na vzájomnej porade, nie je niečím vrodeným. Jej podstate zodpovedá to, že vyžaduje vždy nové úsilie. (...) Od počiatku európskej kultúry je týmto úsilím výchova a jeho priestorom škola, kde sa človek vždy učil „obracať šiju, krk" od záležitostí len imanentných a aspoň tušiť transcendentnú výzvu, ktorá ho vyzýva na cestu."

Ale, a to je pre nás varujúce:

„...veľké výchovné projekty...nemajú povahu dnešnej školy. Keď Luther navrhuje, aby škola učila všetky deti čítať, tak iba preto, aby bol každému umožnený autentický prístup k Písmu svätému – bez sprostredkovania kňazom. Keď Komenský navrhuje všeobecné školstvo pre všetkých ľudí všetkých dôb, potom mu ide o nápravu zmätkov a trápení, ktoré storočie tridsaťročnej vojny postavilo každému pred oči: ide mu o emendatio rerum humanarum, o nápravu vecí ľudských. Ani v jednom z týchto prípadov nie je účelom navrhovanej školy príprava pre praktické, zamestnanecké životné úlohy, ale ide zreteľne o náboženský zmysel, o nedeľné poslanie školy."

17

„Čo vlastne znamená pôvodne škola? Výraz škola je odvodený od gréckeho slova SCHOLÉ, ktorého doslovný preklad je – prázdniny. Je to priestor, kde človek nie je zaneprázdnený...ruchom ľudského životabehu...“ – „...je teda otvorenosťou pre neobyčajné pohľady okolo seba, na seba i nad seba: je priestorom pre božské.“ (Radim Palouš).

Aká teda má byť, v pôvodnom zmysle, kresťanská škola? Má učiť „Božej bázni!“ Ale ako je to dnes?

„V 20.storočí sa vo svete stretávame so štátmi s rôznou mierou zoštátnenia školstva. V totalitných štátoch možno spravidla hovoriť o úplnej subordinácii školstva štátnou reglementáciou. Všetko musí slúžiť účelom, ktoré diktuje centralizovaná moc. Škola je dielňou na výrobu občanov, strihnutých podľa predpísaného mustru; je zároveň triedičkou, v ktorej sa majú oddeliť tí, ktorí zámerom školského pôsobenia úplne vyhovujú, od tých, ktorí vyhovujú iba čiastočne alebo nevyhovujú vôbec, teda ktorých sa čoby žiactvo-materiál nepodarilo podľa štátneho predpisu sformovať, spracovať. Nebezpečenstvo štátnej zvrchovanej reglementácie nehrozí len zo strany uzurpátorov moci, ale aj zo strany samotných občanov.“ (Radim Palouš, Světověk, str. 73).

18

Ako teda poznáme školu z „bežnej modernej praxe“?

„... práve tu pociťuje každý - zvlášť v totalitárnych systémoch, ale aj inde -, že ide o jeden z najvýznamnejších prostriedkov, ktorými vladárska moc totalitarizmu uplatňuje svoju vôľu pri ovplyvňovaní duchovného habitu obyvateľov, ale pomocou ktorého pragmatické, imanentisticky orientované konzumné spoločnosti pripravujú občanov na úspešnú vegetáciu v tomto pozemskom živote. Až sem klesla pôvodná škola, poverená tou najvýznamnejšou úlohou: ustanovovať v človeku ľudstvo a ľudskosť ako nárok." (str. 67).

19

„Čokoľvek má byť vykonané, vykonané byť musí. Čo sa v prvom rade počíta, je schopnosť jednať, nie samo konanie. Obsah, cieľ i dôsledky činov sú podriadené schopnosti konať," píše sociológ Zygmunt Bauman v knihe Úvahy o postmodernej dobe.

To je pýcha Západu. To je pýcha človeka. To je pýcha Modernity.

A to je už aj pýcha v cirkvi v jej nových inštitúciách – v cirkevných školách.

20

Po roztrhnutí Železnej opony začali vznikať na Slovensku, a iste aj v iných východných krajinách, cirkevné školy, ktoré tu dovtedy nemali miesto.

Vznikla tu „špecifická moderná forma sebazatmenia, teda predstava sveta ako frontovej línie." - „Modernita je svojou podstatou frontovou civilizáciou. Môže existovať len potiaľ, pokiaľ existuje vojnové pole, s ktorým je možné spojiť sľub nového delenia..." - „Moderný životný spôsob je iba zdanlivo orientovaný k cieľu. V skutočnosti ne je dôležitý cieľ, ale sebaistota, ktorá vyplýva z faktov vlastníctva prostriedkov k dosiahnutiu (a stanoveniu!)

cieľov." - „ V rozpore s tým, ako sa sama sebe javila a ako sa prezentovala, nie je moderná civilizácia nikdy orientovaná na činnosť, ale na spôsobilosť k činnosti. Táto spôsobilosť bola výslednicou kvality užívaných nástrojov a odporu suroviny - to znamená, že objekt činnosti súhlasil s tým, že ho konajúci chápali ako surovinu..." (Zygmunt Bauman).

21

Toto sa začalo diať v niektorých cirkevných školách na Slovensku.

Pochopil som pritom dve veci: Po prvé, prečo niektoré Božie činy vo svojom živote v Kristovej cirkvi (na rozdiel od cirkevných inštitúcií) v ich priebehu nevidíme, ale stačí nám ich výsledok, a po druhé, ak ich vidíme, prečo práve v skutočnej Kristovej cirkvi naše prijatie ich moci nikdy neznamená našu schopnosť také činy vykonať (opäť na rozdiel od cirkevných inštitúcií), iba našu možnosť v nich žiť vo vzťahu s Bohom.

Boh je ten, ktorý koná – tá spôsobilosť vykonať čin pravdy, spravodlivosti, práva a lásky teda nie je nikdy z nás.

Čo sa však dialo v cirkevných školách navonok, a čo vnútri, tam za závesom, v ich vlastnom sebazatmení?

Prezentácia spôsobilosti k činu, nie samotný čin, a ďalej, zdôrazňovanie vlastného dobrého mena a súčasne chápanie študentov ako „suroviny", z ktorej možno vyrobiť kvalitný materiál, spôsobilý neskôr prezentovať vo svete dobré meno inštitúcie.

Bolo to scestné a zradné.

Keď otvoríme malú knižôčku W.H.Woodsona „Dilema moderného človeka", môžeme tam čítať čosi podobné:

„...človek už neuctieval Stvoriteľa a neslúžil Mu, ale samému sebe. To bola podstata vzbury človeka."

Autor uvádza ako príklad tejto zvrátenosti maliara Paula Gauguina, ktorý svojím vlastným umením nahradil vo svojom živote Boha.

„Každý sa zúčastňuje tejto vzbury tým, že samého seba dáva do centra svojho malého sveta." - „Človek si však musí priznať svoju neschopnosť, nehodnosť a vinu pred svojím Stvoriteľom a rozhodnúť sa prijať to, čo mu Boh zadarmo ponúka v Kristu."

22

Po prekonaných bojoch o nové srdce už chápem, čo znamenala otázka učeníkov: *Rabbi, kde bývaš?*

A tiež to, čo znamenala Ježišova odpoveď: *Poďte a uvidíte...*

Bez prekonanej cesty to nie je možné.

Bez drámy s Ježišom, bez blízkej tragédie, bez poézie očí, bez nežnosti, ktorá tak veľmi pobúrila pri Ježišovi Judáša, nikto hĺbku Ježišovho kríža ani v náznaku nezbadá.

23

Cirkev po roku 1989 prežíva ťažké útoky Zvodcu a Pokušiteľa ľudských duší.

Preto musí bdieť.

Preto musí denne čítať Písmo a pevne stáť v jeho svetle, pretože Pokušiteľ....

„...tých, ktorí bezbožne konajú proti zmluve, zvedie úlisnosťou k odpadnutiu."

„...ale ľud, ktorý pozná svojho Boha, ostane pevný a bude konať podľa toho."

„Mnohí v ľude budú poučovať mnohých, ale za istý čas budú klesať ohňom a mečom, zajatím a plienením. A keď budú klesať, dostane sa im malej pomoci; ale mnohí sa k nim úlisne pripoja. Aj z múdrych mnohí klesnú, aby bola vykonaná medzi nimi skúška, triedenie a očista až do časov konca. Lebo to ešte potrvá až do určeného času. Kráľ bude konať podľa svojej vôle. Bude sa vyvyšovať a vypínať nad každého boha; aj proti Bohu bohov bude hovoriť neslýchané veci. Bude sa mu dariť, až kým sa neukončí hnev." (Daniel 11,32-36).

24
Aké je však smutné, že nie iba slabí, ale ešte väčšmi vzácni z Božieho ľudu sa stali v tomto čase veľkých Božích činov celkom nechápaví!

„Keď bol Izrael mladý, zamiloval som si ho; z Egypta som povolal svojho syna. Čím viac som ich volal, tým viac odchádzali odo mňa. Obetovali baalom a kadili tesaným modlám, hoci ja som učil chodiť Efrajima, ja som ich brával za ruky, ale nepoznali, že ja som, ich uzdravoval, priťahoval som ich ľudskými putami a povrazmi lásky. Bol som im ako tí, čo obľahčujú jarmo na ich lícach, nakláňal som sa k nim a kŕmil som ich. Navrátia sa do Egyptskej krajiny, ale ich kráľom bude Aššúr, lebo sa nechceli vrátiť ku mne. Meč bude zúriť po ich mestách, skoncuje s ich synmi a požerie ich pre ich predsavzatia." (Ozeáš 11,1-6).

Požerie ich pre ich ľudské plány, pre ich ľudské modly, pre ich ľudskú vystatovačnú morálku a pre ich úsilie vlastnými duchovnými spôsobmi a predsavzatiami sa zmocniť svätých Božích činov.

„Skúmate Písma, lebo si myslíte, že večný život máte v nich, a tie vydávajú svedectvo o mne," povedal Pán Ježiš zbožným znalcom Písma, ktorí sa denne pýšili čistým Božím učením. „Ale nechcete prísť ku mne, aby ste mali život. Slávu od ľudí neprijímam, ale vás som poznal, že niet vo vás lásky k Bohu. Prišiel som v mene svojho Otca a neprijímate ma; keby prišiel iný vo vlastnom mene, prijali by ste ho. Ako môžete veriť, keď sa navzájom oslavujete a nehľadáte slávu, ktorá je od samého Boha?" (Ján 5,39-44). „Láska nech je bez pokrytectva! Zoškľivujte si zlé, pridŕžajte sa dobrého!" (Rimanom 12,9).

„Lebo horlím za vás horlením Božím; veď zasnúbil som vás jednému mužovi, aby som vás ako čistú pannu predstavil Kristu. Ale bojím sa, aby sa vaše myšlienky neodvrátili od úprimnosti a čistoty pred Kristom, tak ako had zviedol Evu svojím chytráctvom. Lebo keď príde niekto a zvestuje iného Krista, ktorého sme my nezvestovali, alebo keď prijímate iného ducha, ktorého ste neprijali, alebo iné evanjelium, ktoré ste nevzali, to dobre znášate. A ja myslím, že nestojím v ničom za onými veľapoštolmi. Ak som v reči aj nedoukom, ale nie v známosti; veď sme vám ju všetkým urobili zjavnou vo všetkom. Alebo dopustil som sa chyby, že som sa ponížil, aby ste vy boli povýšení, keď som vám zadarmo zvestoval evanjelium Božie?" (2.Korintským 11,2-7).

Zatváram Písmo, pripravený na duchovný boj v mene Kristovom.

Veď živé Slovo Božie, to nezostane nikdy v okovách.

25

Už sedemnásť rokov žijem vo svojom dome v duchovnej bojovej pohotovosti...
V denných a nočných stresoch! Ich pôvod má na svedomí Fantóm – človek, ktorý sa všade obšmieta a stále pofajčieva. *Všade.*

Niekoľko mesiacov choval vedľa mojej steny psa, zopár týždňov spúšťal zo svojho bytu signály proti potkanom, občas fantómovo rozkýval plafóny domu. Kvalita môjho bývania má *horkú príchuť.* Taký je z určitého pohľadu môj život, taký je v blízkosti môjho srdca jeho tón.

26

Moje osobné úsilie v dome je orientované v prvom rade na misijnú kresťanskú prácu.

Na to som byt od Pána dostal na základe slov zasľúbenia zo žalmu o „nádhernej výmere".

Viem, že aj keď už takmer dvadsať rokov prežívam v dome i vo vlastnom byte ťažké chvíle, raz moja výmera taká bude.

Viem aj to, že všetko, čo s Božou výchovou súvisí, je pre mňa napriek mnohým ťažkostiam životne dôležité: hlboko sa totiž dotýka mojich citov, môjho rozumu i srdca.

Žijem dni zvláštnych paradoxov, ktoré možno nazvať „cestou kríža".

Som však za ne naozaj Bohu vďačný, pretože sú to pravé dni, pretože v každom svieti jas Jeho zorničky, Jeho svetlo.

Dokonca aj vtedy, keď v mojom najbližšom okolí a v mojom vnútri je len hlboká beznádej a tma!

Aj vtedy je vo mne Pán, aj vtedy Jeho svetlo v mojom vnútri koná svoju vzácnu prácu!

27

Žijem teda naozaj ako polyfiguratívny človek, nie ako absurdný zlepenec lomených geometrických plôch kubizmu, a ďalej – žijem v interferenčnom svetle, nie iba v zjednodušených lomoch svetla.

Môžem tak prijímať „prerozmanitú múdrosť Božiu" a mnohofarebné spasenie, ktoré vychádza stále iba z tej jedinej zorničky, ktorou je môj Pán - Ježiš Kristus.

Pravoslávne chrámy túto skutočnosť popisujú vo svojich ikonách, či vo význame, v akom rozumejú chrámu a jeho jednote. Spásu znázorňujú „asisstom", teda pavučinkami zlatej farby, ktorá hovorí o jedinečnom Božom brieždení a jase, a tiež o veľkom plesaní a jasaní Božieho ľudu!

Ježiš Kristus je vzkriesený!

Tak predsa vstal z mŕtvych! Tak predsa vstal!

28

Vždy som si myslel, že polícia má veľké práva a veľkú váhu. Že vzbudzuje rešpekt a určitú mieru vážnosti a úcty.

Písmo vraví: Vláda nosí kvôli poriadku v krajine a v mestách meč! Takej vlády sa má báť každý zločinec a podvodník!

Ale ja som časom zistil, že polície sa v mestách boja skôr spravodliví a úctyhodní ľudia, kým podvodníci si z nej ťažkú hlavu nerobia.

Až do takého stavu dospel svet?

Až do takého stavu dospeli kraje, krajiny, mestá?
Až do takého stavu...

29
Ďalej som si myslel, že verejné a štátne orgány pracujú s maximálnou ústretovosťou voči faktom pravdy, a pravdaže, voči vnútornému tónu tých faktov!
Mal som nádej, že verejné a štátne orgány dokonca teší, keď sa môžu stretnúť s výrazom pravdy, s jej vôňou, s jej pôvabom!
Potom som pochopil, že v úradoch platí v prvom rade otázka Pontského Piláta: A čo je pravda?
Ja si nad zranenou ľudskou dušou umývam ruky!
Ja nijakého zraneného a neprávom obvineného človeka na svoj úkor zachrániť nemienim – to ho radšej vyhlásim za obeť, vhodnú na akékoľvek odsúdenie! Ba ak je to nutné, aj na to najťažšie!
Chcete ho ukrižovať? Tak ho ukrižujte!
Ja si nad tým všetkým teatrálne umývam ruky...

30
Často svoje dni žijem v enormnom napätí.
Všetko vo mne kulminuje k bodu zániku, konca.
Som na hrane straty existencie, celé moje telo to prežíva.
Ľudí vtedy už nevnímam ako oporu, iba ako vzdialený strácajúci sa obraz.
Práve obraz pokojného toku dňa s plynulo kráčajúcimi ľuďmi sa mi v tej chvíli zdá neuveriteľný a absurdný...
Nie je v ňom – keďže ja žijem tak ťažko! - nejaká pasca?

Pokojný deň v blízkosti enormného napätia a hrôzostrašných predstáv je totiž ešte vyhrotenejší, než akákoľvek situácia, plná hrmotu a zničujúcej dynamiky.

31

To nie je obyčajná vojna! To sú nepreberné možnosti nástražných konfliktov a ja sa mám so svojou rodinou dostať vždy do chápadiel takého, ktorý mám najmenej prečítaný. S ktorým dokonca mám iba nulové skúsenosti!

Pôsobenie Fantómu v mojom blízkom okolí je jednoducho forma patologického šialenstva - jeho identitu totiž nemožno odkryť cez nijaké sociálne súvislosti, pretože do žiadnych súradníc dejín človeka a ľudstva sa tam, kde by mal utrpieť nejakú „stratu" v prospech iných, nechce nikdy začleniť.

32

Akoby naň platili úplne iné kritériá, než aké sa vzťahujú na rod homo sapiens či na rod homo faber.

Je to jednoducho Fantóm s „tvárou človeka a s tvárou anjela svetla", čiže „vlk v rúchu baránčom" (ba už dávno ani v tom nie!), ktorý prichádza, aby ničil, zabíjal, vraždil a aby sa súčasne v pauzách týchto činností bez ustania domáhal ľudských a náboženských práv, z ktorých majú vyplynúť iba jeho špecificky politické práva, iba jeho špecificky mocenské práva, a iba jeho špecificky totalitné argumenty.

33

Chyba je, pokiaľ ide o ľudskú spoločnosť, v tom, že o tomto „Fantóme dnešných dní" s tvárou človeka vplyvní úradníci, politici, filozofi, ekonómovia, - a dokonca aj umelci! - *rozmýšľajú v rámci súradníc ľudskej spoločnosti.*

Práve do tej potrebujú túto „beztvarú tvár" Fantómu zo strachu pred jeho vražednými hrozbami "chtiac nechtiac" začleniť, pretože pod tlakom verejnosti (!) - dokonca „v rámci ľudských práv" (!) - *tak musia urobiť!*

Pritom ten „neznámy počet vplyvných ľudí" čoraz záhadnejšie stráca súdnosť a prestáva vnímať fakt, že len čo požiadavky Fantómu a jeho reči do rámca ľudskej reči a ľudského jazyka ľudská spoločnosť skutočne prijme a začlení, potom už bude musieť – dokonca okamžite! - podľa zámerov Fantómu, ba priamo podľa jeho rozkazov!, meniť postupne aj všetky pravidlá a miery vlastných, teda ľudských zákonov práva, spravodlivosti a pravdy.

34

Ako je to možné?

Čo sa to s ľudskou spoločnosťou stalo, ak takto samovražedne a iracionálne koná priamo v strede výšin vlastnej politickej múdrosti?

Tu treba podotknúť, že *každá elitne vyčlenená časť spoločnosti s nárokom na výlučnosť a jedinečnosť,* teda na nadradenie a uplatňovanie vlastnej mocenskej vôle, *je démonicky zločinná.*

Je neľudská, je vopred diskvalifikovaná zo života práve týmto zámerom – pretože práve takýto zámer je otvorenou vzburou voči Bohu a voči celému ľudskému spoločenstvu.

Nikto nemá právo mocensky a súčasne celosvetovo uplatňovať svoj politický či náboženský obraz.

Každý takýto pokus je v rámci každej charty ľudských práv vylúčený, pretože vo svete existuje a môže existovať iba jediný obraz človeka, a to je obraz v svetle Tváre Života, nie v svetle Tváre náboženstva a vraždy „inovercov", a ďalej môže existovať iba v svetle Tváre Pravdy, a nie v svetle Tváre politiky a útlaku „inak ideologicky zmýšľajúcich ľudí".

35

Boží zákon priznáva každému človeku a každému národu bez výnimky na zemi rovnocenné právo na jeho pozemskú existenciu, a v jej rámci na uplatnenie práve takých zákonov, ktoré chránia dôstojnosť každého človeka a každého ľudského spoločenstva či zhromaždenia bez výnimky.

Súčasne platí, že o nebeskom spôsobe „súdu na zemi" nemôže a nemá právo celosvetovým zákonom či hrozbou teroru rozhodovať výlučne nijaké ľudské spoločenstvo a nikto spomedzi ľudí.

Tento súd je nadčasový a patrí iba Bohu.

Nuž ale ako to, že v ľudskej spoločnosti sa objavuje Fantóm, ktorý si už na zemi uzurpuje právo konečného nadčasového súdu, ktorý chce okamžite uskutočniť, a to vo vlastnom mene a v mene vlastného náboženstva či vlastnej politiky?

Čo sa to vlastne stalo a deje?

36

Do domu, kde žijem, sa často pokúša vlámať „zlodej ľudských sŕdc...

V dome, v ktorom žijem, sa na mňa denne díva oknom „skrivené, skazené oko" a celé „tmavé telo" Fantómu vymýšľa stratégiu, ako trápiť a týrať okolie, ktoré sa nechce podriadiť jeho temnej vôli.

Zažil som už intrigy, posmech, a tiež útoky na svoju tvár i telo, ale takú mieru neľudskosti a noci, akú som zbadal v temnom oku Fantómu, som dosiaľ nepoznal.

37

Ale v mojom dome sa diali a dejú aj iné divné veci – a to väčšie a mocnejšie, než aké som práve popísal!

Do môjho bytu totiž jedného dňa vošiel – „Izrael"!

38

Ide o zvláštny príbeh.

„Sudkyňa Okresného súdu, kde som sa zúčastnil pojednávania, mi oznámila, že ak jej prinesiem papier s podpisom pôvodného majiteľa domu, v ktorom žijem..."

...tak potom práve také svedectvo bude pre ňu rozhodujúce!

Vtedy som si povedal: „Kto v skrýši Najvyššieho prebýva a odpočíva v tôni Všemohúceho, ten vraví Hospodinu: Moje útočište, hrad môj, môj Boh, ja v Neho dúfam! Lebo On vytrhne ťa z pasce lovca, od zhubného moru. Peruťou svojou prikryje ťa, a nájdeš útočište pod

Jeho krídlami; Jeho vernosť je štítom a pavézou. Nočného postrachu nemusíš sa báť, ani strely, ktorá lieta vo dne, ani moru, čo sa vlečie v mrákote, ani nákazy, čo na poludnie pustoší. Nech ich padne tisíc po tvojom boku a desaťtisíc po tvojej pravici, k tebe sa to nepriblíži. Len pozrieš očima a uzrieš odplatu bezbožných. Keďže Hospodin je tvoje útočište, postavil si si Najvyššieho za útulok: nič zlého sa ti neprihodí, ani rana sa nepriblíži k tvojmu stanu. Lebo o tebe dá príkaz svojím anjelom, aby ťa strážili na všetkých tvojich cestách. Na rukách ponesú ťa, aby si si nohy neurazil o kameň. Po levoch a zmijách budeš kráčať, pošliapeš levíča i draka. Vyslobodím ho, lebo sa ma pridŕža, a ochránim ho, lebo pozná moje meno. Bude ma vzývať a vyslyším ho; budem s ním v súžení, vytrhnem ho a oslávim. Nasýtim ho dlhým životom a ukážem mu svoje spasenie." (ŽALM 91; evanjelický preklad, 1991).

A Božie srdce mi v tej chvíli povedalo: Dám príkaz svojím anjelom, aby ťa strážili na všetkých tvojich cestách."

To mi stačilo.

39
Srdce sa mi upokojilo, šiel som na nákup.
Vedel som, že Pán je nado mnou.
Vnímal som Jeho svetlo.

40
A zrazu – vo chvíli, keď som sa vracal domov z obchodného domu Dargov s dvoma plnými nákupnými

taškami - *zo žalmu deväťdesiateho prvého vystúpili anjeli a stáli pred mojou zaskočenou tvárou.*

Boli to siedmi ľudia.

Chceli vojsť dovnútra môjho domu.

Odomkol som teda siedmim anjelom bránu.

Spolu so mnou vošli do temnej chodby.. Niekoľkokrát premerali náš dvor i dom, niekoľkokrát sa vrátili a napokon urobili skúšku správnosti.

Môj dom i môj dvor bol práve premeraný lúčmi svetla a pravdy!

41

Kto chce plniť Kristove prikázania, najprv má počuť: „Neopustím vás ako siroty, prídem k vám..." (Ján 14,18).

To „prídem k vám" je veľmi povzbudzujúce.

Uveril som tomu!

Poznám Krista a poznám Ducha Božieho – mám Radcu!

„Ešte máličko, a svet ma viac neuvidí, ale vy ma uvidíte, pretože ja žijem, aj vy budete žiť. V ten deň poznáte, že ja som vo svojom Otcovi, a vy ste vo mne, ako ja som vo vás." (Ján 14,19-20).

Svet v okolí môjho domu žil svoj život.

Tiež autobusy mestskej dopravy, rovnako cestári v zelených žiarivých vestách, a takisto osobné autá, ktoré sa ku mne blížili a potom sa zasa vzďaľovali....

Ale siedmi anjeli na Boží pokyn premeriavali môj dom!

42

Počúval som, čo hovorí ten najhlavnejší:

„Kedysi som v tomto dome býval, bolo to pred vojnou. Potom som musel utiecť pred nacistami do hôr. Neskôr som žil v Izraeli. Teraz bývam v Amerike. Áno, toto je moja rodina..." usmial sa pri pohľade na šesť žiarivých tvárí.

Pripomenul som si modlitbu, ktorú som sa ráno modlil:

„Prosím, Pane, aby som videl Tvoju Prítomnosť!"

Aby som „videl", ako Tvoji anjeli premeriavajú svojimi trstinami okolie môjho príbytku...

Vzápätí som nad tvárami anjelov počul Pánovu odpoveď: „Ak ma niekto miluje, bude zachovávať moje slovo, a môj Otec ho bude milovať a prídeme k nemu a budeme prebývať u neho." (Ján 14,23; 1 M 18,1-4).

Práve vtedy sa ma hlavný anjel opýtal: „Môžeme si obzrieť váš dvor?"

Premeriavanie môjho konkrétneho života a jeho okolností, teda celého môjho domu, nebolo iluzórne, ale pravdivé...

Dialo sa priamo pred mojimi očami.

V tomto okamihu chcem zdôrazniť, že Kristove prikázania vstupujú na scénu sveta a jeho dejín nielen v konkrétnej pravdivosti, ale v prvom rade v jasnom svetle zjaveného Božieho Slova.

Rozumieme im však iba vtedy, ak „Krista milujeme."

43

Položme si však otázku: Prečo nežijeme v moci Kristovej pôsobnosti a v okruhu Jeho Slova denne?

Mária si slová anjela „zachovala" v srdci a potom o nich dlho premýšľala.

Žalmista uvažoval o zákone Božom deň a noc...

O čo teda ide?

Opäť o to, o čo šlo a ide počas celých dejín spásy: o naše osobné a každodenné stotožnenie sa so Slovom života a pravdy „celým srdcom, celou mysľou, celou dušou"...

„Ak ma milujete..." (Ján 14,15) hovorí Ježiš.

To je stotožnenie sa s Ním „na život a na smrť"!

Ale kto takto Krista pozná?

A v akej situácii Ho poznal včera a poznáva Ho dnes?

V akých posloch?

44

Navonok to boli – ako som už spomenul - obyčajní ľudia z krajiny Skalistých hôr, odkiaľsi z Colorada, ale faktom navždy zostane najmä to, že „nemali priezviská".

Pri všetkej slušnosti, keď som sa im predstavil a podával im ruky, pričom svoje meno som im stále opakoval, oni sa iba usmievali a prikyvovali.

Mnohé vedia, všade, pokiaľ ide o túto zem, boli, všetko tu poznajú!

Holocaust, útoky zlostníkov na tváre Božieho ľudu, i všetky podvody, krádeže a úplatky, ktoré sa udiali a stále dejú aj v mojom dome...

Chcel som sa usmiať, ale nemohol som.

Úsmev mi ustrnul v dovtedy nepoznanom úžase.

Posmelili ma, aby som sa predsa len usmial!

Chcel som sa ich opýtať, či sú naozaj z reálnej Ameriky, ale bolo to zbytočné: *v ich tvárach sa črtala iná Amerika, než akú poznáme na tejto zemi.*

Ich Amerika bola nebeská, hoci mala rovnaké názvy ako tá naša, pozemská.

Ich Amerika bola priezračná, pretože ich tváre „bez priezviska" mali výraz svetla bez klamstva v jadre očí a bez akéhokoľvek náznaku falošného gesta v mysli.

Ešte stále som cítil v prstoch stisky ich rúk.

Usmiali sa, pomohli mi – pretože som sa v tom ohromení trochu tackal - prejsť z dvorčeka ku dverám môjho vlastného bytu.

A prečo mi nepovedali svoje priezviská?

Pretože v hrudi a v srdci nosia iba Božie meno.

45

To však bol iba začiatok príbehu, ktorý sa v plnej miere naplnil o niekoľko mesiacov.

Práve som za rodinným stolom čítal text z proroka Zachariáša (8, 4-6), keď sa v našom byte ozval zvonec.

„Takto vraví Hospodin mocností: Ešte budú sedieť starci a stareny na námestiach Jeruzalema a pre vysoký vek každý bude mať v ruke palicu. Námestia mesta budú plné chlapcov a dievčat, ktoré sa budú hrať na jeho námestiach. Takto vraví Hospodin mocností: Keď to bude v týchto dňoch divné v očiach zvyšku tohto ľudu, bude to divné aj v mojich očiach – znie výrok Hospodina mocností."

Vtedy ten zvonec drnčal.

A do nášho domu a bytu vošiel – Izrael!

46

Izrael?

Bolo to pre nás v prvom rade „omilostenie"
(1.Korintským 7,25).

Áno, vstup do zasľúbenej zeme znamená „naše
omilostenie a Božiu vernosť"!

Sme omilostení, pretože Boh je verný.

Božiu vernosť dokazuje „vstup svätosti" do
konkrétneho priestoru a času, ktorý nám pripravil Pán na
základe zasľúbenia, a v prvom rade na základe toho, že
už predtým sme vstúpili do Jeho mena my – do neba na
hore Sínaj, na hore Chóreb.

Už tam sme prijali štatút Zasľúbenej zeme, jej
charakter, ústavu, Božie meno ako svoj program –
vyvýšenosť jedinečného Boha.

Už tam sme prijali Bytie, pretože existencia je iba
hľadaním Bytia.

47

Ak Heidegger povedal „básnický býva človek", my
hovoríme: „kresťanský býva človek".

Básnici pochopili, že domov je v čase, nie v priestore.

Domov je „v zhode všetkých mysliteľných i
nemysliteľných priaznivých okolností", teda v Božom
absolútnom príklone k nám.

Domov je v tom, že Boh v Kristu nám povedal ÁNO.

To je naša „zasľúbená zem". Naše omilostenie,
uskutočnené Božím činom a teda zakotvené do Božej
vernosti.

Tak vstúpil Izrael do môjho bytu v jeden nedeľný
podvečer, v čase, keď sme čítali text z proroka Zachariáša
– a čítali sme ho v prvom rade v priestore Večere

Pánovej, nie v priestore môjho bytu a nie v „priestore obradu".

48

Ten vstup mal veľa fáz, etáp, jeho priebeh bol bohatý.

Skôr, než Izrael vstúpil do môjho bytu, prežil množstvo „ťažkostí, prekážok". (1.Korintským 7,26). Prekonal ich však, pretože v osobe starej Panej z Jeruzalema mal „stabilitu", „pevný základ".

Nijakí cudzozemci jej ho nenarušili a nevzali (ani nacisti nie...), a hoci vstup Panej z Jeruzalema do môjho bytu mal veľa fáz, etáp a jeho priebeh bol časovo dlhý a veľmi bohatý (trval vyše päťdesiat rokov!), napokon sa „uskutočnil".

Ako?

Práve vďaka základu, získanému na vrchu Sinaj v zjavenom Božom mene (v nebi), a súčasne v spojnici so základom, na ktorom som stál ja a moja rodina.

Tým mojím základom bola Večera Pánova: tým mojím základom bol Ukrižovaný a Vzkriesený Kristus, tým mojím základom bolo Božie meno, zjavené cirkvi v novozmluvnom čase.

S Božím „omilostením" Izraela v zasľúbenej zemi a Jeho „vernosťou" voči Izraelu sa tu spojil „pevný základ" kríža, Golgoty a záhrady Veľpiesne, Nového Jeruzalema v priestore a v čase Božieho Slova.

Nijaké ťažkosti zeme základ kríža, ktorý je postavený v nebi v mene Ježiša Krista, nezdolajú.

49
Hľa: Pani z Jeruzalema, jej deti a vnuci!
Prisadli si k nám, zhovárali sa s nami...

...prisadli si k nám preto, lebo pochopili, že „čas je krátky" (1.Korintským 7,29). Potrebovali sa s nami stíšiť a vstúpiť do Slova, v ktorom je Bytie.

Do Slova, ktoré vraví: Som!

To bol dôležitý „prízvuk".

Tento prízvuk vytvorí nový rytmus ich sŕdc. V ňom sa môžeme všetci spolu spojiť do spoločného putovania! Tvoríme iba otvorené hranice spriatelených krajín a kultúr?

Naopak, z oboch strán sme inklinovali k textu z Pavlovho Listu Efezským (2, 14-18):

„Lebo On je náš pokoj, On, ktorý oboch spojil v jedno a zboril priehradný múr, nepriateľstvo, keď na svojom tele pozbavil platnosti zákon s jeho nariadeniami, aby tak z dvoch stvoril v sebe jedného, nového človeka, uviedol pokoj a oboch v jednom tele zmieril s Bohom skrze kríž, na ktorom zahladil oné nepriateľstvo. A tak prišiel zvestovať pokoj vám ďalekým a pokoj aj blízkym, lebo skrze Neho obaja máme prístup k Otcovi v jednom Duchu."

Zvonec ich príchodu s Pánom u nás ešte stále zaznieva...

Požiadavka sudkyne Okresného súdu bola vyslovená v piatok, v čase Kristovho kríža.

V nedeľu prišiel do nášho domu Izrael.

Ako vyzeral?

Bola to stará Pani z Jeruzalema, obklopená mnohými deťmi, ktorá v našom dome bývala v roku 1946.

Nikdy pred tou nedeľou som ju nestretol a nevidel.

Poslal ju Pán z nebeského Mesta.

Tento príbeh bol, je a navždy zostane živým svedectvom z neba o tom, že Božie signály máme možnosť denne vnímať aj uprostred svojich najväčších ťažkostí, ak chceme mať otvorené oči a uši pre Božie zasľúbenia a skutky, pre Božie činy.

Opäť a opäť si pripomínam nebeský zvon milosti. Obrátili sme od nášho stolíka tváre. Ja a celá moja rodina.

Šiel som ku vchodovým dverám, stlačil som automatický otvárač brány.

Do nášho domu vstúpila Pani z Jeruzalema a množstvo mladých dievčat a chlapcov..

Keď zvonec po prvý raz zazvonil, čítal som rodine práve ôsmu kapitolu z proroka Zachariáša.

A pokračovanie jeho melódie?

„Preveľmi jasaj, dcéra Sion,
Zvučne plesaj, dcéra Jeruzalem!
Ajhľa, tvoj kráľ prichádza k tebe..."

50

rok

„Ján Krstiteľ jedol lesný med, podľa gréčtiny doslova „poľný" (agrios), ale toto slovko znamená často „divoký", dnes by sme povedali „prírodný". Je to med divokých včiel, teda sladkosť, ktorú ľudia nevytvorili, ale vyrástla na poli neobrábanom a v lese nepestovanom, mimo tú zem, ktorá je kropená ľudským potom podľa rajskej kliatby (Gn 3,17-19). Rast bez ľudského úsilia a námahy, rast spontánny, akoby „samočinný" (Mk 4,28), pôsobený len skrytou mocou Božou, je rast milostivého leta, rast toho, čo sa „samo od seba rodí" (Lv 25,5). A toto leto bolo práve aj pripomienkou raja na počiatku a predobrazom raja na konci, teda obrazom nového veku a Božieho kráľovstva."

„Skutočná sladkosť, „med lesný", ale možno lepšie „med Boží" prichádza z druhej strany, nie od nás – ľudí, ale od Boha, z raja, z nového veku, z diela a víťazstva Toho, v ktorom sa nový vek vlomil do nášho pominuteľného času. A tento med kanie zhora do dlaní tým, ktorí sa predtým sýtili kobylkami. Alebo sa im tie kobylky priamo zmenia na med a chlieb plaču na mannu života. To je tajomstvo eucharistie a to je tá najvlastnejšia a najhlbšia postupnosť života a jeho poriadok."

„Naša bieda je v tom, že žijeme zo svojej vlastnej minulosti, a preto sme ňou aj spútaní. Nežijeme v ústrety Prichádzajúcemu ako Ján, nehovoríme s ním „On musí rásť a ja sa mám umenšovať" (Ján 3,30). Chceme iný odev, nie plášť pútnikov, iný pokrm než kobylky súdu, ženieme sa za vidinou života a hynieme v bedákaní. Ale odvážme sa ísť s Ján Krstiteľom, vziať na seba jeho odev, sýtiť sa jeho pokrmom, a tak sa stávať svedkami Toho, ktorý príde skoro. (Zjavenie Jána 22, 17.20).

(Jan Heller, Odev a pokrm Jána Krstiteľa, KJ 24.4.1985).

Krídla
holubice

Priestor „dvoch alebo troch"
nemenovaných prieskumníkov
v čase Milostivého leta

*Dvaja alebo traja hľadáme SLOVO, ktorým by sme tie vety
prieskumu, tú vetu zvesti o zasľúbenej krajine dopovedali.*

49 rozhovorov

1

Všetci obyvatelia sveta, svetadielov a krajín, a podobne ako všetci herci na všetkých javiskách sveta, sú napokon iba variáciou jedného človeka. Málokedy a málokde, okrem divadla, si to tak jasne uvedomíme. Všetci sa navzájom potrebujeme poznávať a dopĺňať, aby sme mohli žiť ako človek v ľudstve.

V divadelnej hre, podobne ako to vidíme na každom mieste zeme, sú divákovi predostreté „otrasy, ktoré sa dejú". Divák ich vidí „v podobe reálnej situácie", ale súčasne vie usúdiť, či sú „v divadle" a v tvare divadelnej hry zastreté a ideologicky zaoblené, alebo, naopak, odvážne rozkryté a duchovne vyjasnené...

Situácie života totiž nikdy nie sú stranícke... Človek si je v nich až priveľmi vedomý seba – seba ako krehkej a hlinenej nádoby. Tu je zbytočné niečo predstierať.

Možno preto kedysi existovala biblická dráma ako súčasť bohoslužieb. Naše ťažké ľudské strety – to je dráma.

Tragédia je svojbytný umelecký žáner. Pôvodom je grécka a osudová. Vznikla zo spevov na počesť boha Dionýza a neskôr sa v nej postuloval rozpor medzi ľudskou vôľou a vyššou mocou. Vina bola chápaná ako Osud. My, kresťania, často prechádzame do pásma gréckej a rímskej tragédie a tiež často podliehame osudovosti. To nie je biblické. Potrebujeme preto viac hovoriť o literárnych žánroch a o filmoch, o divadelných hrách či o televíznych programoch, ktoré nás denne bezprostredne obklopujú a zvierajú. Potrebujeme ich kriticky, nie pasívne vnímať. Práve tu ide o rozsudzovanie duchov a ich zdrojov.

Rozpor medzi ľudskou vôľou a Božou vôľou je aj v kresťanstve. Človek je slabý tvor a po páde nepozná Boha osobne. Opäť ho potrebuje hľadať a nachádzať.

Áno, ale v dráme mimo okruh tragédie sa rozpor medzi ľudskou vôľou a vyššou mocou nepostuluje – nie je tam zakotvený ako súčasť vesmírneho či nadprirodzeného diania medzi božstvami a ľudstvom. Tragédia znamená „spev kozlov".

Čo sa vlastne deje s človekom a so spoločnosťou, ak žije v pásme „minulých a prítomných hriechov"? Ak toto je „dom našej spoločnosti"? Ak charakter takého domu, teda architektúry na piesku, je jej základňou?

Taký človek žije v pásme smrti, preto si ju stále sám presvetľuje – zväčša však umelo a podvodne. Zábavné programy, ohňostroje, svetlá médií, pozitívne programy, pozitívna energia, politika, strom náboženstva s mnohými rodokmeňmi rôznych božstiev – to sú stavebné kamene mnohých inštitúcií a každého domu, ktorý je postavený na piesku, teda ktorý má svoju základňu v stavebných kameňoch pozemských zmlúv.

Vyslobodenie z koreňov smrteľného hriechu však existuje.

Áno, zvestujeme ho v správe evanjelia, v správe milosti. S Božou milosťou je však priamo úmerne spojená zásadná premena ľudského srdca mocou a priamym zásahom Božieho Ducha. Kde sa neodohrá táto metanoia, tam Božia milosť nenašla v pôde ľudského srdca pre svoje zakotvenie miesto.

Dnešný človek žije uprostred „mnohých tragédií" a cíti sa v prvom rade nepochopený.

Ak zostaneme v žánrovom určení gréckej tragédie a v jej norme, nikdy sa nestretneme v hĺbke trvalých vzťahov. Tragédia hovorí o tom, aby sme zápasili za každú cenu s okolnosťami nášho života, tie sú však vždy nad naše sily - sú prisilné. Ako zápasil naposledy s „okolnosťami svojho života" nemecký futbalista Enke? Ako zápasili ďalší, ktorí vraveli: toto je osudové, ťažké, to neprekonám? Bol to zápas s „neúprosnými silami dejinných okolností" alebo „s mravným zákonom a so spoločenskými pomermi". Tu však riešenie pre pokoj a obnovu ľudského života neexistuje. Proti mocnostiam zla v povetrí nemožno postaviť v prvom rade ľudskú kultúru a logiku, filozofiu či program pre nové sociálne pomery. Tu je potrebná premena ľudského srdca. Metanoia.

2

Počas divadelnej prestávky sa na chodbách vlnili celé strapce
diskutujúcich - žiadna tvár tam nebola okrajová – a predsa iba
jedna bola je pre nás v určitej chvíli „tá pravá". Naša
zodpovednosť za spoločnosť musí byť osobná, nikdy nie
masová. Musí to byť „zodpovednosť za jedného človeka"...

Do osobnej zodpovednosti sme „volaní". Pozvaní.
Počujeme pritom svoje osobné meno. Tak ho počula
Mária pri hrobe v záhrade, kde hľadala mŕtveho Ježiša.
Ale rovnako svoje meno počuli proroci a každý v Božom
ľude, kto prijal úlohu a poverenie pracovať na Božej
vinici. Noé, Abrahám, Izák, Jákob... Mojžiš, Józue...
Nehemiáš, Ezdráš, Ester... Izaiáš, Jeremiáš, Ezechiel,
Daniel... A mnohí, mnohí ďalší. Tí, ktorí boli do osobnej
zodpovednosti zavolaní, volali do nej ďalších. Dôraz
takého volania vyjadril Pán Ježiš v reči ku Petrovi, keď
povedal: „Ty ma nasleduj! A nepýtaj sa v tej chvíli na to,
čo bude s Jánom..."

Mnohí kresťania sa na osobnú službu Bohu „necítia".
Tvrdia, že osobné povolanie neprežili a nepočuli.

Boh mení naše životy na drahé kamene v ohni
súženia. Mnohí kresťania sa boja formujúceho ohňa
súženia, preto odmietajú Božie povolanie do služby pre
iných v rámci pravidiel a podmienok, ktoré určuje Pán.

Preto majú radšej liturgiu a klaňanie sa svätým? Preto sa
modlia k svätým osobám, aby svoju zodpovednosť presunuli na

*tých, ktorých práve takto a pre tieto účely nazvali strategicky –
svätými a blahorečenými?*

Áno. Mnohí kresťania tvoria vo svojom „svätom
sakrálnom prostredí" sväté mŕtve momentky tvárí, ktoré
potom kulticky zvečňujú a vzývajú. Majú ich stále na
dosah. Človek, a to je pohanstvo a modlárstvo, chce mať
svojho boha stvoreného na svoj obraz a – vždy na dosah.
Chce ho mať materiálne, fyzicky, pozemsky, ale súčasne
magicky a čarovne. To bola situácia so zlatým teľaťom
pod horou Chóreb, na ktorej Mojžiš prijímal svätý Boží
zákon, a ten znel: Ja som Hospodin, tvoj Boh - nebudeš
mať iného boha vedľa mňa a predo mnou. Nebudeš sa
nikomu inému klaňať, nebudeš nikoho iného vzývať...
Pokiaľ ide o jedinú pravú tvár, ku ktorej sa máme a
môžeme modlitebne vzťahovať, tak je to iba tvár živého
Boha, ktorá nám bola zjavená v Slove života. Je to tvár
Božieho Syna Ježiša Krista.

3

Teraz vety z vášho diára:
„Šiel som do kúpeľne. Bol som v pyžame. Mal som bledú
tvár. Už niekoľko mesiacov mám veľmi bledú tvár. Neviem, čo
mi je. Som smrteľne chorý. To viem."

Keď som bol v Protidrogovom ústave na Skladnej ulici
v Košiciach poslúžiť duchovne katolíckemu
duchovnému, čítal som mu text z Jána o chorom pri
rybníku Betezda. Odvtedy sa toho udialo veľa. Teraz som
ten istý text čítal sebe. „Chceš byť zdravý?" Áno, Pane...

Stotožnil som sa s tou túžbou. Ale vedel som v tej chvíli, čo myslí Pán pod „pojmom zdravie?"

„Ktosi ako Paul Ricoeur vraví: Tu je dôležité prejsť od epistemológie k ontológii. Od poznávania k prejavom bytia. Od „Viem, čo mám robiť!" k akcii: „Urobím to!" Ba k radikálnejšej akcii a teológii: „Už to robím!" Syn môj, choď dnes pracovať na vinicu!"

„Dobre, ale čo mám robiť, Pane?" – „Vyklčuj zo svojho mozgu vetu, ktorá je jedovatá a ktorú si sám povedal, ale je ti cudzia." – „Aká je to veta, Pane?" – Je to zavše iba drobná veta zlých slov – mávame ju však v sebe často nebezpečne zahniezdenú.

„Klebety sú v našich ústach ako vírus. Ako jed! Potom je nám z nich nevoľno..."

...keby sme mali hovoriť o Nevoľnosti trochu úplnejšie, nevoľno by mi mohlo byť aj z toho, že „chudobný v duchu" je vo verejnom priestore zvyčajne vnímaný ako ten človek, ktorému spisovateľ a filozof Sartre venoval svoj román Nevoľnosť. Castorovi... Castor! „Je to mládenec bez kolektívneho významu, púhy jednotlivec." Tak o ňom píše Sartre... Otázka však znie: Aká je to pravda? O akú pravdu máme zápasiť? Tušíme to vôbec?

„Môžeme od spoločnosti čakať „pravdu"? Bude mať niekedy „spoločnosť" také kvality? Istý baletný súbor – Joffrey Ballet - nacvičil hru Company podľa námetu Neve Campbellovej a Barbary Turnerovej. Tú hru režíroval Robert

Altman. A teraz: v recenzii na hru Company sa vraj objavilo všetko, čo od hry nemáme čakať.

Autor recenzie totiž píše: „Tento film sa vzpiera akýmkoľvek očakávaniam. Najlepšie bude nečakať vôbec nič a dať sa prekvapiť. Vyhnete sa sklamaniu a azda budete aj príjemne prekvapení." Ale v recenzii je dôležitá informácia: Po prvé – režisér Altman „nie je insiderom"(dôverným znalcom pomerov a vzťahov), „znalkyňou je herečka Neve a jej spoluautorka Barbara Turnerová, ktorá pri písaní scenára so súborom prežila viac než rok. Neve zase s Joffrey Balletom pol roka trénovala. Nebolo to nejaké smiešne poznávanie prostredia a charakterov, ktoré sa potom tak dobre vyníma v reklame filmu, ale tvrdý tréning, osem hodín denne, sedem dní do týždňa." O čo máme teda zápasiť? O prežívanie pomerov vo vzťahoch s ľuďmi, teda o dôsledné poznanie prostredia, v ktorom žijeme? A či o ten tréning, vďaka ktorému ich potom môžeme „zodpovedne vyjadriť"?

„Vráťme sa k zmyslu spoločnosti. Áno, som, žijem, existujem práve v spoločnosti! Naďalej som však okrajový, „bledý", a teda – zo spoločnosti úplne vyradený. Som outsider, nie insider..."

Viem, čo je to spoločnosť? Poháre, šálky, obleky – nie zavšivavené, ale predsa len zavšivavené Egyptom -, a reči v kruhu bez „zjaveného slova" (rémy), a „bez slov soli"?! Pozor! V akej spoločnosti som žil? V tej zmluvnej, a či iba v „hygienicky vybielenej"?

„Moja spolužiačka je riaditeľkou materskej škôlky, volá sa Hela. jej spoločníčka je vzývateľka nejakých neznámych božstiev, možno milovníčka mystických sviečok... Tá tvrdila: Ježiš nebol obetovaný na kríži za hriešnikov podľa večnej rady Božej, bola to iba krutá vražda, nič iné! Boh Otec nechcel, aby Jeho Syn zomrel na kríži! Také niečo je nemožné! Boh je láska, láskaláskaláska, šepkali jej myšlienky za magicky zavretými viečkami."

Ale Ježiš Kristus zomrel na kríži podľa večného Božieho plánu. Táto smrť Božieho Syna za hriešne ľudstvo bola predurčená pred stvorením sveta

„Kde sa nachádza, pokiaľ ide o náboženstvo, moja priateľka?"

Možno pred bránou Ezechielovho nového chrámu. Možno pred Horou premenenia. Možno pred skutočným rozhodnutím požiadať Boha o Slovo života v Kristu... V spomenutej chvíli sa však nachádzala iba v náboženstve z dielne človeka.

4

Váš diár:

„Bol som už tam, kde možno očakávať to, čomu sa vraví: šekína. Prebývanie Božie! Šekína je to, čo nie je stvorené. Šekína je Duch Boží, ktorý pôsobí, ktorý tvorí všetko nové – skrze kríž Ježiša Krista. Dielo Ježiša Krista, Jeho obeť na kríži, otvára novú etapu života: pôsobenie šekíny, Ducha svätého. Pôsobenie šekíny sa začína vo svete celoplošne po smrti Ježiša Krista na kríži, a my to pôsobenie môžeme osobne prijať do

svojho života v jej celom rozsahu ako dobrovoľný dar milosti, ako charizmu, podľa uloženej a večnej Božej rady. Žijeme však v takej spoločnosti?"

Božie pôsobenie v Kristu prichádza zvonku, ale pretavuje nás v jadre... Koľko takých Kristovcov žije v tejktorej krajine? To vie len Pán.

5

„Rád si obliekam svoj nostalgický kabát čiernej farby, ktorý mi často vraví: Si sám. Nikto ti nerozumie..."

Kedysi ma zasiahol v časopise Slovenské pohľady výraz „Kontemplácia". Bola to báseň v tvare pásma... Neviem, kto ju napísal. Ale kontemplácia, to som bol kedysi ja. Totiž: bol som uväznený práve do takého spôsobu myslenia – do „kontemplácie..." Do rekvizity určitého odevu...

„Aj Abrahám bol vraj melancholický a nostalgický, možno preto sa pozeral na hviezdy. Na horizont, v ktorom však ešte „nevidel štrukturovanosť", zložitý „organizmus pravdy", po akom volal jeden z teológov v Štrasburgu. V ktorom ešte nepočul Božie: JA SOM!
Čo v tej chvíli „od sveta očakával"? Kým zrazu bol? Bol s Lótom, ktorého anjeli neskôr vyviedli von, zo Sodomy? Kam putoval? Do „otvorenosti svojho bytia"? Alebo na svoju Horu premenenia?

6

Diár:

„Mnohé ženy chcú dnes žiť už iba v svetlách veľkomesta... "

V ich pohybe je vôňa noci... Búrka vášní, zvuky vody zo svetelných fontán ... Neisté kroky, priestor na smiech a...nádherné vlasy, hriva, tajomstvo v tme! Nádych lásky? Aké má taká žena telo? Teplé a prítulné, milé a poddajné? Dlho hľadela do tváre charakteru Sodomy. Je to Lótova žena. Nehovorili si s Lótom pekné príbehy, iba ťažké a namáhavé. Iba príbehy, plné drastických obrazov... Príbeh(y) so stratou tváre a nanajvýš so zvyškami slov a citov. Pokazené maliarske plátna? Pollock? Strácame človeka pre svoje hriechy. Pre... Nenásytnosť? Lótova žena prežila veľa príbehov s podtextom sexu. Vystúpila z auta, ona do krajiny ticha neodíde... Lót stál na opustenej horskej ceste, prikovaný dažďom ohnivých striel, ktoré padali do údolia tmy. A potom... Videl, ako kdesi letí polícia, neskôr hasiči, neskôr sanitky... Bol to pád ohňa z neba. Vtedy sa zrazilo množstvo áut. Viac vám o Lótovej žene nepoviem... Neodišla, zahynula. Potom som počul počas čítania textu o Lótovej žene drsné hlasy publika:

Dráždite ma! Tak to nemohlo dopadnúť! Ten príbeh sa musel odohrať inak!

„21.storočie – vzťahy sa v ňom strácajú ako para. Také sú naše príbehy. Skončia sa skôr, ako sa začali. Nemôžeme ich vyrozprávať. V tom je naša neuróza. Naša smrť? Príbehy, slová...Poletujú v ohni vášne sem a tam... A zrazu ich niet. Niet citov, niet objatia...“

Lótova žena – chýba nám... Jej ťažký koniec nás trápi.

„Melodramatické príbehy už nemáme. Na betóne nemôže nič vyrásť. Ženy nemajú husté vlasy, zohavili ich plastiky tváre. Svetlá netvoria v daždi stĺpy, dažde nemajú chrbtovú kosť. Nerastú v nich kvety a silné stromy.“

Z auta vystupujú nádherné plášte, nie ľudia. Našim zákonom i našou básňou je vypočítaná módna prehliadka. Zbierame ikony tvárí. Naše nenásytné srdce požiera naše vlastné mäso. Naše hostiny už nie sú sviatočné. Túžime po melódii, ale máme iba dážď sĺz.

„Kroky bez človeka, človek bez tváre. Monštrum. Bojíme sa vlastných príbehov, preto ich nerozprávame. Na plátna hádžeme farby. To je môj výklad Pollocka. Žijeme s kreslenými postavami, nádherné vlasy sú pre nás už v skutočnosti nedostupné.“

Do salónov krásy nemožno vstúpiť, sú prekliate. Bizarné. Neskutočné. Žije v nich iba smrť s maskou úsmevu. Kreslené postavy sú napokon len čiary, len machule, len škvrny. Len náhodne pohodené slová, ktorým chýba presnosť básne.

„Naše postele sú prázdne. Visia nad nimi zrkadlá bez obrazov. Niekto sa pred nimi učí abecedu. Dieťa? Žena? Človek? Nahé bezpohlavné telo?"

Tvár človeka už nie je čitateľná. Stáva sa podkladom pre lož. Čarbanice. Deti, počarbané otcovou neláskou. Zneužité ženy. Otcovia zabudli, koho splodili.

„Každého, kto sa chce ozvať obsahom v slove, prekričíme."

7

„V správach počúvame nedopovedané príbehy. Smrť je nedopovedaná. Smrť pred nami beží so zaťatým dychom. Nikto však nikomu nechce povedať svoj príbeh. Každý každému hovorí iba falošný príbeh celebrity, ktorá nikomu neslúži."

Spíme s bolesťami srdca. Zobúdzame sa s krikom kojota v hrdle. S krikom pumy, kuny, vlka, medveďa, s krikom zvieraťa. Potom ten krik zhltneme a umyjeme si zuby. Vypláchneme si ústa. Potom prijmeme svoju pokrčenú, počarbanú tvár. Máme na nej hieroglyfy sna. Nakoniec si ich prenesieme na rameno ako čínske obrázkové písmo.

„Znetvorená tvár. Grimasa, úzkosť, machuľa. Škvrna, pocit márnosti. Kniha Kazateľ. Zvyšky slov a citov sú ako nepoužiteľné zástavy. Maliarske plátna vyvolávajú hurónske ticho."

Pollocka som nikdy nechápal. Strácame človeka, ktorého sme nenašli. Hriech človeka a spoločnosti dnes nie je témou dňa. Príchody prezidentov sú novodobé módne prehliadky. Každý prejav je sušeným kvetom z herbára. Nenásytnosť je manifestovaná televíznymi hostinami. Ľudia dnes varia z ničoho. Ľudia sa usmievajú na človeka, ktorého nevidia.

„Žijeme v zlom sne, ktorý niekto premaľoval na ružovo. Svoje sklamania a bolesti ukladáme do inkubátorov. Noviny sú našim papierovým domom, obklopujú nás slová, ktoré nemajú význam."

Človek stratil zmysel, ale smeje sa z toho – zvyčajne na recepciách. Človek sa smeje hurónskym tichom. Túžime po prstoch ženy, ale vidíme iba ruku figuríny vo výklade.

„Dažde kovajú kováči. Príroda je železná, bronzová a zlatá. Ani jeden drahokam už nie je pravý. Úsmevy kráľovien sú v televízii vymyslené. V každom filme sa dívame na smrť v priamom prenose. Televíznym správam nerozumieme, sme presvedčení, že sú hrané. Každý dokument je fikciou a každá fikcia je pokusom o vyjadrenie pravdy, ktorá neexistuje. Žijeme v syndrómoch Pontského Piláta. Sme pesimisti a skeptici, ale predstavujeme sa ako optimisti. „

Každý deň sa v našej blízkosti ozve únavné ticho našich vlastných myšlienok, ktoré sú v skutočnosti vypožičané. Naše príbehy sú potrhané zástavy.

8

„Svoje príbehy nemôžeme vyrozprávať ako svoje, pretože sme v blázinci. Pretože sme v nemocnici. Pretože sme v ústave.

Starajú sa o nás sociálni pracovníci, lekári, zdravotné sestry,
kňazi a hasiči. A policajti a úradníci, a potom už vôbec nikto. "

K stretnutiu nedošlo pre piesok slov v ústach. Pre
črepiny obrazov v očiach. Pretože človek sa stal
pračlovekom a má už štyri rýchle nohy a pracuje
štvorručne a hovorí zmnoženým hlasom rozdvojených
ľudí, ktorých v sebe živí ako dve schizofrenické
osobnosti. To je definícia postmoderny. Každý má na
všetko právo, krajina nemá kráľa a žiadne hranice. Je tu
únia slobody.

„Pollock hádže na plátno farby, zamuroval do nich človeka a
ľudstvo. Každý vidí iba svoje gesto a triumf. Kvalitu má iba
záber a ťah ruky. Veslovanie na suchu, v domove dôchodcov. V
sociálnom ústave. V samote s dvoma očami, ktoré nič a nikoho
nevideli. Pollock tie oči zatrel farbou. Je koniec, brána času sa
zavrela, nikto na ňu nesmie klopať. "

A Ivan Blatný? A ďalší? A naše dnešné deti? Pretože
nemôžu zmysluplne kričať, začali zavýjať a urobili z toho
poéziu. Pýthijské hry. Novú olympiádu.

„Človek, ktorý prežil veľa sklamaní a bolestí, ich vyrozpráva
medzi štyrmi stenami svojmu vyšetrovateľovi. Nie je tam
nábytok ani televízor, a to je šťastie. Nie sú tam zvuky, ruchy,
je tam iba vyšetrovateľ. A to je tiež šťastie. "

Niekto nám berie naše dotyky. Niekto nám berie šťavu
našich slov. A my potom zabíjame. Máme už iba sušené
ovocie zbytočných myšlienok, ktoré nikto nepočúva.
Zostarli sme. Naše ústa potrebujú logopéda a filozofa a

umelca a estéta a kňaza, ale nikto z týchto ľudí v náhradných profesiách nás už nezaujíma.

"Stratila sa profesia človeka. Profesionalita srdca. Z citov sú už len ohňostroje a výbuchy bômb a svetlá ohňa z pušiek profesionálnych amatérov a amatérskych profesionálov."

A to je koniec príbehu. A to je jeho začiatok...

9

"Zajtra sa v mojom DOME uskutoční vernisáž."

Budeme hovoriť o grafikách Lótových žien. Dnes sú v popredí „inteligentné ženy". Ten termín mám od sociológa, ktorý písal o „modernom konflikte". Na jednej strane máme developera, na druhej bojovníka za občianske práva, na tretej: inteligentnú ženu.

"Naša vernisáž sa zameriava..."

Na ľudský úsmev. Na ľudské teplo. Na vtip, na „pointu", teda na „sviatok" všedného príbehu nášho všedného dňa. Každý z nás má predsa pointu rád... Naše dni majú „opäť svoje príbehy". V nich sa zrazu objavujú „súčasné postavy súčasného diania". Typické postavy podenkového dňa! Podnikateľ a jeho boj za občianske práva. Boháč a jeho spravodlivosť. Večná téma.

"Neuveriteľné príbehy."

Chýba tam príbeh o premýšľaní dieťaťa. Je to výzva pre celú spoločnosť: Premýšľajte tak priamo, ako deti!

„O čom má spoločnosť premýšľať? Máme premýšľať o tom, prečo človek odmieta predísť kríze a „havárii vo vzťahoch", ktorú svojou činnosťou úspešne tvorí a na pokračovanie produkuje. Prečo odmieta predísť katastrofickej zrážke. Je to fenomén dnešných dní. Je to škvrna sŕdc. A nemusíme pritom cestovať k Mexickému zálivu..."

Máme niekedy na mysli konkrétnu haváriu vzťahov? O čo ide? Zazreli sme už na našej vernisáži obraz s názvom: „Rozbitá tvár intelektuála"? Je to symbol času! Ale ide tiež o konkrétnu rozbitú tvár konkrétneho človeka. Môžem vám ten obraz vyložiť. Môžem ho interpretovať...

„Za rozbitou tvárou intelektuála je absolútna slabosť dnešnej kultúry, pokiaľ ide o uplatnenie obyčajnej miery obyčajnej spravodlivosti, a absolútna sila špekulatívneho developerstva, pokiaľ ide o mieru neobyčajného, teda čarovného, čiže čarodejného podnikania. Z tejto zrážky vzniká rozbitá tvár intelektuála v podmienkach obyčajného, všedného života. Neznámy autor to bravúrne zachytil v listoch, v rozhovoroch a na spomenutom obraze."

V obraze Neznámeho autora je kritický pohľad na čarovné podnikanie! Na developerstvo ako jav, ktorý v našich končinách ešte nie je zvládnutý. Naše podnikanie má v sebe prvky obyčajného trápneho amaterizmu, v ktorom niet chrbtovej kosti.

„Zlo produkuje najprv jeden človek! Zlo produkuje najprv jedna konkrétna tvár... Spočiatku je nenápadná a absolútne nepostihnuteľná, hoci ju jasne vidíme. Lótova žena. A vo fluide, ktorý prijala: Podnikateľský zámer, postavený na podvodoch a lži. To je zlo. Také zlo produkuje prekrúcanie práva. Manipuláciu zákonov i úradov."

Súhlasím, že zlo možno odhaliť len s námahou a s určitou mierou sebazaprenia. Denne sa o to pokúšam.

„Ide o banálne zlo! Ide o zlo, ktoré definovala Hanah Arendtová ako jedno z najnebezpečnejších, pretože je malicherné. Banálne. Také zlo máme tendenciu prehliadať."

Zvádzam s tým ťažký boj...

„Zvádzam ťažký boj s vyslovením slov, ktoré sa do konvenčnej debaty nehodia. V tom je banálne zlo prefíkané. Obsahuje v sebe niečo, čo nemožno spomenúť, pretože je to absolútna „naivita". A o absolútnej „naivite" predsa nebudete hovoriť v priestoroch vážených a teda konvenčných spoločenských inštitúcií... Ide teda o to, že – ako spomenul filozof Ricoeur, ktorý zrejme citoval filozofa Marcela – nikto sa neodváži „príbeh, rozprávaný idiotom" postaviť do svetla a rozkryť ho. Tak sa „príbeh, rozprávaný idiotom", napokon akceptuje a plní v spoločnosti svoje hlúpe poslanie."

Viem, že riskujem posmech! Chcem však byť radšej jednoduchý a priamy, než komplikovaný, nejasný a maskovaný...

Vyhlásenie

„Keď mám pomenovať veľmi triviálne zlodejstvo, pociťujem bezmocnosť. V čom spočíva? V nemožnosti uviesť podvodnú zámenu pojmov do pôvodného poriadku. Kedysi nemysliteľné sa stalo dnes mysliteľným a nevídané vídaným: Úrady, súdy, ministerstvá, skrátka, inštitúcie 21. storočia, akceptujú s vážnou tvárou „príbeh, rozprávaný idiotom", a seriózne zapisujú všetky jeho tvrdenia...

A tak tu teraz stojíme a aj vďaka tejto vernisáži hľadíme na nový stav našej dnešnej spoločnosti, v ktorej platí postrozumnosť, postprávo a postspravodlivosť."

Koniec Vyhlásenia.

10

„Často pred sebou vidím „podobu prízraku"... Vzor, podoba: „ako ten a ten..." , ale je to skutočne asi „taká podoba", akú vidí Elífaz v knihe Jób (4.kapitola). Nie podoba človeka, ale prízraku! My však nežijeme „pred prízrakmi" – povedal nám to Ježiš počas búrky na mori...

Možno to isté túžil počuť Jack Kerouac, keď písal román „More je môj brat" – podľa denníkových zápiskov...

Aj ja som šiel raz dávno "cez more tvárí" na skúšky do Prahy pred tvár Veľkého socialistického prízraku...

„Akoby ten Prízrak vychovával automaty a zvieratá, nie ľudí... Mechanické zvieratá s telom človeka... Alebo „s tvárou ženy a s telom muža"?

...ten Prízrak mal „tvár" ako prázdnu štruktúru, nie tvár s obsahom reči a slova... ... Bol vlastne človekom s patinou komplexov a predstáv starého Adama.

Bojíme sa aj dnes ideologickej architektúry vojny a prázdneho socialistického realizmu? Bojíme sa novodobého Goliáša?

„Vo všetkom – v každom človeku! – ako to povedal Norman Mailer, je „prvok fašizmu". Možno preto som sa v mladosti pomýlene vydal na cesty mystérií, mytológií, a tiež na cesty „grandiozity"... Tá grandiozita stále mení svoju tvár: niekde vyzerá ako sústava monotónnych obytných socialistických blokov, inde je to sofistikovaný komplex podvodov, ale najmä zlých správcov ľudu - tí už postavili množstvo nepravých domov."

Naliehavý je rozhovor dvoch, nie jedného. Naliehavý je vzťah (ako na nostalgickom obraze Jana Zrzavého), nie samovrava (Picassove obrazy sú zlomené do samovravy, ktorá spolu nedrží, ktorá nie je vnútorne prepojená, ktorá sa nostalgii vysmieva...). Kde si, človek? Na roztiahnutom „plátne grandiozity a prekliatia?" Tá otázka znamená: Prečo si tak „zložito osamel"?

„Zložito osamel Ionesco (jeho rozhovor „v hlbokom kresle" s novinárkou krátko pred smrťou). A Dürrenmatt? Aj on... Písal predsa o samotárovi Bärlachovi, ktorému zostával na vyšetrenie prípadu ešte rok života... Mal však cit pre Spravodlivosť."

Mnohí šéfovia dnešných úradov majú v sebe iba matematické city metronómu.

„Ach, človek! Nestal si sa priveľmi múdrym a priveľmi jasavým vo vlastných rozložených očiach, nestal si sa strojom v rámci kubizmu? To vedie k vojne. To vedie k architektúre zla, k tvorbe vojnových zbraní – pod nádherným plášťom. "

O tom, čo vedie k vojne, uvažoval Einstein spolu s Freudom. Známe sú ich listy – premýšľali, ako zabrániť vojne... Prečo však všetky svoje myšlienky nepodriadili Kristu? Pravdou zostáva, že jediná tajná myšlienka, ktorú nemožno postaviť do svetla, povedie k celosvetovej záhube (Jehú zavraždil Jezábel nečistým spôsobom - vypočítavým srdcom, - i keď si záhubu naozaj zaslúžila...).

11

„Skutočná architektúra vychádza zo „štruktúry svetla", nie zo štruktúry tmy. Túžime po dúhe – po klenbe nebeského domu, nebeského korábu..."

Ak dom tvorí štruktúra svetla (Einstein chcel chytiť svetlo fyzikálne, my ho však máme prijať modlitebne), a ak dom netvorí štruktúra tajných dohôd a úplatkov, je to správny dom. Mimochodom: Einsteina trápila nemožnosť zosúladiť kvantovú teóriu so všeobecnou teóriou relativity – teda trápila ho neschopnosť človeka absolútnym spôsobom vysvetliť svet; o to sa teraz pokúšajú vedci „jadrového urýchľovača častíc" pod Švajčiarskom...

„Svet možno vysvetliť len tak, ak pochopíme, že „vec nie je dobrá sama v sebe a sama osebe", ale iba v zasľúbení Božom a

vo viazanosti na Boží plán: nie o tom uvažoval filozof Hejdánek, keď rozlíšil spôsob gréckeho a židovského, resp. kresťanského myslenia? Viera je pravda – pravda nie je vo veci, ale otvára sa nám „v aktivite kresťanskej viery" z Božej milosti."

Áno, klopte! A dvere do neba vám budú otvorené... Tak by sme sa mohli pýtať ďalej, napríklad: Je v dúhe pravý uhol? Architekt Kaplický sa pravého uhlu „z pohľadu človeka" vzdal (nechcel zápasiť s uholným kameňom stavby...). Ako premýšľal Oscar Niemayer, brazílsky architekt (ateista a komunista), a ako zasa Le Corbuosier? Opakujem otázku: Je v dúhe pravý uhol?

Ak má dúha neviditeľnú štruktúru (duchovné, biblické pozadie), potom áno, má aj „kameň uhla", ale vo vonkajšej atmosférickej či stratosférickej skutočnosti nie... (Pre mňa bol vonkajšou skutočnosťou obyčajný dážď v Bežovciach, ktorý som rád sledoval cez okno fary, pretože dnu nepršalo, ale napriek tomu: tam vnútri som mal počas „dažďa v prírode" zrosené srdce...). Štruktúra dúhy, to je čosi ako kvadratúra kruhu, ktorú „človek svojím poznaním" nezvládne. Nový Jeruzalem je štvorec v kruhu Večere Pánovej...

Čítal som príbeh o námorníkovi s drevenou nohou, ale potom... Potom som už čítal iné poviedky, najmä poviedky Holubie pierka (srdcom a intelektom) - po rozhovore s „inteligentnou ženou" v bratislavskom Kryme, kde som po prvý raz videl jedného spisovateľa s fajkou. Neskôr som v novele iného prozaika narazil na výraz „slnečné protuberancie"... Teda Einsteinov vesmír? A rezignácia na zvládnutie „kozmického jadrového výbuchu" ako u J.M.G. Le Clézia?

12

„Kedysi boli populárne filmy o človeku, ktorého vychovali zvieratá – opice. Potom filmy o ľuďoch, ktorých vychovala príroda a tvrdé podmienky živlov sveta. Oheň, voda, zem, vzduch... Toto všetko je dnes zviazané do výbušných motorov, alebo, naopak, do romantiky mačiek, psov, korytnačiek či malých rýb v akváriu.“

Človek hľadá záhradu, nachádza však len jej opozitá, prípadne jedovaté šípy pralesov. A potom bielych osadníkov, ktorí si chcú rozparcelovať pomocou ohnivých motorov-drakov panenskú pôdu zeme... Vráťme sa teda k dvom mužom: k nahému Robinsonovi Daniela Defoa a potom k Beckettovi a k jeho tuláckym postavám, ktoré čakajú na Godota, teda na – osobného, živého Boha? A potom sú tu ešte ľudia „na ceste", a medzi nimi Kerouac a ďalší... Kde si, kam ideš, kto si? Som nahý pocestný. Som putujúci kresťan.

„Konrad Lorencz, známy ochranca a bádateľ zvierat, napísal, že zviera sa človeka bojí. Zhrešili sme, stratili sme raj. Navždy?“

Podstatná je iná otázka: Počujeme Hospodinove kroky v záhrade? Prebudili sme sa z ťažkého sna? Záhrada, to je priestor na vyrozprávanie zmysluplných príbehov. O záhrade čítame v 1.Mojžišovej a v závere Evanjelia podľa Jána. Záhrada, to je rámec i priestor správneho príbehu!

„Keď začuli kroky Hospodina Boha, chodiaceho za podvečerného vánku po záhrade, skryl sa človek a jeho žena

pred Hospodinom Bohom medzi stromy záhrady Hospodin Boh však zavolal na človeka a riekol: Kde si?"

„A človek odpovedal: Počul som ťa v záhrade, bál som sa, lebo som nahý ; i skryl som sa. Nato Boh riekol: Kto ti oznámil, že si nahý? Nejedol si zo stromu, z ktorého som ti zakázal jesť?"

„*Človek odpovedal: Žena, ktorú si mi dal, aby bola pri mne, dala mi zo stromu; i jedol som.*" *(1 Mojžišova 3, 8-12).*

V Evanjeliu podľa Jána čítame: „I riekol jej Ježiš: Žena, čo plačeš? Koho hľadáš?"

„*Ona si myslela, že je to záhradník, a povedala Mu: Pane, ak si Ho ty odniesol, povedz mi, kam si Ho položil, a ja si Ho odnesiem.*"

„Ježiš ju oslovil: Mária!"

„*Ona sa obrátila a povedala Mu po hebrejsky: Rabbúni! (to znamená: Majstre!).*" *(Ján 20, 15-16).*

13

Moc sveta sa nám zdá niekedy nezlomná.

Lenže... Keď Mojžiš a Áron hovorili s faraónom, povedali: „Takto hovorí Hospodin..." (2 M 5,1). V tom je náš pokoj a naša istota. Hovorí a koná Hospodin, nie faraón. Totiž, na ceste dejín spásy. A dejiny spásy vstupujú do dejín sveta vždy tam, kde je Boží ľud ohrozený v službe. „Prepusť môj ľud, nech mi zasvätí sviatok na púšti."

Je to reč neba. Je to reč živého Boha.

Pán dvihol zrak k nebesiam a posvätil chleby, ktoré potom rozdával ľudu na púšti ich života. I keď sedeli v tráve, srdcia mali vyprahnuté smädom po „živej nádeji". Nechceli už iba živoriť. Potrebovali Ježiša.

Všade je však aj tieň.

Tým tieňom je „faraón", ktorý si o sebe myslí, že on má na tejto zemi posledné slovo ako „Slnko". On rozhoduje. Jeho vôľa je platná v každej fáze, a preskočiť z jednej fázy do druhej, prežiť paschu (fázu) bez jeho dovolenia nie je možné.

Faraón, ktorého tvár nie je plná, ktorého tvár nie je prežiarená svetlom spásy, ktorého tvár je zatiaľ len načrtnutá ako „tvár vodcu", sa napokon pravým vodcom vo svete nikdy nestal.

Nestal sa skutočným správcom ľudu, i keď na takú službu bol pred Božou tvárou poverený. On sa totiž spýtal: „Kto je Hospodin, aby som poslúchol jeho slovo a prepustil Izrael?"

Faraón má palác. Faraón má Egypt.

Faraón má na tvári zlatú masku božstva, ktoré vzýva v Slnku, ale faraón nemá poznanie Boha. „Hospodina nepoznám a Izrael neprepustím." (2 M 5,2).

Tak vravia aj dnes mnohí vodcovia. Hospodina nepoznám...

Vravia to v ľahkom štýle, neraz počas prípitkov pred tvárami svojich ministrov a kniežat. Jedného dňa sa však pred nimi zjaví tá istá ruka, ktorá sa zjavila Bélšaccarovi.

„Pili víno a oslavovali zlatých, strieborných...a kamenných bohov."

„V tú hodinu sa objavili prsty ľudskej ruky a písali na omietku steny kráľovského paláca naproti svietniku a kráľ sa díval na ruku, ktorá písala." (Daniel 5,4-5).

„Toto je teda písmo, ktoré bolo napísané: Mené, mené, tekél, úfarsín."

„A toto je vysvetlenie veci: MENÉ znamená, že Boh spočítal dni tvojho kráľovstva a spôsobil mu koniec. TEKÉL znamená, že si bol odvážený na váhe a nájdený si nedostatočným. PERÉS znamená, že tvoje kráľovstvo bude rozdelené a dané Médom a Peržanom." (Daniel 5, 25-28).

14

V našich dňoch sa zavše objaví Božia ruka.

Objaví sa viditeľne. Jej prsty rozsvecujú i utlmujú struny vesmíru ako harfu. Je to „Božia hudba". A všade, po celom svete, sa v tej chvíli stáva pre každého jej obyvateľa jasným Boží hlas na celom okruhu zeme.

Vtedy: „Deň dňu oddáva zvesť, noc noci podáva poznanie." (Žalm 19,3).

Kto je skutočným Majstrom neba a zeme?

Kto je Majstrom života? Čo je to život? Či azda nemá svojho Tvorcu, Stvoriteľa? Kde je teda úcta k Nemu? Hospodin sa prechádza po zemi a s úžasom zisťuje: Takmer nikde nevidí úctu človeka ku svojmu Tvorcovi! Ako je to možné? Ako to, že človek nepoznáva okolo seba prsty svojho Stvoriteľa?

„Keď začuli kroky Hospodina Boha, chodiaceho za podvečerného vánku po záhrade, skryl sa človek a jeho žena pred Hospodinom Bohom medzi stromy záhrady." (1 M 3,8).

Zdá sa, že dovtedy sa hral na skutočného majstra života sám človek.

Prechádzal sa po galérii sveta a všade sa pred ženou pýšil svojím dielom...totiž, dielom, ktoré ukradol Bohu. Ktoré zneužil. Boží podpis pod každým originálom, pod každým obrazom a slovom zničil, zotrel, a vpísal tam svoj. Potom každý obraz i zvuk, potom každé slovo i melódiu jemne posunul a... Všetko, čo bolo a je Božie, si verejne, celosvetovo privlastnil. Vyhlásil sa pritom okamžite za humanistu, altruistu, za umelca i filozofa, za národohospodára i politika, pravda, až do chvíle, kým „nezačul kroky Hospodina Boha..."

Sú to kroky, ktoré my vnímame ako tikot posledných minút nášho života.

Každá minúta, každá sekunda, každé tiknutie pokračuje neodvratne k jeho záveru. Vtedy sa človek márne prikrýva tým, čo sám vytvoril. Ak nie je prikrytý krvou Ježiša Krista na kríži, krvou toho jediného Spravodlivého, nič mu to nepomôže. „Nebesá rozprávajú o sláve Božej a dielo Jeho rúk zvestuje obloha. Deň dňu oddáva zvesť, noc noci podáva poznanie. Niet reči, nieto slov, nepočuť ich hlas." (Žalm 19, 1-4).

Odkiaľ teda to poznanie Boha a Božieho diela prichádza, ak nijaký ľudský hlas pri pohľade na nebo a zem nepočujeme?

A náš tieň? Ako sa v našej blízkosti objavil? Ako sa mohlo stať, že sme si začali privlastňovať Božie dielo ako jeho majitelia, a nie ako slobodní správcovia, ktorí sa z neho smeli tešiť?

Unde malum? Odkiaľ zlo? To nie je naša téma.

Nie, to nie je naša téma. Nikdy. Našou témou, naším uvažovaním je Hospodin a Jeho sláva. Potom všetky tiene začnú miznúť a my pochopíme: pokušiteľ, ktorý za tými tieňmi stál, je iba stvorenie, ktoré sa vzoprelo svätosti veľkého Boha. V Jeho prítomnosti a blízkosti však nikdy neobstojí. Nie je to dobrá správa? Nie je to evanjelium, ktoré prekonáva každú moc tmy?

„Preto, keď z milosti máme takúto službu, neochabujeme, ale zriekli sme sa zatajovaných hanebností, nepočíname si chytrácky, nefalšujeme slovo Božie, ale zjavujeme pravdu a tak sa odporúčame každému ľudskému svedomiu pred Bohom. Ak je aj zakryté naše evanjelium, zakryté je tým, čo hynú. V nich zatemnil boh tohto sveta myseľ neveriacich, aby sa im nerozsvietlo svetlo evanjelia o sláve Krista, ktorý je obraz Boží. Lebo nie seba kážeme, ale Krista Ježiša, Pána; o sebe však hovoríme ako o vašich služobníkoch skrze Ježiša. Lebo Boh, ktorý povedal: Nech z temnosti zažiari svetlo! – zažiaril v našich srdciach, aby svietila známosť slávy Božej v tvári Kristovej." (2.Korintským 4,1-6).

15

Keď sa ľudia zdravia, vychádzajú si rovnocenne v ústrety.

Aspoň sa o to pokúšajú. Ale stotník sa predstavil pred Pánom Ježišom inak: „Pane, nie som hoden..." (Matúš 8,8). Komu dnes zíde na um, že nie je hoden – pokiaľ ide o neho samého – pozdraviť Pána Ježiša Krista s istotou v zraku?

„Pane, nie som hoden, aby si vošiel pod moju strechu."

Nič sa z tej strechy totiž dosiaľ o Tvojej sláve nerozhlasovalo. Nič som o Tebe dosiaľ nepovedal. Nespomenul som jediný Tvoj zjavený skutok. Odpusť, že som sa o Teba vlastne nezaujímal, pretože keď sa mi dobre viedlo, zdalo sa mi, že „o nič nejde". Nejde o nič v takej naliehavosti, aby som Ťa potreboval. Ale teraz...

„Povedz len slovo a ozdravie môj sluha." (Matúš 8, 8nn).

Povedz len slovo.

Stotníkov sluha bol človekom, o ktorého mal stotník veľký záujem.

Rozhodujúci záujem! To už nebol len sluha... To bol exkluzívny blížny. Tu mal právo rozhodnutia, čo sa s tým blížnym stane, jediný: Ježiš Kristus. Stotník vlastne povedal: Iba Ty si zvrchovaný, Pane. Iba v Tvoje ruke je moc. Nie v ruke Ríma, nie v rukách rímskych bojovníkov, nie v rukách svetových ideológií. Len Ty a človek, ktorý sa „strašne trápi." A ja viem, že ten obyčajný, malý človek je pre teba veľmi dôležitý, pretože ho máš rád láskou, ktorú nikto z nás, ľudí, nedokáže ničím vyvážiť.

Človek, podriadený vrchnosti, svojej podriadenosti vo svete rozumie.

Prečo však nerozumie svojej podriadenosti vzhľadom na moc živého Boha? Prečo sa nedokáže koriť pred Bohom podľa svätého zákona, podľa svätých pravidiel, a pritom, v hĺbke pravého uznania Božej svätosti? Prečo mu musí sám Boh pripomínať: Buďte svätí, lebo ja, váš Boh, som svätý?

A pritom: vo svete sa nenarodil a nebol počatý jediný človek bez Božej kontroly.

Nad všetkými obyvateľmi zeme vládne Tvorca vesmíru. Všetkých ľudí, tých, ktorí svetlo sveta uzreli, aj tých, ktorí vinou iného človeka tú možnosť nedostali, má Pán zaevidovaných. My ani len netušíme, čo sa o tých najmenších, ktorí boli ešte len v zárodku života, v prvom rozbresku ich počatia v Knihe života píše. My nevieme, ktorá z našich myšlienok im vzala šancu plakať či smiať sa. Ba čo horšie: či sme myšlienky, ktoré dovoľujú vykonávať zvráteným právnym argumentom vraždy nenarodených detí, neschvaľovali aj my.

„...aj ja mám pod sebou vojakov." (Matúš 8,9). A tí ma počúvajú. Akceptujú. Tí bez slova plnia moje príkazy. Tí považujú pravidlá rímskeho vojenského života za sväté. To povedal rímsky stotník.

Tu by sme mohli pokračovať: Prečo teda my, ľudia tejto planéty, nepovažujeme za sväté pravidlá života podľa poriadku Božieho zákona, Božej milosti a spásy? Rímsky stotník si Boha bezvýhradne ctil, pretože dosvedčil: Tvoje slovo, Pane, je pre mňa Slovom nad životom a smrťou! Tvoje Slovo, Pane, má právo rozkázať kedykoľvek čokoľvek každému kniežatstvu, každej moci, lebo v Tebe, áno, v Tebe, Pane, „bolo stvorené všetko, čo je na nebesiach aj na zemi, viditeľné aj neviditeľné,: tróny, panstvá, kniežatstvá, mocnárstva..." (Kolosenským 1, 16). „Ty si pred všetkým a všetko spolu má v Tebe svoje bytie. Ty si hlavou tela, cirkvi, Ty počiatok, prvorodený z mŕtvych, aby Tvoje bolo prvenstvo vo všetkom. Lebo Boh za dobré uznal, aby v Tebe prebývala všetka plnosť a aby Tebou zmieril so sebou všetko, aj čo je na zemi, aj čo je v nebesiach, a priniesol pokoj v krvi Tvojho kríža." (Kolosenským 1, 17-20).

Vyznávame takto Ježiša Krista v každej situácii svojho života my, Kristovi učeníci?

Mnohí teraz možno povedia: Ale veď rímsky stotník toto všetko Ježišovi nepovedal. Sám Pán Ježiš Kristus však vraví: Povedal ďaleko viac a v predstihu! V jeho postoji bolo toto všetko obsiahnuté skôr, než mohol pochopiť hĺbku môjho poslania a kríža.

„Keď to Ježiš počul, zadivil sa a povedal tým, ktorí Ho nasledovali: Vpravde hovorím vám: U nikoho v Izraeli nenašiel som takej viery." A to ďalšie, čo z Ježišových úst nasleduje, by sme teraz mali počúvať všetci, ktorí navštevujeme nedeľu čo nedeľu kresťanské kostoly či modlitebne, kresťanské spoločenstvá či zhromaždenia, s veľkou pozornosťou a bázňou: „Hovorím vám, že mnohí prídu od východu a od západu a budú stolovať s Abrahámom, Izákom a Jákobom v kráľovstve nebeskom, ale synovia kráľovstva budú vyhodení von do tmy; tam bude plač a škrípanie zubov. A stotníkovi Ježiš povedal: Choď a staň sa ti, ako si uveril! I ozdravel mu sluha v tú hodinu." (Matúš 8, 11-13).

16

Ak počujeme z Písma „napomenutie", zväčša je to pre nás ťažké a nevábne slovo....

Ale iba vtedy, ak si nepriznáme, že my radi žijeme iba vo vlastnom bohatstve, i keď práve to je chatrné a my sme často aj vo svojej istote skôr žobráci, než páni. Nie, nie sme pevní. Prečo sa teda tak tvárime? Každý lekár vie, aké krehké je ľudské telo – Písmo o ňom hovorí ako o kvete trávy, ktorý rýchlo vädne, zaniká. Nad hladinou ohrozeného života nás drží len zomknutosť okolo Pána. „A tak vás napomínam, bratia, menom nášho Pána Ježiša Krista, aby ste všetci rovnako hovorili a aby neboli roztržky medzi vami, ale aby ste jednako mysleli a zmýšľali." (1.Korintským 1,10). Prečo také varovanie? Pretože najťažšou chorobou a najväčšou rakovinou sveta sú rozbité vzťahy. Cirkev je najviac ohrozená vtedy, keď nedrží spolu. Aj veľké lode sa potápajú, keď sa v ich trupe podcenia trhliny. Problémom našich domov, rodín, problémom cirkvi a celého sveta nie sú choroby, ale...odklon od Pána, ktorý jediný môže tvoriť pravé obecenstvo stola, skutočnú ochrannú hradbu pred každou koróziou, ktorá prichádza z pásma nevery a hriechu.

Tí, medzi ktorými sú spory, sú sami v sebe stratení.

Tých nemusí porážať satan a svet. Tí sa ohraničujú vlastnými „izbami z piesku" a vlastným egom, ktoré deň za dňom nadobúda pomocou „mnohých ústavov biozdravia" iba sfalšovaný pancier „nových pletív večného života". Veď zatiaľ čo hradbou cirkvi je iba Ježiš Kristus a Jeho odpúšťajúca láska, hradbou sveta je naopak množiaca sa nenávisť a odpor voči Božím svätým príkazom. Ako ťažko bolo v tejto situácii pre Pavla písať: „...ľudia z domu Chloe mi oznámili o vás, bratia moji, že sú spory medzi vami." (1.Korintským 1,11).

Spory! Čo sa s tým dalo robiť? Aké to boli spory?

Presne také, aké bývajú v nekresťanských stranách, kluboch a spoločenstvách. „Myslím totiž na to, že každý z vás hovorí: Ja som Pavlov, ja však Apollov, ja však Kéfasov, ja však Kristov."

Ľudia si radi vytvárajú svoj okruh známych, lebo v ňom môžu pestovať akúsi noblesu.

V ňom môžu vyvýšiť znak svojho mena. Ja som Pavlov! Ja som krytý veľkým, a pritom predsa len nedokonalým Pavlom, a to mi vyhovuje. To ma neruší.

Ak ma Pavel sklame, odídem k inej skupine, a tak to budem môcť robiť stále. Ale byť Kristov a iba Kristov? To je už veľký a ťažký záväzok. Také jarmo na mňa, bratia moji, neklaďte! Také jarmo? Aké? To, o ktorom sám Pán Ježiš povedal, že Jeho jarmo je ľahké a netlačí? Kde je tu vlastne nedorozumenie a z čoho vzniklo? Prečo sa aj cirkev dáva tak ľahko oklamať čímkoľvek, čo ju odvádza práve od totálnej podriadenosti sa iba Ježišovi Kristovi?

Je to preto, že Ježiš Kristus bol ukrižovaný.

A žiť s takým Kristom je veľký záväzok. Vyznávať hodnoty kríža, to už nie je lacný spôsob života a to už nie je špás. To si od nás žiada – orientovať celý svoj život na „Kristovo poslanie"! Na život v zmysle „celého vzťahu". Celého srdca, celej duše, celej mysle...

Prečo utekáme radšej k veľkým ľudským vodcom, než k Ježišovi Kristovi?

Lebo tí za nás neboli ukrižovaní. Tí však nad nami nemôžu nikdy vyrieknuť ani posledné oslobodzujúce slovo. A to nám, aké smutné!, v popletení nášho rozumu „záležitosťami sveta" - vyhovuje...

Ale predsa len: nič sa s tým už nedá robiť? Ak si to teraz aspoň uvedomujeme – či už nenájdeme šancu pre Krista ukrižovaného a vzkrieseného žiť?

Ak človeku, ktorý túto otázku vyslovil, chceme odpovedať tak, aby ju naozaj aj počul, musíme ho vyvolať z jeho miesta, na ktorom práve žije, a viesť ho tam, kde bude naša odpoveď pre jeho srdce z Písma dobre počuteľná. A to si niekedy žiada dlhú a náročnú cestu. Prerušiť operný bál, prerušiť vážny koncert, prerušiť nejaký ples, prerušiť svoje záležitosti...prerušiť to, čo práve robím, prerušiť svoj zamilovaný pohľad na ženu, ktorej by som sa inak nemohol a nechcel za nijakú cenu vzdať... Znamená to prerušiť našu ľudskú šachovú partiu v čase, keď už dávame svojmu súperovi mat... To je skutočné rozhodnutie pre Krista! To všetko prerušiť a chcieť v príhodnom čase počuť iba Jeho. Iba tak môžeme vyjsť z virvaru sveta a vojsť do Božieho odpočinku. Iba tak. A iba v tomto momente je možné vstúpiť do najvážnejšej a pritom najradostnejšej školy nášho života. Do školy dobrých správ. Do školy dobrej zvesti, do školy evanjelia Ježiša Krista.

17

Človek hľadá svoj tvar. Svoj dom, svoj obal, svoje MESTO. Svoj výraz. Spočiatku je to hľadanie bezbrehé. Je to iba lavína slov a pocitov, je to iba lavína vnemov. Ako vnímate Košice?

Najprv spomeniem, čo sa uvádza v rôznych historických záznamoch, hoci ich skutočný odtlačok je iba v Človeku, ktorý v Košiciach žije. Predsa však tie suché historické medzníky spomeniem...

V roku 1249 mal Človek v Košiciach mestské privilégia, po roku 1405 privilégia kráľovského mesta, v roku 1919 v kapitalistickom meste začalo pracovať sídlo revolučného vládneho hnutia Slovenská republika rád, kedy vznikol na území Československa prvý štát diktatúry proletariátu s účinnosťou do júla 1919, v roku

1938 boli Košice dejiskom najväčšej manifestácie proti fašizmu na obranu republiky. V novembri 1938 však počas viedenskej arbitráže boli Košice pripojené k horthyovskému Maďarsku... 19.1.1945 boli Košice oslobodené sovietskou armádou spod hrozby fašizmu a 4.4.1945 bola v meste ustanovená Národná fronta Čechov a Slovákov. Krátky čas mali v Košiciach svoje sídla: Slovenská národná rada i prezident republiky... 5.4.1945 bol v Košiciach vyhlásený Košický vládny program – bolo to víťazstvo KSČ, inšpirované skúsenosťami a politickými zásadami sovietskej moci.

Podstatu mesta však nehľadajme v týchto historických análoch či v historických budovách, radšej naozaj hľadajme v každom MESTE, a teda aj v Košiciach, úplne obyčajného Človeka, pretože výrazom mesta je Človek, ktorý od určitého času „tu a cez celú minulosť teraz" - v Košiciach od trinásteho storočia - žije svoj všedný deň...

Niekto možno dvihne obočie a nedôverčivo sa opýta: Podstatou mesta Košice teda nie je budova dómu sv.Alžbety či Urbanova veža alebo Michalská kaplnka, ale Človek s výrazom tváre, ktorým odpovedá na obraz historických i súčasných Košíc?

V mojom prípade – opakujem - príznačným faktom mesta nie je najprv Stará stavba, ktorá to mesto triumfálne alebo deštruktívne predstavuje, ale momentálnym výrazom Košíc som „aj ja", aj moje konkrétne, osobné vedomie o charaktere svojho života v tom meste, teda podstatný je pre mňa „Človek medzi ľuďmi v Košiciach", kde žijem od roku 1973 celkom konkrétny život...

Ide teda o to, akú pieseň by som o svojom pobyte v tomto meste zaspieval medzi ľuďmi i v samote ja.

Teda: akú báseň by som o sebe ako o „človeku v Košiciach" napísal, a najmä – akú poviedku a akú esej? Určite by som spieval „Pieseň o Košickej kotline", ale v symbolickom slova zmysle... Spieval by som Pieseň o Údolí smrti, ale aj o východisku „pre život".
Spieval by som teda aj Pieseň o rannej zore, Pieseň o perle...
Prečo?
Pretože „kotlina", „údolie", to je moja časová i priestorová stopa Košíc v Božej stope, ktorá je zasa večná. Večná, jagavá ako perla, zrodená v obrovských hĺbkach mora...

18

Pieseň o košickej kotline

Z tunela pred Košicami vyletí vlak
zrýchleného času a pred ním sa
rozletia do priestoru neba a zeme holuby.
...pri vysokom a mohutnom strome sedí v
parku blízko železničnej stanice smutné
dievča, niekoho čaká...
Prichádza muž, na pleci má batôžtek vaku
a v ruke veľký kufor s nálepkami
svetových miest...
Iba stojí, iba pokojne hľadí na svoje
dievča...
Zrazu je z neho Transformátor reči a potom
Socha slobody, pretože v ruke má
Pochodeň nádeje. A potom je z neho

Eiffelova veža „parížskej kultúry" a
potom...
A potom sú z oboch newyorské Dvojičky?
A potom...
...a potom muž sedí s dievčaťom – a vôbec
si to neuvedomuje - pod billboardom
vládnej strany.
Slnko už zapadá.
Dievča ho schmatne za ruku, vstávajú,
pôjdu spolu ako nezávislí občania k
vysokej budove úradu.
...v úrade sa uchádzajú o možnosť žiť v
poslaní, o zmysluplnú prácu.
Stretnú sa tam však s ťažkou tvárou - s
veľkým, byrokratom, s mohutným
zákoníkom, ktorý vraví: láv lácáv láv...
Potom vyjdú z budovy a...
...odchádzajú do nového dňa na základe
výzvy proroka Sofoniáša...

Vo vašom zverejnenom diári čítam:
„Každý vozeň vlaku predstavuje jedno časové obdobie a
malú spoločnosť tej doby. Holuby predstavujú putujúcu,
lietajúcu cirkev, ktorá žije ako Filip v miere ľudskej, ale tá je aj
anjelská (Peter vo väzení, učeníci vo väzení – a potom v
chráme)... Ktorá je Božia. Máme zlatú trstinu, máme výhľad
na nový chrám, na „telo Kristovo"... Nehľadáme Krista v
hrobe, ale denne vidíme Jeho príchod (už prišiel, a ešte len
príde!) v oblakoch...
Tak, ako Ho učeníci videli odchádzať, budú Ho vidieť aj
prichádzať (Skutky 1,11)."

Tunel je hrob, prepadlisko, priepasť... Je to však aj zvláštna jaskyňa.

„Keď mudrci už dlho putovali judejskou nocou, prišli k akémusi mestečku, o ktorom nevedeli, ako sa volá. Nad ním ostala hviezda stáť. Nad jaskyňou kraj mesta, do ktorej pastieri obyčajne zahnali svoje čriedy, ale teraz tu bývali muž a žena s dieťaťom, a nad týmto dieťaťom sa hviezda zastavila. A potom začala blednúť, až sa celkom stratila z oblohy, lebo už bolo ráno. Vtedy muži pochopili, že došli do cieľa a že toto dieťa je kráľom, ktorého hľadajú a ku ktorému im hviezda ukazovala cestu." (Pär Lagerkvist: Mariamne).

Patočka v Kacírskych esejách hovorí v súvislosti s Európou o noci, o orgiastickej spoločnosti a súčasne o zodpovednosti.

NOC napísal Antonioni...

A Bergman? PERSONU, „noc divadla", noc prázdnej teatrálnosti...

Holuby sa zlietajú nad ostrovy.

Liv Ulmanová je so zdravotnou sestrou na ostrove sama.

A predsa nikto z nás nie je sám.

Máme pred sebou nielen „intencionalitu", ale najmä „transcendentný vzťah" ku všetkému, okolo čoho sa pohybujeme, a to iba vďaka ukazovateľu cesty, ktorou kráčame...

Lokomotíva a vozne, vlak vyletí z tunela, ale historický čas sa potom mení na „dejiny spásy"...

Vychádzame z tohto stavu, z tohto „cechu", z takého zhromaždenia?

Vychádzame z „voľného zdúženia cynikov a ironikov" a vstupujeme konečne do pravého „obuvníckeho cechu"?

Do cechu skutočného rúcha spravodlivosti?

To je naša postupná cechovosť, manufaktúra a priesvitnosť „priemyslu", dôvtipu...

Počas Dní Košíc vidíme blízko veľkého zvonu pri Urbanovej veži ostrovčeky dávnych cechov, manufaktúr či združení, ktoré kedysi spájal oheň skutočnej práce...

Z tmy do dňa, z tej jaskyne dramatických dejov a spomienok vychádza na svetlo aj ohnivý človek Eliáš...

Pochopil, že iba v Kristovom Svetle vidíme svetlo!

Máme eliášovskú nádej...

Máme nádej vo vzkriesenom Kristu.

19

Má teda aj jaskyňa svoje svetlo?

Chór je síce etymologicky „jaskyňa", ale to už nie je grécky, antický chór... Pred dnešným chórom, „pred spevokolom", nestojí dramatický antický herec. Pred ním stojí prorok – totiž najprv pred Hospodinom ako Eliáš, ako Krstiteľ pred Kristom... ako Bartimeus, ako Zacheus, ale aj ako Dávid a Náman...

Holuby dnes predstavujú – ale to je iba zdanie - Medzinárodný maratón mieru a významovo bežca mieru, sochu sochára ...

Alebo bežca BODIES?

Aj opica bez chlpov v indickej zoo vzbudzuje veľký záujem - vyzerá „ako človek atlét"...

Naše holuby, to je však vanutie Ducha, v ktorom sa ocitol Filip alebo Jonáš (Jonáš - Holubica)...

Sme tam, kde chce Boh, a v takej pozícii moci, akú nám „v zavŕšenom okamihu, o aký sa márne usiloval Vincent van Gogh", určí – môžeme sa pritom postaviť proti akémukoľvek revu vlkov šakalov či levov, proti farbám fauvistov... Proti tým, čo sa spoliehajú na „grunge", na popolnicový vzhľad v štýle rocku...

Holuby sa po ťažkom a rýchlom nápore lokomotívy, ktorá pred sebou rozráža vzduch, síce rozletia, každý iným smerom – ako kedysi učeníci počas prenasledovania Rimanmi a Židmi... – ale... Potom sa stretnú vo vzduchu v jednom bielom živom mračne.

„Kto sú títo, čo sa zlietajú ako oblak
a ako holuby do svojich holubníkov?
Veď na mňa budú čakať ostrovy,
najprv taršíšske lode,
aby zďaleka dopravili tvojich synov
i svoje zlato a striebro s nimi –
pre meno Tvojho Boha, Hospodina
a pre Svätého v Izraeli,
lebo ťa robí slávnym."
(Izaiáš 60, 8-9).

To je „priesvitné", to je naše telo, ktoré prechádza stenami, hradbami sveta – to je druhý príchod Kristov v preddavkoch a cirkev v povetrí...

Ezechiel to popísal v prvej kapitole v trochu v temnom hlase, ale Eliáš už v hlase jemnom a časom aj jasnom...

Eliáš v povetrí! Ohňové vozne, vozy!

Áno, to je pravý dôvtip, postavený proti „ťažkému priemyslu".

Paul Tilich napísal: Existencializmus bojuje proti duchu ťažkého priemyslu, proti technickému, priemyselnému človeku, ktorý chce všetko vypočítať...

„Štýl nášho života v 18. a 19.storočí je výrazom ešte nezlomenej moci priemyselnej spoločnosti." – „...môžeme zdôrazniť dve hlavné charakteristiky človeka v priemyselnej spoločnosti. Prvou charakteristickou črtou je silný záujem o vedecké bádanie a technické utváranie sveta... Ako nevyhnutný dôsledok tohto postoja stratil človek dimenziu hĺbky. Skutočnosť stratila svoju vnútornú priesvitnosť..." – „...priesvitnosť pre večnosť." – „Sústava konečných relácií, ktorú nazývame vesmír, spočívala už len sama na sebe. Bolo ju treba vypočítať, manipulovať s ňou a zlepšovať ju podľa želaní a potrieb človeka." – „Od začiatku 18.storočia bol Boh z poľa, v ktorom pôsobí človek, vyradený." – „Smrť a vina vymizli dokonca i z cirkevnej terminológie ranej priemyselnej spoločnosti. Strach z konečnosti a strach z viny boli zatlačené do úzadia... Pripúšťalo sa (v najlepšom prípade), že človek ešte nie je tak ďaleko, ako by mohol byť, odmietal sa však pojem hriechu a ešte väčšmi hriech..." – „...symboly, vyjadrujúce hĺbku bytia, sa scvrkli na úroveň materiálneho myslenia. Rozumeli ich doslovne a obhajovali ich tým, že vytvárali akýsi nadprirodzený okruh pôsobenia nad prirodzeným. Ale supernaturalizmus je len na rovnakej úrovni stojaci partner naturalizmu...." - „Zatiaľ čo sa naturalizmus a supernaturalizmus, liberalizmus a ortodoxia strácali v nerozhodných zápasoch, pripravovala prozreteľnosť novú formu vzťahu náboženstva k súčasnej kultúre." – „...myslím tým veľké hnutie, neskoršie známe pod menom existencializmus, ktoré sa začalo Pascalom. Pokračovali v ňom viacerí prorockí duchovia 19.storočia a dosiahlo plné víťazstvo v 20.storočí. V najširšom zmysle slova je existencializmus protestom proti duchu priemyselnej spoločnosti priamo v lone samej priemyselnej spoločnosti. Protest je namierený proti postoju človeka v systéme produkcie a konzumu." (Paul Tillich, Náboženstvo a kultúra).

A výsledok, totiž tragický, ťažkého (hutného) priemyslu, ktorým je znečistená celá zem? Dobre ho vyjadril Henry Miller: Okamih nášho života nie je zavŕšený, a pritom zavŕšený byť má a môže (Lukáš 6)... Je tu iba strašné smilstvo, dýchavičná Zem. Zem dýchavičných búrok a zrážok, je tu smrteľná smršť hriechu, s ktorým dnes už človek „nepočíta". Tým však hriech zo svojej reality nevymaže...

„Všetko sa sústreďuje do sekundy, ktorá sa alebo dovŕši, alebo nedovŕši. Zem nie je vysušená planina zdravia a pohodlia, ale obrovská rozčapená ženská so zamatovým trupom, ktorý sa nadnáša s morskými vlnami; ženská, ktorá sa zvíja v pote a v úzkosti. Nahá, nabitá sexom, sa vo fialovom hviezdnom svite váľa medzi oblakmi. Od mohutných pŕs až po ligotavé stehná všetko na nej žiari nespútanou dychtivosťou. Prepletá sa ročnými obdobiami a rokmi, a v neočakávaných záchvatoch zúrivosti vyráža z jej trupu rev, ktorý z oblohy striasa pavučiny; so sopečnými záchvatmi klesá na svojich orbitách. Chvíľami prichodí ako laň, ktorá padla do pasce a s tlčúcim srdcom čaká, kým zadunia činely a zabrešú psi. Čo vôbec znamená láska a nenávisť, zúfalstvo, ľútosť, hnev, hnus, ak ich porovnáme s cudzoložstvom planét? Čo sú vojny, epidémie, ukrutnosť, teror v porovnaní s tým, keď noc predvádza extázu myriady rozžiarených sĺnc? Celá tá sečka, ktorú prežúvame v spánku, je iba spomienkou na veternú smršť a hviezdny roj." (Henry Miller: Obratník raka).

Teraz máme kráčať v Eliášovej stope...

„Teológia musí existencialistický materiál aplikovať na kresťanské posolstvo. Konfrontovanie existenciálnej analýzy so symbolom, v ktorom kresťanstvo vyjadrilo to, čo sa nás bezpodmienečne týka, je jedinou metódou primeranou tak Ježišovmu posolstvu a kresťanstvu, ako aj ľudskej situácii v súčasnej kultúre." "Funkciou cirkvi je odpovedať na otázku položenú existenciou človeka – otázku, čo je zmyslom jeho existencie. Jednou z odpovedí, ktorú dáva cirkev, je evanjelizácia." – "Keďže kresťanské posolstvo je posolstvom spásy, potom má posolstvo spásy, aplikované na našu situáciu, zmysel uzdravenia (vo všetkých dimenziách tohto pojmu)." (Paul Tillich, Náboženstvo a kultúra).

20

Váš publikovaný diár:
 „Smutné dievča je cirkev, ktorá stráca nádej, ktorá je prenasledovaná a zdrvená. Je to opustená dcéra Sion (Izaiáš 1, Plač Jeremiášov 1)."

Mohutný strom a zelená tráva, to sú zdrvené a unavené zástupy pred Ježišom, to je hriadkové spoločenstvo, o ktoré sa máme podľa poriadku osobne starať.

Áno, strom, pri ktorom dievča sedí, je Strom života so živým lístím, ktoré lieči, a to každý mesiac.

„Bola to pravda, že Mariamne nijaký chrám nepotrebovala. Svoju bohoslužbu nosila v sebe a mohla ju kedykoľvek počúvať. Bola ako strom, v ktorom sa ozýva tajomný šum vetra. Tak to s ňou bolo. Preto nepotrebovala nijakú svätyňu." (Pär Legarkvist: Mariamne).

Iba uprostred toho Mesta tečie rieka života.

Film VDOVA – a ľahký gramofón? O takú loď života nám ide? O takých poslov a poslancov? Sme ako strom, dramaticky zasadený pri pokojnej vode... (Jeremiáš 17). Muž, ktorého dievča čaká, je Muž z Veľpiesne... Ten Muž prichádza, ten Muž prišiel!

Diár:
„Sme muži bez batožiny. Sme pútnici. Môžeme si sadnúť pod ktorýkoľvek živý strom a odpočívať, pretože sme už „vošli do Božieho odpočinku", do zavŕšenej nedele. Naše prázdne ruky sú tak vždy naplnené Kristovým zasľúbením: Vystri ruku! (Lukáš 6). A v príhodnej chvíli bude tá ruka plná. V skutočnosti sme vždy v plnej Božej zbroji!

Muž pútnik nosí listy do mnohých zborov a listy od mnohých bratov. Sú to pohľadnice pre celú cirkev Kristovu...
Občas však medzi nimi má aj zapečatené slová-symboly, alabastrové nádoby so vzácnym olejom.
Kto ich otvorí a ako?
Muž pútnik si tie slová s vôňou oleja (Veľpieseň 1) denne pod Stromom života číta a je rád, ak má pritom aj spoločníka...

„Pevný postoj Muža. Pán medzi siedmimi svietnikmi v Zjavení Jána. Bol som mŕtvy a ajhľa, som Živý a mám kľúče od priepasti a smrti..."

Mám kľúče! Zažil som príbeh Hriešneho človeka, aj príbeh Kľúčov.

„Potom je tu Muž, zložený zo železa. Je to železný muž, muž Miesiželezo, ťažký atlét alebo Légerov mutant... Muž techniky, muž fabrík a závodov, muž Nového železného mesta. Marxisti, ateistickí proletári, komunisti..."

Pútnik hľadá Slobodu, do ktorej chce vložiť svoje ruky. On ich však nechce mať železné, on iba dovolil, aby na ne železo liali.

Nevzniknú na tých rukách napokon z liateho železa reťaze? Putá? Novodobé otroctvo?

Dôjde takýto Pútnik na svojej púti do Novej zeme – áno, dôjde do Obývateľného mesta? Kto mu otvorí jeho „železné brány"?

Čo o tej krajine a o tom meste hovoril Paul Robson?

Čo o nich písal prorok Sofoniáš, a to tesne pred reformou kráľa Joziáša?

Do ktorých krajín cestujú pútnici Ježiša Krista dnes, aby sa tam „otvárali pre nový pokoj" - a čo tam robia?

Akí sa potom vracajú domov?

Čo môžeme povedať o najväčších symboloch krajín, v ktorých sme skúšali žiť „ich slobodu ako svoju slobodu"?

Mnohé z tých symbolov už padli. Ale prečo? Sú to azda ašéry, ktoré musel Gedeon zoťať?

„Železný muž svoj oltár upravuje železným nástrojom... Je nemilosrdný, „v rozhodujúcej chvíli najťažšieho zlomu" nepozná milosť a zľutovanie. Je schopný vystrieľať celú svoju rodinu."

Ťažký atlét Anákovec prechádza nemilosrdne krajinou ako vojak bez myšlienok a bez srdca.

Videl som film o človeku bez citov...

Videl som film o meste, zloženom zo sivomodrých tónov.

Bola to iba Kafkova AMERIKA?

„Existencializmus prekladá logicko-symbolickú štruktúru jazyka „ťažkého i ľahkého priemyslu" do jazyka novej reči."

Muž sa učí novú reč, akú v školách neučia. Reč Severu? Reč Juhu? Reč Whittmanových „Tráv"? Grécke univerzity už nie sú rozhodujúce...

„Budova ÚRADU je ako LES okien, stĺpov a neprehľadných chodieb... Vyzerá ako Stromy z knihy Sudcov, ktorým vládne Bodliak."

Bodliak Herodes? Problém: Stromy v knihe Sudcov (9.kapitola), pamiatkový park, jeho archeológia a blízko železná, priemyselná, kovová ruka v blízkosti dopravenej trate... Tichí ľudia sú dnes v MESTE a v ÚRADE v pozícii pohŕdaných a zranených občanov, ktorých nekryje nijaký „les straníckych rúk..."

A tak aj prorocký učeník musí počuť posmešné „Moábovo potupovanie a utŕhanie Ammóncov, ktorým potupovali môj ľud a proti jeho hraniciam sa vypínali." (Sofoniáš 2,8).

„Preto, akože žijem – znie výrok Hospodina mocností, Boha Izraela -, Moáb bude ako Sodoma a Ammónci ako Gomora, ako žíhľavisko, ako soľná jama a večná púšť." (Sofoniáš 2,9).

Budovy dvojtvárnych a schizofrenických úradov musia dnes počuť, že prichádza „deň trúbenia a

vojnového kriku proti opevneným mestám, proti
vysokým cimburiam.

„Úzkosťou zovriem ľudí a budú chodiť ako slepí, lebo
zhrešili proti Hospodinu. Ich krv bude vyliata ako prach,
ich mäso ako hnoj. Ani ich striebro a zlato nebude môcť
ich zachrániť." (Sofoniáš 1, 16-18).

Videli sme padať budovy WTC v New Yorku, videli
sme tam krv a prach a clonu tmy a šera...

Videli sme padať meteority, videli sme havarované
diaľkové autobusy, a vedľa nich telá, pokryté krvou a
prachom...

A potom sme jednej noci počuli v blízkosti MESTA
hučanie mnohých vôd a otrasené hradby praskajúcich
vodných nádrží...

„Úrady. Rozhovor o poslaní a o práci."

Hanah Arendtová píše o práci ako o „iniciatíve
človeka" (dom, spojený s obcou...), kým život v rodine –
v dome - je založený na „akceptácii".

„Ťažký úradník. Byrokrat..."

Láv lácáv lácáv láv...

„V deň Hospodinovej obete potrescem kniežatá i
synov kráľovských i všetkých odetých v odev
cudzozemcov." (Sofoniáš 1,8).

Meno Sofoniáš znamená: „Hospodin ukryl..." –
„Choď, ľud môj, vstúp do svojich izieb a zavri svoje
dvere za sebou (začnite sa akceptovať...); schovaj sa na
malú chvíľu, dokiaľ neprejde hnev. Lebo, hľa, Hospodin
vychádza zo svojho miesta, aby potrestal neprávosť
obyvateľov zeme..." (Izaiáš 26,20-21).

„Kvíľte, obyvatelia kotliny, veď všetok kramársky ľud bude umlčaný a vyhladený, všetci, ktorí vážia striebro." (Sofoniáš 1,11).

Zaujímavá je v tomto zmysle dráma Edwarda Albeeho KTO SA BOJÍ VIRGÍNIE WOLFOVEJ? A tiež: POHÁRIK PRED VEČEROU od E.L. Doctorowa...
Láv lácáv láv...

„V tom čase prekutám Jeruzalem lampami a potrescem mužov, ktorí bezstarostne sedia nad svojimi kvasnicami a v srdciach si hovoria: Hospodin neurobí ani dobré ani zlé. Ich bohatstvo bude korisťou, ich domy pustatinou." (Sofoniáš 1,12-13).

„Perspektíva..."

Kedy sa objavila „perspektíva" v maliarstve?
Aké sú zákonitosti perspektívy?
„...hľadajte Hospodina, všetci pokorní zeme, ktorí plníte Jeho nariadenia. Hľadajte spravodlivosť, hľadajte pokoru, azda sa ukryjete v deň hnevu Hospodinovho." (Sofoniáš 2, 3).
„V tom čase prekutám Jeruzalem lampami..."

21

Máte radi jazz. Tam sú tiež kopce i kotliny, priepasti našich sŕdc i výšiny nášho premýšľania... Je v MESTE, v jeho atmosfére, naozaj prítomná slobodná hudba voľnej improvizácie ľudí, ktorí boli kedysi otrokmi? Alebo – aký hudobný prúd v meste dnes prevláda? Hudba formálnej nádeje? Pretože práve odpoveď na túto otázku nám povie niečo vnútorne pravdivé o atmosfére, ktorá tu dominuje.

V Košiciach prevládajú skrytým spôsobom „novodobé cechy" a iba navonok veľké divadlo, veľká filharmónia, veľký rozhlas či veľká televízia. Napokon – filharmónia vznikla z Košického rozhlasového orchestra, ktorý vznikol zasa zo salónneho orchestra. Ako inak?

Kultúra vzniká najprv v intímnom prostredí, v tichej koncentrácii ducha, až potom sa prenáša do trochu širšej spoločnosti, do salónu – aby z toho napokon vznikli obrovské a nehostinné sály „demokratického ľudu"...

To isté platí aj o podnikoch, fabrikách, firmách či inštitúciách...

Veľké veci sú neskôr vždy – ak chce byť človek rýchlo veľkým, gigantickým! - predimenzované, sú prehnane monumentálne a groteskne teatrálne, ako kedysi socha Lenina so vztýčenou rukou pred košickým Bielym domom. To je tá Slovenská republika rád, to je tá diktatúra proletariátu s odkazom myšlienok VOSR, podporovaná v roku 1919 Maďarskou republikou rád...

Ak spojíme vznešené a komické, alebo ak spojíme veľkú robotnícku ruku a potom k nej pateticky pričleníme slovník s formálnym či byrokratickým rozpätím, nuž čo z toho vzíde?

Preto iba malé veci v prostredí, ktoré je pre nich proporčne adekvátne, získavajú a nadobúdajú v primerane určenom čase, po adekvátnom zrení, tvar, o ktorom možno neskôr hodnoverne diskutovať aj v širších súvislostiach...

Áno, práve v malých veciach vidíme už v zárodku veľké veci, ale veľké veci si musia pamätať, že ich pôvodná miera bola malá.

Toto je miera pravdy o človeku – sme prach, nie božstvo!

Súčasne platí radostný fakt: sme prach, do ktorého Boh vdýchol život!

Sme teda tajomstvom, ktoré si máme chrániť ako Boží dar, skrytý i odkrytý v Jeho Slove života a pravdy.

Každé mesto je nejako sociologicky zložené, určené. Je tam jadro domáceho, pôvodného obyvateľstva, a sú tam prisťahovalci. Aký je vzťah medzi týmito dvoma skupinami v Košiciach? Ako sa to odrazilo v psychológii mesta?

Mesto určuje navonok politika – akokoľvek sa voči tomu bránime. A politiku – hospodárstvo a ekonomika. Kedysi Východoslovenské železiarne , Východoslovenské strojárne, Magnezitka, Tehelne...

Čo náboženstvo?

Náboženstvo, to sú napokon vždy peniaze a kult... Košicami sa prehnala po roku 1989 náboženská smršť, „smršť zlých duchov v povetrí" – nikto však o tom nehovorí.
Pokiaľ ide o kresťanstvo, to je v jadre iné. Ale je tu jadro kresťanstva? V ktorom meste je prítomné to jadro a ako vyzerá?

Kresťania sú iní, ako je „náboženský človek"? V čom spočíva ich odlišnosť?

Kresťania vedia, čo je to priepasť. Ich dominantou je potom iba ukrižovaný a vzkriesený Kristus, Pán, ktorý môže každého človeka vytiahnuť z každej priepasti, z každého prepadliska na základe kríža. Dominanta pochádza z pojmu „dominus", pán...

A teraz použime celý vejár pojmov: doména – veľké panstvo; dobre ovládaný odbor; domestikácia – usmernenie vývoja organizmov pre potreby človeka; zdomácnenie; domicil – bydlisko; podľa medzinárodného práva trvalé bydlisko osoby v určitom štáte; domina – oslovenie rímskych žien, pani; dominancia – schopnosť presadzovať vlastnú vôľu; nadradenosť... Vráťme sa však k dominante: dominanta – ťažisko kompozičného celku; základná farba obrazu... Golgotský kríž a Kristova krv. Kalvária, tŕňová koruna a...

A potom, zrazu, máme opäť pred sebou ten vejár: dominát – vládna forma v starorímskej ríši; absolutistická monarchia; domine magnifice! – veľkomožný pane!; domine perillustris! – vzácny pane!; domine praestantissime! – prevzácny pane!; domine spectabilis! – urodzený pane!; dominikál – za feudalizmu časť šľachtickej pôdy, ktorú zemepán obrábal vo vlastnej réžii (op. rustikál); dominikán – člen dominikánskej mníšskej rehole...

My všetci sa denne pohybujeme v tomto historickom vejári... Platnosť týchto pojmov neskončila, iba sa v našom súčasnom živote pretransformovala do iných podôb.

V každom meste prebiehajú súčasne prehry a výhry. V jednej jeho oblasti vidíme akési tragické straty, v inej triumfálne víťazstvá, a to v tom istom čase. Ako sa to dá zladiť? Formou blues , formou jazzu? Formou rytierskych historických hier, aplikovaných v súčasnom prostredí Košíc?

Dá sa to zladiť prvkom zodpovednosti. Najmocnejší ľudia musia brať na seba zodpovednosť za prehry a pády slabých... To je vzor, to je základná axióma fungovania mesta a štátu, teda každej sociálnej vzorky či skupiny. S tým však má byť vždy spojená prirodzená autorita silných... Kto je zodpovedný za celok mesta, je zodpovedný aj za výchovu a formovanie slabých a ponížených.

Zodpovednosť má veľkú cenu – ľudia, ktorí ju ešte nevedia uniesť, musia počítať v tomto prípade s drahou, nie s lacnou milosťou. Tu sme už pri koreni a jadre skutočného kresťanstva. Je medzi nami taká autorita, také hnutie, taká misia, ktorá by túto zodpovednosť za celok mesta niesla? Ako to robí? A ak to robí – má vo svojej misii aj primerané práva? Môže ich v meste uplatňovať? Kto ju v tom môže podporiť? Existuje v meste taký činiteľ?

Spisovatelia môžu povedať cez svoje diela veľa – aj mestu. Nenásilne, a predsa s autoritou, ktorá formuje výraz tak, že obohacuje obsah myšlienky a otvára tichý dialóg. Spisovateľ má ideu, víziu. Kresťan má zase zjavené Božie Slovo. To je však neznáma kategória, aj v kresťanstve je to takmer neznámy pojem... Môže pôsobiť v meste prorocký učeník? Čo na to cirkev? Bola by ho ochotná akceptovať?

Každý človek a každá spoločnosť akceptuje najprv „obraz". Akceptuje ho skôr ako slovo, pretože slovo sa dnes stráca v prúde reči. Ale obraz nás má zastaviť -„pre zmysel slova!" Prečo obraz človeka zastavuje? Opakujem: aby nás upozornil na jadro, na zmysel slova, na zmysel prejavu – na myšlienku, na ideu. Každý vedúci pracovník, každá firma, každé ľudské spoločenstvo musí mať ideu, víziu – reálnu túžbu duchovne rásť... Tá je však v pravde spojená len s kritickým myslením. Kresťan hovorí o Božom súde a o Božej milosti. V Kristu sa to spája! V Ježišovi Kristovi sa odohral nad človekom Boží súd, ale uskutočnila sa v ňom aj Božia milosť. Kto prijme pozvanie do Krista, kto chce, aby v Jeho živote prebýval Kristus, ten pochopí, čo hovorím. Pochopil to Lazar. Pochopil súd v smrti a milosť vo vzkriesení. Súd a milosť a však deje aj nad mestom. Spomeňte si: Sodoma a Gomora, Betsaida a Kafarnaum, Ninive či Babylon, a ďalšie a ďalšie mestá, a medzi nimi: Jeruzalem...

22

Kresťanské umenie bolo často dramatizované, bolo hrané „v obrazoch", „v živých obrazoch", vo výstupoch, v dejstvách.... Z kresťanskej jednoznačnej výpovede a z jeho svedectiev o zmŕtvychvstaní Krista vznikla stredoveká divadelná hra... Slovo však bolo hrané aj v inej rozvedenej forme, ako príslovie – ako vedúca myšlienka, ako jadro pravdy a skúsenosti. Také príslovie bolo recitované počas hry na harfu... Bolo hrané hudbou – ako melódia, ako harmónia, ako súzvuk, ako symfónia slov vo vete...

Aj obyvateľstvo mesta musí tvoriť vo svojom jadre, vo svojom erbe, symfóniu – súzvuk viet. Mesto nikdy nie je hotové...denne musí byť obnovované, a to tak, ako je obnovovaná hudobná skladba, ktorú orchester hrá vo filharmónii či v divadle každý večer naživo. Je to to isté dielo, a predsa iné... Teraz ide o to: Akú skladbu a aký orchester máme dnes v jadre, v zbore poslancov, hrať v Košiciach? Tu ide o vážnu, o rozhodujúcu dramaturgiu...

A potom: ide tu aj o réžiu a o herecké či hudobné stvárnenie tej skladby.

Dá sa táto metafora reálne uplatniť?

Každý obyvateľ mesta musí byť voči spoločenstvu, v ktorom žije, zodpovedný v tej miere, ktorá je mu spoločensky daná a pripravená na rozvinutie jeho talentov a možností. Mesto nerastie v prvom rade industriálne či ekonomicky – pomocou ekonomického či industriálneho rastu iba chránime jeho vzácne rastliny a diamanty, jeho drahé kamene v hradbách mesta i uprostred: tie sú v prípade mesta najprv živé, nebeské, až potom geologické, pozemské.. Vždy teda ide o chránenú rastlinu, nie o industriálnu ohradu mesta v tvare budov a veľkých úradov... Skutočnosť zhodnocujú iba živí ľudia – a to najprv duchovne, nie duševne či technokraticky...

Sám ste však povedali, že mostom k budúcnosti v jej pragmatickom rozmere sú politici, a to na štátnej i komunálnej úrovni. Politika však nie je veľmi duchovná záležitosť, práve naopak! Možno teda, z kresťanského hľadiska, politiku vôbec akceptovať?

V politike existujú poslanci a starostovia, ale aj ministri a predsedovia vlád. Biblia hovorí, že sa za nich máme modliť, aby svoju prepožičanú moc vykonávali múdro, v rámci zákona, ale pritom s espritom. Zákon totiž musí byť naplnený, nie reprodukčne opakovaný... To je to dielo, ktoré hráme každý deň ako originál - naživo so živými ľuďmi... Zákon nemožno uplatniť mechanicky, pretože človek, na ktorého by sme ho tak navliekli, by bol zredukovaný iba na mechanickú figurínu. Mesto chce žiť, nie stuhnúť do patvarov. Mesto má byť obnovované, a to v prvom rade soľou zeme a svetlom sveta, učeníkmi Ježiša Krista... Kto ho tak osolí? Ľudia, ktorí hovoria duchovnou, teda osolenou rečou – rečou cez skutočný lom svojich skutočných sĺz... Iba cez pravé slzy vidíme pravý obraz každého človeka a každého mesta...

Teda kresťania?

Spisovateľ vracia do súčasných obrazov to, čo filozof z minulých mytologických obrazov vzal – akúsi esenciu, myšlienku. Ale kresťan vie, že aj mytológia, ktorá filozofii predchádzala, aj filozofia, ktorú nanovo tlmočia spisovatelia v príhodných obrazoch a príbehoch, si pamätá na jediný základ: na Slovo v Pravde, ktoré môžeme „osobne vidieť" ako Osobu. Na Slovo, skrze ktorého a pre ktoré bolo všetko stvorené. Tu sa začína dráma nášho života. „Na počiatku bolo Slovo..." To Slovo, zjavené v osobe Ježiša Krista, ktorý povedal a bolo dokonané, sme mohli ako ľudia osobne vidieť v histórii, v čase – v konkrétnom historickom úseku dejín, lebo Boh v osobe Krista osobne vstúpil do dejín človeka – a tak sa mu priblížil... Pre Boha však neexistuje „predtým" a „potom", ale DNES. DNES počujeme Jeho hlas, DNES máme vedomie a DNES myslíme, pretože Boh sa k nám DNES ozval a povedal: JA SOM, a v tom je pre nás to isté „dnes", aké bolo pre ľudí v najranejšej dobe existencie sveta - v tom je „vzácny čas milosti", „rajský čas". Božie JA SOM nás vedie „cez časové dnes" cestou spásy k Otcovi do „večného dnes", do večného domova. Sme Božie deti - sme deti Toho, ktorý povedal: SOM. Pretože sme počuli Božie „Som, ktorý som", môžeme aj my povedať: Som a mám pripravený domov vo večnosti...

23

Dnes je na programe v každom štáte ekonomická záchrana mesta, krajiny... Všade sú naštartované „úsporné balíčky". Podniky a firmy prepúšťajú množstvo svojich zamestnancov, hľadajú skryté rezervy „ako prežiť"...

Áno, to je príznačné. Možnosti prežitia sú často spájané s reformou, a potom s vládnou podporou alebo s podporou únie tých strategických oblastí, ktoré „musia prežiť"... Na jednej strane sa hľadajú vinníci hospodárskeho a ekonomického kolapsu – pádu bánk a veľkých firemných gigantov -, na druhej strane sa nastavujú nové kritériá, ako ekonomickú reformu znovu naštartovať. Vychádzajú pritom najavo nekontrolované sprenevery, médiá informujú o zneužití verejných i firemných zdrojov, ktoré dlho nikomu nechýbali. Ide o miliardy! Zbohatli jednotlivci, a to astronomicky... Teraz sú s nimi vedené procesy... O koho však ide? Prečo niektorí sú odsúdení a iní nie? Je v tom zasa iba nová mocenská a politická hra? K tomu sa ťažko vyjadriť – jedno je však isté. Svet sa po odhalení týchto škandálov nestáva ani trochu lepším. Je tu vôbec nejaké východisko? Dočkáme sa „momentu zásadného zvratu"? Izaiáš píše celkom jednoznačne: Ľud môj, zavri sa na malú chvíľu do svojich izieb, kým neprejde Boží hnev... Pretože Boží hnev a Boží súd sa blíži.

Je to prorocké? Má to každý počuť? Dnešného Jonáša však niet. Alebo sme ho prehliadli?

Je predsa medzi nami! Áno, je tu človek, ktorý ohlasuje Boží súd celkom tak, ako to robil kedysi prorok Ozeáš alebo prorok Ámos či prorok Micheáš. Civilizovanou spoločnosťou to však nepohlo, hoci mnohé krajiny a mestá sa už otriasajú v prírodných či technických katastrofách... Pripomínam, čo je napísané v Zjavení Jána: Svedectvom Ježišovým je duch proroctva. Ja, Ježiš, poslal som svojho Posla po cirkevných zboroch! Ježiš poslal svojho posla ku každému človeku, aby každého človeka, ktorý podceňuje silu a zvod hriechu, varoval...

Kriticky sa situácia javí v manželstvách. Rodiny sa rozpadávajú. Klasickej rodiny s rozhovormi pri stole už takmer niet.

Áno, je to najväčší a najľahšie riešiteľný problém. Žiada sa od nás jediné: aby sme si jedného večera sadli za rodinný stôl tak, ako to urobili v čase veľkej egyptskej rany rodiny v ľude Izraela. Alebo ako to urobili učeníci s Ježišom pred Jeho vstupom do Jeruzalema, kde bol potom ukrižovaný, a kde na tretí deň vstal z mŕtvych...

Ako to vyzerá v Košiciach s rozvodovosťou?

Tak, ako som to už naznačil. Rodiny sa ocitli v tragickej kríze...

24

Jedného dňa stretneme „osudového človeka". Muž ženu, žena muža. Medzi dvoma ľuďmi náhle vzniká trvalý vzťah, založený na „iskre". Tak sa to vravieva – preskočila medzi nimi „iskra" a oni začali spolu žiť ako jedno telo! Rozbrieždilo sa. Vzniká svitanie života. Krajina dostáva nový nádych, farbu rannej zory... Obklopí nás nádej, ukáže sa nám perspektíva. Teraz budeme mať medzi ľuďmi istotu – narodil sa Človek. Sú tu dvaja ľudia, ktorí budú spoločne niesť svoje bremená. Jeden sa vždy bude môcť s úplnou dôverou oprieť o toho druhého, nič ich už nezrazí do prepadliska zúfalstva či beznádeje. Je tu láska.

Ale potom z nej zostanú iba trosky. To treba povedať. Z tej prvej lásky, ktorá bola len snom a akýmsi hodvábnym závojom. Prudký vietor nám ho v Košickej kotline strhne z tváre... Kto nám v tej chvíli vysvetlí, čo sa to vlastne stalo? Psychológ? Filozof? Ekonóm? Právnik? Otec, matka, sestra, brat? Niekto na pôde Slovenskej technickej univerzity, kedysi najväčšej vysokej školy technickej v Košiciach? Sú tam informatici, architekti, sú tam odborníci na všetky geologické vrstvy zeme, sú tam – profesori...

Syn jedného z tých profesorov raz telefonoval evanjelistovi a oznámil mu takýto odkaz: Môj otec profesor sa zrútil... Zomrela mu manželka, láska sa zosypala.

Sú dva druhy skúmania každého problému: skúmanie akademické „keď o nič nejde" a skúmanie v rámci krízového režimu. Akademické skúmanie človeka a mesta sa skončilo, je tu krízový režim...

Manželka profesora fyziky ležala dva mesiace v nemocnici v kóme, profesor fyziky sa zrútil a zrazu „nemal pod kontrolou svoje myslenie", svoju myseľ a svoj mozog. Iba srdce mu „divo tĺklo". Čo sa v ňom ozvalo? Rev, zavýjanie, téma pre fauvistov? Jeho syn, tiež odborník z Technickej univerzity, bol bezradný. Čo sa bude teraz s nimi diať?

Boli zrazu malým ostrovom v meste, na ktorý sa privalilo tornádo – smršť tragédií...

Ako mesto tejto rodine pomôže? Konať musí okamžite!

Konať musia v prvom rade - lekári, psychiatri, zdravotnícke zariadenia?

Kto je ten muž, okrem toho, že bol profesorom fyziky a teraz v byte zavýja, akoby opakoval rev akéhosi vlka šakala?

Bol to človek s usporiadanou mysľou. Bol to vzorný otec a manžel. Bol to...

Vážený obyvateľ mesta, ktorý mu odovzdal svoje najlepšie schopnosti a na Technickej univerzite vychoval množstvo študentov.

O jeho ľudskej kvalite nikto nikdy nepochyboval!

Ale teraz... Čo sa vlastne stalo?

Prečo sa zrútil a prečo má v sebe náhle ozveny akéhosi vlka šakala?

S tým faktom musíme niečo robiť...

Toto sa môže stať v meste každému. Ľudské srdce má v sebe množstvo nekontrolovaných búrok, ktoré ho môžu kedykoľvek roztrhnúť.

To je fakt, to je vo veku informatiky informácia, ktorú nemožno zamlčať.

Celá výchova toho človeka, jeho štúdium, jeho etika, jeho kresťanské presvedčenie teda vyšlo „v okamihu nazmar"? Divý okamih, ťažká impresia, akú zažil aj Vincent van Gogh! Čo s tým?

Váš diár:

„Potrebujeme Večeru. potrebujeme takú Večeru, akú zažil Izrael počas vyslobodenia z Egypta, potrebujeme Večeru, akú mali emauzskí učeníci s Ježišom Kristom."

My sme si to uvedomili, ale nič s tým nerobíme. Žiadna rodina to neberie vážne. Nepozná čas Božieho navštívenia. Ak nemáme veraje svojich dverí natreté krvou Baránka, naše domy sa zrútia. Všetko, čo sme si v živote tak dôsledne plánovali, bude v prachu.

Sú tu teda „anjelské signály", signály poslov Ježiša Krista. Môžeme to nazvať aj „sedem anjelských trúbení". Sedem sirén! Niečo podobné obsahovali slová Jonášove – a Ninive obstálo, pretože každý si kľakol na kolená a oblečený vo vrecovine chcel „konať pokánie", chcel, aby sa jeho zmysel realizoval . Každý sa v Ninive rozhodol pre nápravu. Každý, od kráľa po bedára uznal, že jeho život potrebuje totálnu obnovu, dokonalú reformu. Je tu príklad kráľa Jóšafáta. Je tu príklad kráľa Chizkiju...

Áno, teraz sa nad nami otvárajú nebesá. Pán vraví každému Človeku so suchou rukou: Vystri ju! A jeho ruka bude uzdravená. Dielo Božieho stvorenia je dokonané na siedmy deň – v Kristu. Musí tu však byť tá Večera! Nie večera s celebritou za milión, ale Večera s Ježišom Kristom. Musia sa z nás stať emauzskí učeníci... Musíme sa „zavrieť na malú chvíľu do svojich izieb", kým neprejde Boží hnev (Izaiáš 26,20). Pretože – blíži sa k nám ďalšie trúbenie ďalšieho anjela... Pečate, ktoré

odhaľujú pozemské katastrofy, sa práve otvárajú...
Môžeme ich vidieť. Prorocký hlas prorockých učeníkov
nám všetko oznámil...

Ale naša tvár je v situáciách dňa nepokojná. Je skrvavená
mnohými urážkami – pred nami je množstvo nevyrovnaných
účtov, takže my sa nedokážeme sústrediť na jednú-jednú vec,
navyše biblickú. Áno, ako to máme urobiť? Ako sa máme teraz
sústrediť na hlas Kristovho prorockého učeníka? Sme rozbití,
unavení, poníženi – pred nami je v podstate jediná túžba:
dosiahnuť zadosťučinenie pred ľuďmi! Chceme sa so svojimi
protivníkmi vyrovnať podľa svojho systému a podľa svojich
kritérií, na základe tlaku svojho urazeného srdca.

Máme na výber: pokračovať po svojej ceste v
zbytočných rečiach, alebo prijať zvrat, ktorý prijali
emauzskí učeníci. Dajme si vysvetliť, kto je Ježiš Kristus!
Vypočujme si Jeho reč! „A keď ste už boli poučení o
Kristu, nechajte si obnoviť myseľ..." Začnite už inak žiť a
inak zmýšľať...

A ak nás niekto v rodine v tejto veci, v tomto Božom pláne
brzdí?

Nádej je v spoločenstve viery, nie v súkromných
meditáciách. Nádej je tam, kde chceme „vidieť Ježiša".
Nádej je tam, kde sa dvaja alebo traja modlia v mene
Ježiša Krista, aby smeli vstúpiť do stopy, ktorú im zjavil.
On prešiel dedinami a mestami preto, aby tie miesta a
domy obnovil. Vezmime si príklad od Zachea. Bol sám a
predsa nebol sám. Boží syn Ježiš a človek Zacheus, ktorý
bol dovtedy iba ziskuchtivý. Tam, v Zacheovom dome,

„kde musel Ježiš večerať", tam, v priamom rozhovore s Ježišom, hľadajme svoju nádej.

25

Mesto je zväčša mestom cudzích tvárí. Do našich vzťahov je zakomponovaný odstup. Ani členovia rodiny už nemajú jedno smerovanie a jeden základ. Vnútri rodiny sú ideologické, náboženské i kultúrne rozdiely. Rodina je rozštiepená. Jej tradícia sa rozbila vo vibráciách „nového času", „novej školy". Slovník syna sa už od slovníka otca diametrálne líši. Ako si môžu rozumieť?

V rodine chýba spojovací článok spoločnej viery. Áno, aj v rodine je už zmätok jazykov. Neexistuje jeden rodinný stôl - už ani v čase sformalizovaných sviatkov, ba ani v okamihu tragických zlomov. Zrazu vieme, že nič na tejto zemi nie je naše. Všetci sme zadlžení. Vo svete je skrytá skupina neviditeľných veriteľov. Jej predĺžené tiene už spútali milióny ľudských duší... Nepotrvá dlho a zistíme, že svet, ktorý odporuje Bohu, je vlastne iba monumentálnou výstavou BODIES. V dennej tlači čítame: „Výstava prezentuje ľudské kostry..." – „...sú potiahnuté čiastočne svalmi..." – „...sú naaranžované do pozícií, obvyklých v bežnom živote..." – „Je to kontroverzná výstava ľudských tiel..." – „Expozícia je v rozpore so zákonom o pohrebníctve..." – „Podľa obvodného policajného riaditeľa nejde o ľudské pozostatky, ale o VÝSTAVNÉ EXPONÁTY..." – „Ľudské telá sú upravené tzv. plastináciou..." – „Túto výstavu videlo dosiaľ 16 miliónov návštevníkov..." – „Je to revolučný pohľad na ľudské telo..."

Je to – obchod s človekom...

Teraz sa pomocou Aristotela – ak chceme chvíľku pobudnúť v aristotelovskej logike – spýtajme, čo spôsobuje nejaký jav alebo nejakú udalosť. Slovníky nám ozrejmujú, že „v tradičnej aristotelovskej filozofii sa rozlišujú štyri príčiny všetkých vecí. 1/ Formálna (tvarová, napr. predstava domu); 2/ Látková (tehly, piesok, vápno, kamene); 3/ Pôsobiaca (staviteľ, robotníci); 4/ Cieľová (Bývanie)..."

Je tu teda výstavná sieň, je tu určitý počet ľudských kostier v zdanlivom pohybe, je tu personál, ktorý nezúčastnene, profesionálne uvedenú výstavu pripravuje, a napokon: Je tu samotná výstava, prezentácia zámeru, jeho cieľ.

Mŕtvy svet v mŕtvom pohybe!

V tomto zmysle je mesto mestom cudzích, mŕtvych tvárí, ktoré majú oči, ale nevidia, majú uši, ale nepočujú...

Váš diár:
„Akýsi muž zazrie očakávané dievča. Sleduje ho. Zrazu zahodí nedofajčenú cigaretu a nevzrušene sa za dievčaťom pohne. Pôjde o únos. Pôjde o akýsi obchod..."

Dnes už nikto nie je pokojný, pretože nikto nežije „v zabezpečenej slobode". Konečne sme pochopili, že sme sa stali väzňami svojich prečinov, hriechov. Všetci bez výnimky. Daniel to pochopil. Daniel povedal: „Hanba v tvári patrí všetkým nám..." Hanba! Lenže - fenomén hanby tu už nie je. Nikto nenesie za nič zodpovednosť? Vinníka čohokoľvek hľadajte mimo môj dom? Nie – človek napokon vie, prečo mu tak „divo bije srdce". Človek vie, prečo sa tu objavili fauvisti a prečo je okolo nás toľko impresionistov... Vieme dokonca aj to, že geometria, kubizmus a rozloženie tela a tvárí do plôch nám v ničom nepomôže. Problém človeka sa takto matematicky či geometricky čitateľným nestane. Áno, ak ho rozprestrieme do jednej plochy, - možno aj do referátov a prejavov - zdá sa nám, že ho máme zvládnutého zo všetkých strán, komplexne. Ale... Niečo tu nie je v poriadku! Aj vzrušenie srdca je tu totiž – geometrické. Mechanicky obieha po vopred určenom obvode ako svetlo v sklených neónoch, ako umelá žiara v sklených rúrkach reklám. Vidíme digitalizovaný obraz, počujeme digitalizované slovo, ale Človek sa nám už stratil.

Ostáva nám ešte nejaká možnosť?

Áno – uznať, že my sami svojou múdrosťou Syna človeka nenájdeme, a predsa... A predsa, napriek všetkému, sa môžeme vydať po Jeho stopách a za každú cenu ho hľadať. Koho? Opakujem: Syna človeka. Syna Božieho! Toho, o ktorom hovoril ako o svojej jedinej nádeji už trpiaci Jób: „Ajhľa, ak idem dopredu, niet Ho tam, ak idem späť, nezbadám Ho; ak pôsobím na ľavej strane, nezastihnem Ho, ak sa skrýva na pravej strane, neuvidím Ho. Lebo On pozná cestu, ktorou kráčam, keď ma preskúša, vyjdem ako zlato. Moja noha sa drží Jeho stopy, Jeho cestu som zachovával a neodklonil som sa. Neodchýlim sa od príkazu Jeho úst, vo svojej hrudi uschovávam reči Jeho úst." (Jób 23,8-12).

To je brieždenie aj pre Mesto. Tu je jeho zornička svetla na krídlach holubíc...

26

Keď vojdeme do mesta alebo na vidiek, chceme poznať meno dobrého človeka.

Chceme ho vidieť, stretnúť, počuť. Chceme počuť jeho široké a vysoké skúsenosti, ale radi sa s ním prejdeme aj po úžľabinách a prudkých zrázoch. Radi navštívime Dávida a opýtame sa ho, ako to bolo vlastne v tom čase, keď mu vyšla naproti múdra a krásna Abigajil. A on nám to vyrozpráva... Potom zbadáme ten terén. Hory, úbočia, skaly, kde by sme prežili búrku i drvenie skál, ako to prežil kedysi prorok Eliáš, ako to prežil Ján Krstiteľ.

Každý z nás prežije na vlastnej koži to, čo prežil prorok Eliáš, to, čo prežil Ján Krstiteľ, aby potom prosil a vyznal: Pane, buď mojím Pánom! Pretože si veľký a Tvoje činy sú mocné!

„Chváľte meno Hospodinovo, chváľte, služobníci Hospodinovi, ktorí stojíte v dome Hospodinovom, vo dvoroch domu nášho Boha!" (Žalm 135,1-2).

To znamená stáť na správnych súradniciach a v ich správnom bode, odkiaľ možno vidieť všetky dobré mená mesta a vidieka správnym spôsobom.

Iba tento uhol pohľadu rozhoduje.

Iba odtiaľ sa možno pohnúť „rôznymi cestami", rôznym spôsobom, ku každému človeku, aby sme sa s ním stretli v prítomnosti Božej a Kristovej, nie svojej.

To znamená Ježišovo:

Poď za mnou! Nasleduj ma!

Na mieste Kristovom stojíme, ako by vás Boh napomínal skrze nás.

Čítame to v Slove života:

„Takže ak je niekto v Kristovi, je novým stvorením; drievne pominulo, hľa, všetko je nové.

Ale to všetko z Boha, ktorý nás smieril sám so sebou skrze Ježiša Krista a dal nám službu smierenia,

Jako že Bôh bol v Kristovi mieriac so sebou svet, nepočítajúc im ich hriechov a položil do nás slovo smierenia.

Tedy za Krista posolstvujeme, jako čo by sám Bôh napomínal skrze nás, prosím za Krista, smierte sa s Bohom!

Lebo toho, ktorý nepoznal hriechu, učinil za nás hriechom, aby sme my boli spravedlivosťou Božou v ňom."

(2.Korinťanom 5,17-21).

Toto miesto je dané pútnikom, ktorí sa dlho živili kobylkami a poľným medom a sú opásaní koženým pásom a oblečení v srstenom plášti prorokov...

Áno, naše vyznanie znie:

„Lebo ja viem, že je Hospodin veľký a náš Pán nado všetkých bohov. Hospodin činí všetko, čo sa mu ľúbi, na nebi i na zemi, v mori a vo všetkých priepastiach..." (Žalm 135,5-6).

To sú naše súradnice, to je náš určujúci bod – stojíme na „mieste Kristovom".

To je náš jediný chrám, ktorý je už postavený zmŕtvychvstaním nášho Pána z hrobu.

Preto: Kto má Krista, má život...

Byť v Božom Slove, byť v Kristu, znamená byť tam „podľa poriadku".

Presne o tom hovorí Písmo. O Božom poriadku.

„A shromaždil sa všetok ľud ako jeden muž na námestie, ktoré je pred Vodnou bránou, a povedali Ezdrášovi, učenému v zákone, aby doniesol knihu zákona Mojžišovho, ktorý to zákon prikázal Hospodin Izraelovi.

A tak doniesol kňaz Ezdráš zákon pred shromaždenie, kde bolo všetko od muža až po ženu, a pred všetkých rozumných, schopných počuť, prvého dňa siedmeho mesiaca.

A Ezdráš z neho čítal pred námestím, ktoré je pred Vodnou bránou, od rána, hneď, ako bolo svetlo, až do poludnia pred mužmi i pred ženami i pred všetkými tými, ktorí boli schopní rozumieť, a uši všetkého ľudu boly obrátené ku knihe zákona.

A Ezdráš, učený v zákone, stál na vyvýšenom drevenom rečništi, ktoré spravili na tú vec. A vedľa neho stál Mattitiáš, Šema, Anaiáš, Uriáš, Chilkiáš a Maaseiáš, po jeho pravej ruke, a po jeho ľavej ruke stál Pedaiáš, Mišael, Malkiáš, Chašum, Chašbaddana, Zachariáš a Mešullam.

Ezdráš otvoril knihu pred očami všetkého ľudu, lebo stojac na rečništi bol nad všetkým ľudom. A keď ju otváral, povstal všetok ľud."

A ľud stál na svojom mieste."

Kto rozumie Slovu z Písma a teší sa z neho? Z uvedeného vyplýva, že iba ten, kto stojí v pozícii Božieho poriadku...

„A čítali z knihy, zo zákona Božieho, srozumiteľne, vykladajúc smysel. A tak rozumeli ľudia tomu, čo sa čítalo."

„Potom riekol Nehemiáš, a on bol tiršata, a kňaz Ezdráš, učený v zákone, a Levitovia, ktorí vyučovali ľud, všetkému ľudu: Tento deň je svätý Hospodinovi, vášmu Bohu, preto nesmúťte ani neplačte! Lebo plakal všetok ľud, keď počuli slová zákona.

A povedal im: Iďte a jedzte tučné a pite sladké a posielajte čiastky tomu, kto nemá nachystaného; lebo tento deň je svätý nášmu Pánovi, a nermúťte sa, lebo radosť Hospodinova je vašou silou.

A tak tíšili Levitovia všetok ľud a hovorili: Buďte ticho, lebo toto je svätý deň, a nermúťte sa!

A tak odišiel všetok ľud jesť a piť a posielať čiastky a sláviť s veľkou radosťou, lebo porozumeli slovám, ktoré im oznámili." (Nehemiáš 8, 1-12).

Toto je náš deň „s vôňou neba" od Pána!

To je naša večná nedeľa v Slove Božieho pokoja.

27

Vo vašom diári je takýto záznam:

„Vnímal som vôňu biblického obalu a tlače. Cítil som pod prstami strechy domov, hradby kniežat, brány vojvodcov. Tú knihu Slova naozaj potrebujem. Nechal som ju na seba pôsobiť ako vôňu, a bolo to veľmi príjemné."

Aristoteles povedal, že „pohyb je neukončený", „aktualizácia pohybu nie je zavŕšená", Gréci pritom chodili do kruhu a čas fixovali... Preto tie božské tváre, preto tí bohovia ich náboženstiev a panteónov.

Ja však potrebujem Slovo pravdy a v ňom Svetlo, ako možno každé kráľovstvo dobre, správne a úspešne spravovať.

Šalamún, Jarobeám?

Abíja, Achaz, Jóšafát?

Alebo veľký slaboch Achab, pokúšaný neuveriteľnou pokušiteľkou Jezábel?

Pozrime sa, ako vnikol do Judska asýrsky kráľ Sancheríb...

Koho tam v čase svojho vpádu našiel?

Vnútorne pripraveného kráľa Chizkiju.

Chizkija mal svoju vnútornú reč. Svoj duchovný svet.

Chizkija rozumel Božiemu kráľovstvu a prehliadol všetky kráľovstvá tohto sveta...

V predstavách je veľa pokušení, predstavy nám chcú ovládnuť dušu a agresívne s ňou pracovať. Chcú si ju podmaniť.

Áno, tu sa odohrávajú hlavné bitky. Vo svete novodobých čarodejníkov, vo svete „prízrakov a predstáv", vo svete „novodobého šialenstva". Tam chce vládnuť Lilít, podvodná nočná príšera.

Duch Boží sa však vznášal nad priepasťou, Duch Boží všetko správne usporiadal a usporiada.

A bude svetlo!

Keď som čítal Bibliu, v srdci sa mi rozožala zornička svetla.

Jadro kráľovskej koruny. Božia korunovácia kráľovského kňazstva.

Nie mnohé knihy, ale: Knihy v Biblii!

Iba Duch Slova, ku ktorému sa približujeme v Písme,
v Biblii, zvládol rozpínavé sily našej pozemskej
existencie.

*Akoby sme sa znovu ocitli pod zmätkom niekdajšieho
Babylonu. Tam kedysi Izrael pochopil, že jeho chrámom je
Písmo a jeho pravými obetami sú: iba modlitby ku živému
Bohu.*

*Ako je to však s médiami, s televíziou, s internetom, s
dnešným živým, a súčasne virtuálnym kníhkupectvom, s
dnešnou bránou do celého sveta, na ktorej sú znaky Babylonu?*

Ťaháme so sebou akýsi tieň - vieme to...
Sú to Ašéry, ktoré treba vyrúbať.
Sú to Afrodity, venuše, sú to Gaie, sú to zlaté zrnká
hliny.
Všetci judskí a izraelskí králi so sebou ťahali tento tieň
a hľadeli naň.

28

Králi a ženy! Nedopadlo to vždy dobre, práve v týchto
vzťahoch vznikali v kráľovstvách najťažšie konflikty, boje,
zrážky.

Ženy kráľov chcú ako tanečnice tohto sveta presadiť v
každom kráľovstve ženský princíp a ovládnuť moc
koruny.
Chcú sa dostať nad rýdze zlato, chcú mu ekonomicky,
hospodársky a potom aj politicky, kultúrne a nábožensky
tieňovo vládnuť.
Jezábel, Herodiada, Salomé!

Žena, ktorá tomu pokušeniu odolala, je požehnaná...
Aká únavná pozemská cesta za vidinami šťastia...
A potom: odvádzanie poplatkov, lesť asýrskeho
Sancheríba a jeho politických vyjednávačov.
Aké cudzie je mesto so zvykmi Kaina...
„Zvyky národov!"
Koľkokrát Hospodin pred touto pascou varoval
judských kráľov?
Čo bolo normálne, stalo sa neskôr zvráteným vo
všetkých vzťahoch a oblastiach života.
Sodoma, Ninive, ale aj mesto kmeňa Benjamín, v
ktorom skupina homosexuálov násilne vnikala do domu
starca, ktorý pochádzal z pohoria Efrajim.
Do domu „cudzinca", akým bol pre Sodomčanov aj
Lót...
Na stromy padá popolček a prach z trate, ktorou sa z
mesta do mesta preháňajú železná zvieratá.
Levjatán, Rahab.
Tony ťažkého kovu sa rútia krajinou a potom z jeho
brucha vystúpi mračno cestujúcich.
Nie nebo, ale peklo...
Peklo, ktoré je zatiaľ – prázdne?
Stromy „ašér", bohýň, pahýle konárov, pahýle
„hlinených venúš". Pahýle Gaie, Zeme Titanov.

29

Ako teda máme uvažovať, ak sa ocitneme v spleti rôznorodých
kníh, rôznorodých médií, rôznorodých klebiet a názorov?

V oblasti a v okruhu Písma. Ja sa v ňom teraz
nachádzam v priestore 25. Žalmu...

V ňom si zachovávam triezvu myseľ.
Vstupujem doň ako do „Božieho textu", medzi „Božie výšivky".
V tejto Božej galérii si obzerám „prácu zručného výšivkára".
To nie je Dom obrazov – to je Dom Božích skutkov milosti.
Uprostred stojí stôl viery, na ňom je „nádoba s ovocím."
„Ku Tebe, Hospodine, pozdvihujem svoju dušu, Bože môj, v Teba dúfam: nech nevyjdem na hanbu, nech moji nepriatelia nejasajú nado mnou." (Žalm 25,1-2).
To je základná situácia Kristovca v tomto svete.

A čo človek bez Boha, a ľudstvo bez Písma?

Mnohí chcú byť ľuďmi „podľa vlastnej miery", a po čase chcú byť takí aj králi...
Chceme mať pozemské kráľovské rúcha, preto vznikla „móda ako mesto", „móda ako architektúra".
Nič nové pod slnkom!
Ježiš však povedal: Vaše telo je chrámom Ducha Svätého.
Má svoju architektúru.
Preto sa módni „svetoví návrhári" poponáhľali a vyjadrili zdanlivo skvelú myšlienku: Naše šaty majú svoju skutočnú mnohovrstvovú architektúru, ktorá je „božská a vznešená!"
Revolucionári sa potom nedali zahanbiť a obliekli sa do inej architektúry iných šiat.
Zrazu je medzi nami množstvo chodiacich štylizovaných domov, veží, hradov, ale aj klubov, pubov či extrémnych chatrčí...

Ale to všetko teraz padá!
Nie, človek nežije voľne, slobodne...
Sú to požiare našich vášní.

Kultové oblečenie, kultové piesne, skupiny, kultové „pohody", kultové hračky, kultové motorky, autá, domy, kult novodobých Ašér a Afrodít, a Zeusov a Diov, živý panteón ľudstva – či božstva, pozemského kráľovstva? Nevzišla táto „neposlušnosť synov" z tolerancie ich otcov a matiek?

Z tolerancie voči novodobým kultovým Ašéram?

Motorky, autá, stany kultovej hudby, alkohol, drogy, sex v prírode, animálne božstvá: kto to vlastne tancuje denne do kruhu okolo našich hláv, očí, v najtesnejšej blízkosti všetkých buniek nášho tela?

Sme oblečení do štýlu a spôsobu Ašér, Venúš, Diov, sme slobodné ľudstvo 21.storočia...

Hriešni a povoľní rodičia - nedbalí synovia!

30

Je to zrejmé: Žijeme v napätí pomýleného sveta, sme v zrážke s jeho ťarchou... Ale čo ďalej?

Musíme prejsť jeho gerazénskym údolím tmy.

Na tento prechod Pán svojich učeníkov a poslov dlhé roky cvičil - na prechod krajinou Gerazénov!

„Nevyjde na hanbu nik z tých, čo očakávajú na Teba; na hanbu vyjdú tí, ktorí sú neverní bez príčiny." (Žalm 25,3).

Prejdeme údolím tmy? Smrti?

Prejdeme údolím Ašér, Venúš a Diov?

„Keby som kráčal hoci temným údolím, nebojím sa zlého, lebo Ty si so mnou: Tvoj prút a Tvoja palica ma potešujú." (Žalm 23,4).

Výchovné auditórium Slova a právny poriadok Božích váh Božej spravodlivosti, ktorý je úplne iný, než ten rímsky, ma tým všetkým prevedie! Musím však jasne vedieť, kto vlastne som... Kto teda som? Kto sme my, ktorí nesieme do sveta Kristovo meno? Sme „kráľovské kňazstvo"? Som Saul a či Dávid? Som Šalamún alebo Jóšafát, ktorého vyzýva Achab do boja „za veci tohto sveta", za jeho virtuálne výmysly?

31

Za čo vlastne bojuje každý pravý Boží muž? Za koho? Aké sú to boje? Vie to?

Dávid prešiel údolím tmy i jaskyňou, pohorím i úbočím. Dávid bojoval za Keilu a bol zradený Keilou, Dávida prenasledovali jeho vlastní i celkom cudzí...čím všetkým prešiel a musel prejsť Dávid?

„Ó, Hospodine, daj mi poznať svoje cesty, vyuč ma svojim chodníkom! Vo svojej pravde veď a vyučuj ma, lebo Ty si Boh mojej spásy, na Teba dennodenne očakávam." (Žalm 25, 4-5).

Očakávam na Tvoju milosť, Bože, na Tvoj pokoj a na Tvoju vernosť – so sklonenou hlavou.

„Ó Hospodine, pamätaj na svoje zľutovanie, na svoju milosť; lebo tie sú od vekov." (Žalm 25,6).

32

V pozemských súbojoch zvyčajne chýba odpustenie. Je tam len nenávisť a vzdor.

Aké sú duchovné súboje?

Najprv som prieskumníkom vlastnej duše, vlastnej mysle, vlastného srdca. Až potom sa môžem stať prieskumníkom iných krajín a iných sŕdc.

"Hospodin je dobrý a spravodlivý, a preto ukazuje cestu hriešnikom." (Žalm 25,8).

"Na hriechy mojej mladosti a na poklesky moje nespomínaj, pamätaj na mňa podľa svojej milosti, pre svoju dobrotu, ó, Hospodine." (Žalm 25,7).

Prieskumníkom svojej duše sa môžem stať len na Božích výšinách, len tam, kde prijímam Božie odpustenie.

Inak by ma moja duša zničila, udusila, smrteľne zovrela.

Inak by mi vzala všetok dych a zrak.

V Božej blízkosti by som bez milosti nemohol obstáť ani jedinú sekundu.

Ostáva mi tak jediné, ale to najväčšie: K Tebe pozdvihujem svoju dušu, Pane! Iba toto "pozdvihnutie" je správne.

Pozdvihnutie a vyvýšenie kríža – pre našu dušu!

To je prijatie cesty Ježiša Krista. (Žalm 25,17).

33

Váš diár:

„Často som ho v našich dverách vídal. Zazvonil, otvoril som mu „dvere" 25. žalmu..."

Bál sa vysloviť otázku, ktorú nosil v srdci, a tak sme ju čítali spolu z Biblie:

„Prečo ostávajú bezbožníci nažive? Dosahujú vysoký vek, ba aj zbohatnú. Ich potomstvo spolu s nimi pevnie za ich života a ich výhonky pred ich zrakom. Ich domy sú pokojné bez strachu a Božia palica nie je nad nimi. Ich býk oplodňuje a nikdy nezlyhá, krava sa im telí a nikdy nezvrhne. Svojich chlapcov voľne vypúšťajú ako ovce, ich deti tancujú. " (Jób 21, 7-11).

Čakal som potom na „príbeh jeho reči, jeho slov". Na myšlienku, na výpoveď. Bol to väčšinou povzdych, bolo to trápenie srdca.

Prichádzal z mesačnej krajiny, prichádzal spomedzi ľadových krýh, medzi ktorými sa topil v polárnej modravej krajine, kde sa umiera na chlad.

Čítal som ďalej...

„Koľkokrát vyhasne svieca bezbožných a príde na nich nešťastie? Koľkokrát dáva Boh záhubu za údel v svojom hneve, takže sú ako slama vo vetre, ako pleva, ktorú víchrica odnáša? Odkladá Boh nešťastie pre jeho synov? Nech jemu samému odplatí, aby si to uvedomil. Nech jeho vlastné oči uvidia jeho skazu a nech on pije z hnevu Všemohúceho." (Jób 21, 17-20).

Ako som mu mohol „v takom stave" pomôcť?

Pomôžem mu, ak by som sám jeho príbeh vhodným spôsobom vyrozprával?

Alebo: keby som si prisadol k nemu do toho prázdneho metra, ktorým v noci jazdieva, a prešiel s ním spolu niekoľko staníc?

34

Diár:

„Hriešne mesto, Sin City - a iba posol so strateným človekom..."

Áno, chcel mi ukázať všetky brlohy svojho nešťastia, ale aj všetky vznešené budovy a sály svojho šťastia, ktoré sa tam však napokon „z technických príčin" nezrealizovalo.

Alebo to boli iné príčiny?

Hovoril mi svoj príbeh cez fragmenty tlmených výkrikov, nedopovedaných zvolaní, cez trhliny rozbitých myšlienok.

Vtedy som mu mohol povedať:

„Pozri sa hore! Práve stojíš vedľa Mojžiša, ktorý dostal od Hospodina druhýkrát Dosky zákona. Pevné a stále Desatoro. Ale aj čosi ďaleko, ďaleko viac..."

Pozri sa hore a uvedom si: „Môže človek učiť múdrosti Boha, ktorý súdi aj najvyššie bytosti? Jeden umiera v plnej sile, celkom bezstarostne a v pokoji, jeho válovy sú plné mlieka, jeho kosti napájané dreňou. Druhý umiera so zatrpklou dušou, lebo neužil blaha. Spolu budú ležať v prachu a červy ich pokryjú." (Jób 21, 22-26).

Spozornel. Má sa pozrieť hore?

Čo zbadá? Čo to môže byť?

Bude to horlenie za Pánovu vec v Duchu a v Pravde...

Pán nás denne osobne učí modliť sa k Bohu ako k Otcovi.

Pán nás pozýva, aby sme si pri Jákobovej studni vypočuli Jeho rozhovor s ustráchanou a vnútorne vyčerpanou Samaritánkou... Odišiel pod nočné nebo, na ktoré kedysi hľadel Abrahám, keď vyšiel z mesta Ur Chaldejských.

Pozrel sa hore „cez kríž Ježiša Krista" a náhle videl otvorené nebo Božieho zmilovania, Božieho požehnania, šípku Božej cesty, ktorá mu zrazu vyznačila smer jeho pozemských ciest...

35

Krajina spravodlivosti a práva! (Izaiáš 32,15; Marek 1,4).
Budeme žiť v takej krajine?

Žil som v takej krajine a stále v nej žijem – v zábleskoch... Záblesky práva a spravodlivosti, milosti a vernosti sa objavujú všade, na mnohých miestach. Akoby sa na okamih rozsvietila obrazovka televízora, potom však opäť zhasína. Akoby sme odkiaľsi začuli zvuk známeho hlasu a slova, ale ten sa znovu stráca.

Z mnohých tvárí, ktoré boli okolo nás osvetlené, napokon zostanú len niektoré – zostanú však „ako zvyšok"...

36

Diár:

„V hľadisku je zrazu len jedna jediná tvár. A na javisku?
Iba stolička. Nikto na nej nesedí, nikto k nej neprichádza. Kráľa
niet, chýba aj dvoranstvo. "

Sám si pritom kladiem mnohé otázky...
Kde sú všetci naši priatelia, ak je náš život „otvoreným
divadlom"?
Ornamenty, pozlátené reliéfy, štukatúra, plyš,
balkóny, sedadlá.
Ulička divadelnej sály.
Scéna...
Ako máme v tomto prípade charakterizovať divadlo?
Ako scénu, zloženú z javiska i z hľadiska súčasne, a v
tej scéne najmä ako „bod, z ktorého sa dívame"?
Ako ten správny uhol pohľadu?
Mám množstvo otvorených vzťahov a
nedopovedaných rozhovorov.
Mám okolo seba ľudí, s ktorými som sa nestretol, ale
ani nerozišiel.
V akom pásme vlastne stojím?
Opäť je tu trúfalý i zronený Ionesco?
Opäť je tu výkrik barda i plač zlomeného hrdinu?
Prečo súčasne myslím na Thomasa Bernarda, ktorý
zakázal svoje dramatické texty inscenovať v Rakúsku?
A prečo tiež na Petra Handkeho, ktorý napísal
„Nadávky publiku"?
A ako je to so Sartrovou hrou „S vylúčením
verejnosti"?

37

Diár:

„*Som svedok Ježiša Krista. Jeho učeník. A „svedectvom Ježišovým je duch proroctva.*" *(Zjavenie Jána 19,10).*

To znamená, že to nie je nijaká energia, nijaký vhľad do reinkarnácie a mnohých exkluzívnych prevteľovaní, nie je to duch helenizmu ani moderny, ale... Je to jednoducho jasné svedectvo Ježišovo, teda duch biblického proroctva.

„Potom som videl otvorené nebo. Ajhľa: biely kôň a Ten, čo sedí na ňom, menuje sa Verný, Pravý a spravodlive súdi a bojuje, Jeho oči – ohnivý plameň, na hlave mnoho diadémov, meno napísané, ktoré nezná nikto, len On sám, odetý do plášťa, zmáčaného krvou a Jeho meno: Slovo Božie. Nebeské vojská sprevádzajú Ho na bielych koňoch, odeté do bieleho, čistého jemného ľanu. Z úst Mu vychádza ostrý meč, aby ním bil národy. On ich bude spravovať železným prútom a sám tlačiť bude vinný lis rozhorčeného hnevu vševládneho Boha. Na plášti a na bedrách má napísané meno: KRÁĽ KRÁĽOV A PÁN PÁNOV." (Zjavenie Jána 19, 11-16).

38

Diár:

„*Proces nášho sebaskúmania je rozbehnutý v plnom prúde.*"

Každý sa dnes skúma technicky, je to jeho pracovná povinnosť v strede kráľovstiev sveta. Nikto pritom do tváre Sudcu nevidí.

Nikto z nás o jeho identite nič nevie?
Jedno vieme: Je to Spravodlivosť.

„Už je tu čas, aby sa každý človek skúmal pred Božou tvárou sám..."

39

„Povedz im toto: Slzy mi zalievajú oči dňom i nocou a nevedia sa upokojiť, lebo je veľkou ranou zdrvená panna, dcéra môjho ľudu, úderom prebolestným. Ak vyjdem na pole, hľa, mečom prebodnutí; ak vstúpim do mesta, hľa, muky od hladu. Lebo prorok i kňaz prechádzajú krajinou a nevedia si rady."
(Jeremiáš 14,17-18)

40

„Ak naše viny svedčia proti nám, zasiahni, Hospodine, pre svoje meno, lebo nesčíselné sú naše odpadnutia; proti Tebe sme zhrešili. Ty, nádej Izraela, záchrana jeho v čase súženia, prečo si ako cudzí v krajine a ako pútnik, čo sa uchyľuje len na nocľah?"
(Jeremiáš 14, 7-8).

41

„Takto vraví Hospodin o tomto ľude: Radi behajú sem i ta, nešetria si nohy. Ale Hospodin nemá v nich záľubu.

Teraz sa rozpomína na ich vinu a tresce ich hriech."
(Jeremiáš 14,10)

42

„Uzdrav ma, Hospodine, a budem uzdravený, zachráň ma, a budem zachránený, lebo Ty si moja chvála. Oni, hľa hovoria mi: Kde je slovo Hospodinovo? Nechže sa splní! Nenaliehal som na Teba, aby prišla pohroma, a neblahý deň som si neželal. Ty vieš, čo vyšlo na moje pery, bolo to zjavné pred Tebou. Nebuď mi postrachom; Ty si mi útočišťom v deň pohromy. Nech sa zahanbia moji prenasledovatelia a nech sa nezahanbím ja; nech sa predesia oni a nech sa nepredesím ja. Priveď na nich deň pohromy, a rozdrv ich dvojitým úderom." (Jeremiáš 17, 14-18).

43

„Niet spravodlivého ani jedného, nieto rozumného, nikoho, čo by hľadal Boha; všetci sa odklonili, napospol stali sa neužitočnými, nieto, čo by činil dobré, niet ani jedného. Ich hrdlo je hrob otvorený, klamali jazykmi, hadí jed majú pod perami, ústa plné kliatby a horkosti, nohy rýchle prelievať krv, plen a bieda je v ich stopách, cestu pokoja nepoznali; niet bázne Božej pred ich očami. Ale vieme, že čo zákon hovorí, hovorí tým, čo sú pod zákonom, aby sa všetky ústa zapchali a celý svet bol vinný pred Bohom, pretože zo skutkov zákona nebude ospravedlnený pred Ním ani jeden človek, lebo zo zákona je len poznanie hriechu." (Rimanom 3,9-20).

| 44

„Vtedy žil v Jeruzaleme človek menom Simeon, muž spravodlivý a bohabojný, ktorý očakával útechu Izraela, a Duch Svätý bol v ňom.; tomu oznámil Duch Svätý, že neuzrie smrti prv, ako by videl Pomazaného Pánovho. Vedený Duchom prišiel teda do chrámu; a keď rodičia priniesli dieťatko Ježiša, aby vykonali všetko podľa obyčaje, predpísanej zákonom, vzal Ho aj on na ramená, chválil Boha a povedal: Teraz prepúšťaš, Pane, svojho služobníka podľa svojho slova v pokoji, lebo moje oči videli tvoje spasenie, ktoré si pripravil pred obličajom všetkých ľudí: ako svetlo, ktoré sa zjaví pohanom a oslávi Tvoj ľud izraelský." (Lukáš 2, 25-32).

| 45

Dlho som to Svetlo čakal.
Dlho som čakal Pána...
On prišiel a povedal:
Pre teba, pre všetok môj ľud, pre celé mesto a pre celý svet je dôležité, aby ste zmenili celý svoj život.
Ja sám som pritom pracoval a pracujem dôkladne na každom z vás!
A na tebe - ako na prvom z hriešnikov!
Moje Svetlo preniklo všade, aj do najtajnejších hlbín ľudských sŕdc.
Teraz budú niektorí svedkami veľkej Božej milosti, iní veľkého Božieho súdu.

46

Čas sa naplnil.

47

„Potom bol židovský sviatok a Ježiš išiel do Jeruzalema. V Jeruzaleme pri Ovčej bráne bolo jazero, hebrejským menom Betezda, s piatimi prístrešiami. Mnoho nemocných ležalo v nich slepých, chromých, vychradlých, ktorí čakali, až sa voda pohne, lebo z času na čas anjel Pánov zostupoval na jazero a zvíril vodu; a ten, kto prvý vošiel do zvírenej vody, ozdravel, nech akákoľvek choroba ho trápila. I bol tam človek tridsaťosem rokov nemocný. Keď ho Ježiš videl ležať a poznal, že je už dlhší čas nemocný, spýtal sa ho: Chceš byť zdravý? Odpovedal Mu nemocný: Pane, nemám nikoho, čo by ma zaniesol do jazera, keď sa voda zvíri; a dokiaľ sám prídem ta, vstúpi iný predo mnou. Povedal mu Ježiš: Vstaň, vezmi si lôžko a choď! Tu hneď ozdravel ten človek, vzal si lôžko a chodil. A bola práve sobota." (Ján 5, 1-9).

48

Pán ma previedol Bránou milosti a vernosti do svojho kráľovstva.

Som s Ním, pretože On je so mnou, pretože On je s nami.

Ježiš Kristus, Immanuel.

49

„Majte bedrá opásané a sviece horiace a buďte podobní ľuďom, ktorí si očakávajú pána, kedy sa vráti zo svadby, aby mu hneď otvorili, len čo príde a zaklope. Blahoslavení sluhovia, ktorých pán, keď príde, nájde bdieť; amen, hovorím vám, že sa opáše, posadí ich a pristúpiac, bude im posluhovať. A keby prišiel o druhej stráži alebo o tretej a nájde ich bdieť, blahoslavení sú. Uvedomte si: keby hospodár vedel, v ktorú hodinu príde zlodej, iste by bdel a nedal by sa mu vlámať do domu. Aj vy buďte pripravení; lebo Syn človeka príde v hodinu, o ktorej sa nenazdáte." (Lukáš 12, 35-40). Áno, Pane!

Epilóg

Agapé

Povolaní kresťania, ktorí žijú v Božej bázni, „na svojich poliach a viniciach" tvrdo pracujú. A potom? Odpočívajú pri plnom stole. Zbierali zrno, zbierali ovocie, majú plné komory, nasýtia sa... Len tá príroda! Nie je pre veľkú časť sveta opäť akási – „mytologická"? Povolaní kresťania však o tom neradi filozofujú.

Nepostupujú proti mytológii práve takto – univerzitným spôsobom, ľudsky špekulatívnou múdrosťou.

Majú inú Múdrosť.

Jadrnú, zrnitú, majú Múdrosť, ktorú im tvorí v srdci Pán.

Sú to zbožní ľudia, sú to zbožní muži a zbožné ženy, a tí všetci majú zbožné deti. Je radosť sa na takýto *kolektív ľudu* pozrieť!

Alebo je to dnes iba naše zbožné želanie?

Je to už iba folklór, ktorý nemožno postaviť proti sekulárnym, civilizovaným dejinám?

Čas sveta sa navonok stal sekulárnym časom – navonok patrí už vzdelaným ľuďom, mestám a ich inštitúciám, nie Božiemu Slovu v teréne našej obyčajnej existencie.

Prašné polia sú tu zrazu najmä pre výletníkov a pre technických hráčov tejto napätej doby, keď sa všetko v ovzduší vlní elektrickými výbojmi, elektromagnetickými vlnami...

Stany, reflektory, technická party...

Zviazala nás filozofia kybernetiky, energetiky, magnetizmu, zviazala nás filozofia „alternatívy", a najmä...

A najmä čo?

A najmä nás zviazali „elektromagnetické obrazy", ale nie tie, ktoré sa volajú „televízia, internet, počítač" v zmysle zapnutých technických škatúľ a prístrojov, to by bolo priveľmi povrchné odhalenie lží a podvodov, to by bolo iba pripravené scestie, na ktorom už mnohí začali bojovať svoj márny boj so sedemhlavým drakom súčasnej civilizácie, s ozrutou, ktorej sa po každej odseknutej hlave narodilo okamžite desať ďalších hláv...

Čo je teda tou „magnetickou filozofiou alternatívy" voči svätému Božiemu času?

Práve „zneužitie času". Práve tento fenomén! Práve naša – pekelne rýchla činorodosť...

Tu musíme zaujať jednoznačný postoj. Tu musíme opäť nájsť most k Božiemu času. K Božej večnosti. K úplne inému charakteru bytia, než aké sme si zvolili. Tu musíme začuť to, čo po svojej otázke počul Mojžiš pri horiacom kre: Kto si, Pane? „Som, ktorý Som! Povedz Izraelcom: Som ťa poslal..."

Kto začne žiť v Božom čase, ten začne v priestore tohto pokazeného sveta, nie mimo neho, zaujímať iné postoje. Kto začne žiť v Božom svätom čase, vo vlomenom Božom kráľovstve, tomu sa budú musieť v mene Ježiša Krista podriadiť všetky kráľovstvá, kniežatstvá a moci sveta podľa vopred Bohom určeného poriadku spásy.

Tu možno vyslovovať rôzne názory, ale iba vtedy, keď žijeme „iba v systéme" – „iba v systéme politiky" či „iba v systéme svätosti". Keď žijeme – a pritom alibisticky - „iba v zákone".

Kto však žije v Kristu, ten pochopil: Človek sa nemôže oddeliť ani od sveta, ani od pohanov, ani od pohľadu na ich tváre, pohyby a deje, ba ani od priamych situácií, ktoré pohania na tomto svete v prevahe tvoria vo „virtuálnych scénach nášho sociálneho bytia", pretože tak by musel „odísť z tohto sveta".

Akú sumu zákona teda máme? Akú miazgu, akú šťavu, akú krv v tomto prirodzenom tele?

Máme jedinú sumu zákona, a tá znie: „Milovať budeš svojho Boha, a to celým srdcom, celou dušou a celou mysľou. A milovať budeš blížneho ako seba samého. Proti tomuto nie je ani zákon, ani proroci."

Áno, svet nás zvádza. Svet so svojím odporom voči svätému Bohu sa k nám denne pohýna zo všetkých strán. Na letiskách, na autobusových i železničných staniciach, vo vlakoch, v lietadlách, v inštitútoch bánk, škôl, nemocníc, v rôznych podnikoch a ich korporáciách, v národných i nadnárodných spoločnostiach, v celom tom mohutnom a pre obyčajného smrteľníka úplne neprehľadnom a skrytom politickom a modlárskom prostredí a vlnení. Kto by sa z toho mohol vymaniť „izoláciou do svätého, sterilne funkčného priestoru "? Našou doménou je však niečo iné: Svätý čas. Večnosť v časovosti. Vlomené Božie kráľovstvo v priestore kráľovstiev sveta. Charakter a tempo Kristovho pohybu, gesta, posunku, dotyku a Jeho pohľadu. S hriešnikmi sedáva? Hriešnikov chce pochopiť? Na hriešnikov hľadí? Ale – akým pohľadom a prečo? Ježiš Kristus prišiel od Otca z nebies do nášho poškvrneného a nečistého sveta. Rozhodol sa ním prejsť, nie vyhnúť sa mu. Rozhodol ho odzbrojiť od ničivých zbraní a požehnať svojou svätosťou. Nie On utekal od temnôt, ale temnoty sa rozplývali pred Ním.

Na ceste za Ježišom Kristom musíme preto opustiť všetky svoje predstavy, vidiny a vízie. Všetky svoje sny a svoje rýchle interpretácie evanjelia. Pri Ježišovi Kristovi musíme byť veľmi pomalí v hovorení a veľmi rýchli v počúvaní.

A hlavne – s Ježišom Kristom musíme prejsť najprv veľký úsek cesty a veľa sa od Neho učiť, aby sme pochopili zmysel aj toho najmenšieho miesta tejto našej – a v prvom rade tejto Jeho - zeme.

Obrazy, pred nami sú obrazy!

Čo vidíme? Svet? Naozaj „hneď celý svet"?

Celému svetu hneď rozumieme?

A či najprv „iba Zacheovmu domu"? A či najprv iba „domu neviestky Rachab"?

Ide práve o to, či rozumieme tomu najslabšiemu srdcu, ktoré máme dlho vzdelávať najprv svojou tichou prítomnosťou a nie svojím hlučným velikášstvom! Vstúpili sme do sveta, aby sme mu pomohli. Nie sme farizeji, ktorí pozorujú, či Ježiš dovolí, aby sa Ho dotýkala žena-hriešnica.

Sme učeníci, ktorí sú šťastní, že môžu stolovať so svojím Pánom a On ich neodmieta, ale naopak, rád ich denne sýti svojím čistým pokrmom. Chlebom a vínom svojho Života. Svojím telom a svojou krvou. Z toho pokrmu rastieme. Ním sa sýtime. To je náš obraz lásky, hostina Agapé, ktorý prekonáva každý iný. Nikto z nás zatiaľ do cieľa nedošiel. Ideme však za Kristom v Kristu, v moci Jeho Ducha, a na tejto ceste nás nič a nikto nezastaví. Nijaký zákonník tohto veku, nijaký farizej, nijaký samovoľný svätec či pobôžnostkár.

Evanjelium o čase milosti

„Duch Hospodina, Pána,
spočíva na mne, pretože Hospodin ma pomazal.
Poslal ma biednym hlásať radostnú zvesť, zaviazať
rany tým, ktorí sú skrúšeného srdca, vyhlásiť zajatým
prepustenie na slobodu, uväzneným otvorenie žalára,
vyhlásiť milostivý rok Hospodinov a deň pomsty
nášho Boha, potešiť všetkých smútiacich, aby som
mohol dať smútiacim Sionu veniec namiesto popola,

olej radosti namiesto smútočného rúcha; chválospev namiesto malomyseľnosti; aby ich mohli nazvať dubmi spravodlivosti, ktoré vysadil Hospodin, aby sa oslávil.

Oni vystavajú pradávne zrúcaniny, postavia, čo bolo predtým spustošené, obnovia zrúcané mestá, pokoleniami spustošené.

Cudzinci sa postavia a pásť budú vaše stáda; a cudzinci budú vašimi oráčmi a vinármi.

Vy sa však budete volať kňazmi Hospodinovými, vás pomenujú služobníkmi nášho Boha. Užívať budete bohatstvo národov a ich slávou sa budete chváliť.

Za to, že môj národ mal dvojnásobnú hanbu a potupa mu bola podielom, vo svojej krajine dvojnásobne bude dediť, bude mať večnú radosť.

Pretože ja, Hospodin, milujem právo, nenávidím zločinnú lúpež, verne im dám ich odmenu a uzavriem s nimi večnú zmluvu.

Ich potomstvo bude známe medzi pohanmi, aj ich výhonky uprostred národov. Kto ich uvidí, každý ich pozná, že sú potomstvom, ktoré Hospodin požehnal.

Radovať sa budem v Hospodinovi, nech moja duša jasá v mojom Bohu, lebo ma odel rúchom spásy, zahalil ma plášťom spravodlivosti ako ženícha, čo si pripevňuje veniec, a ako mladuchu, ktorá si pripína svoj klenot.

Lebo ako zem vyháňa svoje výhonky a ako záhrada dáva vzklíčiť svojmu osivu, tak Hospodin dá vyrásť spáse i chvále pred všetkými národmi."

— Izaiáš 61

O autorovi

Miroslav Halás sa narodil 2. mája 1954 v Michalovciach v rodine protestantského farára. Detstvo prežil v Bežovciach, v dedinke na východe Slovenska. Ako dvadsaťročný odchádza z rodnej fary do štvrťmiliónového veľkomesta – do Košíc. Tam sa zamestnáva v divadle ako elév dramaturgie. Vystriedal viacero zamestnaní. Pracoval ako robotník vo Východoslovenských železiarňach v Košiciach, neskôr ako redaktor Československého rozhlasu a potom ako redaktor Slovenskej televízie v Košiciach. V. roku 1989 prežíva biblické znovuzrodenie. Stretnutie s Ježišom Kristom mu otvára úplne iné obzory života. Prijíma nové poslanie - stáva sa kazateľom misijnej Putujúcej cirkvi.

Printed in Poland
by Amazon Fulfillment
Poland Sp. z o.o., Wrocław

54314779R00209